JN076214

改訂２版

演劇は仕事になるのか？

THEATRE AS AN INDUSTRY

演劇の経済的側面とその未来

米屋尚子

αβ Books アルファベータブックス

カバー・本扉・章扉銅版画　渡辺千尋

【改訂2版】演劇は仕事になるのか？　演劇の経済的側面とその未来／目次

第四章　隣の芝生、自分の庭

第五章　劇場法施行後の劇場と地域……163

はじめに——改訂2版を出すことにした、いくつかの理由

初版を出したのは二〇一一年の秋でした。演劇の経済的側面について書いた本は、あまり出されていなかったからと思いますが、おかげさまで多方面から注目していただきました。その後、改訂版や補章を加えた電子書籍版を出すなど、部分的にアップデートしてきましたが、今回、さらに全編データ類を更新し、五章、六章を大幅に書き換えて七章を追加し、改訂2版を出すことになりました。

その最大の理由は、新型コロナウィルス感染症の影響が大きかったからです。

二〇二〇年二月二六日、当時の安倍首相から、スポーツや文化イベントで人が集まることに対し自粛要請が出されてから、軒並み公演「自粛」が広まりました。四月に緊急事態宣言が出されてからは劇場や稽古場に人が集まれなくなり、公演は完全に中止、延期となりました。戦争中でも三か月以上、都内の寄席や劇場の灯が全く消えてしまったことはなかったというので、本当に未曽有の出来事でした。緊急事態宣言が解除されてからも公演実施には多くの制約が課され、劇場はなかなか元通りになりませんでした。先行きが見えないからと、舞台芸術に携わることを諦めてしまった人が少なからずいるようです。二〇二三年五月に、新型コロナウィルスの感染症法上の位置づけが五類に引き下げられた後も、演劇公演の出演者の中に体調不良者が出て公演が中止になることがまだまだあります。

コロナ禍で大変な目に合ったのは演劇に関わる人だけではなく、日本中、世界中で、困窮したり精神的に追い詰められたりした人々は大勢いるでしょう。ことさらに日本の演劇界だけが被害を被ったというつもりはありませんが、演劇が生み出され、観客に届けられている構造がちゃんと把握されていたら、急に仕事を失った

人たちへの対応策がもっと効果的に考案できたのではないかと悔しくてなりませんでした。演劇を仕事にすることは、一般的には「食っていくことなどできない」と思われているようで、確かに容易ではないですが、演劇に携わることで生計を立てている人々は一定数は確実にいますし、職種もいろいろあるのです。そういう人々がコロナ禍で大打撃を受けたのですが、そのあり方がいろいろありすぎて、分かりにくいところに課題があるのだと思います。

さらに、初版を出した頃には検討中だった〈仮称・劇場法〉が、二〇一二年に「劇場、音楽堂等の活性化に関する法律」として成立、施行されてから十年以上が経過しました。また、文化芸術振興基本法が文化芸術基本法に改正されたこと(二〇一七年)、文化庁の京都移転を契機に国の文化行政の体制が変化してきていることに加え、いくつかの地方公共団体が地方版アーツ・カウンシルを置くようになり、地域の文化政策も変わり始めており、そういう変化に目を向けてほしいというのも再改訂の動機となっています。

そして、国や自治体の文化行政の変化だけでなく、コロナ禍を経て、私たちの生活様式や暮らしに対する考え方も大きく変化してきたと感じるからです。とりわけ映像配信やオンライン会議の浸透、さらにはＡＩの活用など、情報技術によるコミュニケーション手段やメディアの変化が文化芸術に及ぼす影響は大きく、演劇がコロナ前の状態に戻るかというと、全く元通りになるとは考えられません。その存立基盤から揺るがされているのではないかとも思いますし、新たな可能性もあるかもしれません。こうした変化の中にあって、これまで先輩世代がやってきた演劇活動の形態をなぞっているだけでは、「演劇を仕事にすること」は困難になってしまうという危機感が強まりました。

本書では、演劇の経済的側面に焦点をあてていきます。そして、日本の演劇の現状を把握するために、劇団や劇場の役割を少し過去に遡って捉え直していきます。経済的側面を中心に考えるといっても、念のため申し添えますが、ショービジネスで成功したいという人のためのハウツー本ではありません。演劇が存続していくには、興行として失敗し続けないことは不可欠ですが、芸術の一ジャンルとして、演劇ならではの力が発揮されることが肝心でしょう。むしろ、興行的にはそれほど売れないものでも、なぜ必要なのか（あるいは必要でないのか）ということを、そして誰にとって必要なのかということを、一緒に考えていただきたいのです。この問題を解決しようとすると、それこそ、世の中のしくみ全体を考え直すことにも通じます。

何が変わってきて、何が変えられそうか。演劇と社会の関係を見直しつつ、演劇の成立のさせ方を考え直すこと――本書は、これから演劇に関わっていきたい、関わり続けたいという人たちに、演劇とその未来を考える広い視野を持ってほしいと願って書き始めました。当初は、演劇史に深く踏み込むことなく、変化の要点だけ知ってほしいと書いていたのですが、劇場法の制定前後から今日までの文化行政の変化を追記しながら全体を読み返してみると、これは、ちょっとした文化政策史になってきたのではないかしらと思いました。日本の演劇を中心に論じていますが、パフォーミング・アーツ全体、芸術文化全体に広げて考えられる部分が少なくありません。どんなジャンルの芸術活動であれ、私たちは過去・現在・未来を意識しないではいられませんし、文化政策の理念はジャンルの違いを超えて共通するものです。

五章、六章では、劇場法制定後の公共劇場、その後の文化政策・文化行政の変化をたどっています。特に第六章は、文化政策全体の変化と傾向に言及しているので、やや抽象的で難解と思われるかもしれません。しかし、これから起こるかもしれない変化が、何に起因しているのか、その根拠や背景を知っていただきたいと思い、法律改正や制度について触れています。

本書は、演劇活動を始めようという人だけでなく、文化政策にかかわる人、広くアーツ・マネジメントに携わる方々にも読んでいただき一緒に考えていただければと願っています。また、以前は社会との関係というと、プロデューサー、制作者だけが勉強すればよいと考えられてきたふしがありますが、創造を行う当事者である作家や演出家、俳優、デザイナーなどにもぜひ読んでいただきたいという想いを強くしました。この変化の時代にあって、アーティストこそ、芸術と社会との関係について自分の言葉で語ることを求められていると思うからです。初版を読んでくださった方にも、今回、初めて本書を手に取ってくださる方にも、演劇、そして文化をとりまく諸状況について、いろいろな角度から捉え直していただく契機となれば幸いです。なお、学術研究ではないので、研究者からはお叱りを受ける点が多々あるかもしれませんが、例外や詳細に触れることは避けました。でも、アーツ・マネジメントに携わる人には、ちょっと歴史を振り返ったり専門的な知識を知っておいてほしいということもあるので、やや詳細な知識・情報はコラムとして区別したり、一部は脚注で触れるようにしました。コラムは、まずは読み飛ばしていただいて、より詳しく知りたいと思ったら戻ってきてくださってもいいかと思います。

本書で言及している人物名は、先輩諸氏に対して失礼であるのは承知のうえで、敬称を省略させていただきました。親しくお話しさせていただいたことのある方から、歴史上の人物までさまざまなので、親しみや尊敬の念を込めて敬称をつけていくと不統一になりかねず、思いきって割愛したのです。ご寛恕《かんじょ》ください。

第一章　演劇のいま〜
日本の「劇団」は何を成してきたのでしょう？

日本に劇団はいくつあるのですか？

いきなりですが、日本全国に劇団って、どのくらいあるのでしょう？

私は、前職で「芸能文化情報センター」の担当だった時期があり、(1)よくそういう問い合わせを受けました。新聞社の社会部の記者とか、テレビ番組のＡＤさんなどからの電話が多かったです。

「首都圏だけでも、二〇〇〇とも三〇〇〇ともいわれています。全国で考えたら、いったいどれだけあるのか誰も正確に把握したことがないのが実態です」と前置きして、プロフェッショナルと思われる劇団の概数について説明していました。

芸能文化情報センターでは、日本全国でどのくらい舞台芸術の公演が行われているか集計してみようというプロジェクトに取組んでいたことがあって、(2)その時、住所が把握できていた現代演劇の団体は約三〇〇〇でした。首都圏の団体が大半を占めていましたので、全国の劇団情報が網羅されていたら、もっと多かったと思います。当時と比べて、今はより小規模なグループで公演を主催する例も増えてきていますので、コロナ禍に見舞われる直前の劇団数は、さらに増えていただろうと推測します。

今、同じ質問をされたならば、

「そのうち、確実にプロフェッショナルな劇団といえるところの数字は一桁小さくなると思われます。日本劇団協議会(3)というところに加盟している劇団が五一、日本児童・青少年演劇劇団協同組合(4)というところの組合員になっている劇団が六五、重複もあり、だいたい一〇〇前後が、確実にプロと思《おぼ》しき劇団で継続的に活動しているところといえそうです。でも、加盟していない劇団で有名なところも結構ありますし、正確には、「劇団」

という括《くく》り方が相応《ふさわ》しくないプロデュース団体、プロダクションなどが増えてきていて、公演の主体となっている演劇集団は多様化しているので、そうしたものを全部合わせたら、たぶん三〇〇前後はあるのではないかと思います」

となるでしょう。プロとアマチュアの境界線が曖昧で、基準もないので、誰にも日本中にいくつ劇団があるか分からないという状況は、残念ながら当時と変わっていません。数だけがすべてではないですが、演劇創造を行う組織にどういうものがあって、それが、どれだけ存在しているかということを伝えるのは状況把握の最初の一歩。日本の演劇について説明しようとすると、ここからつまずくのです。

ところが、例えば日本中にそば屋さんがいくつぐらいあるか知りたいと思ったら、政府統計である「経済セ

（1）日本芸能実演家団体協議会が、芸能の情報発信及び調査研究の充実を目的に、一九九五年十二月から二〇〇五年三月まで設置。

（2）『芸能白書―数字にみる日本の芸能1997』『芸能白書1999』『芸能白書2001』（芸能文化情報センター編　芸団協出版部）と、三回まとめられて出版されています。演劇公演の集計は、日本演劇協会と共同で行った劇団対象のアンケート調査をベースに、大都市の商業劇場の公演記録をもとに集計を行いました。

（3）公益社団法人日本劇団協議会（略称：劇団協）http://www.gekidankyo.or.jp　劇団協のホームページでは、「劇団」について次のような説明をしています。「日本劇団協議会に加盟してない有名な劇団もたくさんあるでしょう。いわゆる劇団の形をとっていない演劇創造団体とかプロデュース団体もいろいろあります。そして日本劇団協議会にもそういう団体がいくつも加盟しています。日本劇団協議会では、劇団という言葉を使っていますが、それは大きなイメージとしての劇団という言葉であって、その組織の形態は様々です。」本書でも、ひとまず、演劇創造を行う主体＝劇団として扱い、「劇団」が意味するところはおいおい説明していきます。

（4）日本児童・青少年演劇劇団協同組合（略称：児演協）http://www.jienkyo.or.jp

ンサス」[5]というのをみれば、すぐにわかります。令和元年(二〇一九年)の活動調査によれば「そば・うどん屋」は二二六六四ありました。じゃあ、劇団もサービス業のひとつとして、数えられていないのでしょうか?

劇団も、この統計の中に含まれてはいるのです。業種別の項目でいうと、「娯楽業」の中の「興行場、興行団」という小分類項目の詳細に、プロ野球団や楽団・舞踊団、演芸・スポーツ等興行団などとともに、「劇団」というのが含まれています。ただし、通常公表されている統計データでは、「興行場・興行団」どまりなので、スポーツや音楽・舞踊などと一緒にされてしまっています。令和元年の調査では、「興行場・興行団」全部で三四五二です。この調査は、法人化されているかどうかや事業所の規模の大小に関係なく、個人事業主でも対象になっている調査なので、より詳細にデータが分類されれば劇団の数も把握されるはずです。平成二十六年(二〇一四年)には「特定サービス産業実態調査」の調査対象サービス業として、「興行場・興行団」の内訳も公表されていたのでその結果でみてみると、三三七四あった「興行場・興行団」のうち「劇団」の事業所数は一二三四とありました。そうか、劇団の数は一二三四かと思いきや、「劇団」に何が含まれているかの注釈をみると、フリーの俳優業、芸能プロダクション、声優プロダクションなどがみんな含まれているとあります。この数字は、先ほどの約一〇〇という協会組織の会員となっている劇団数よりは大きいですが、芸能プロダクションなどが収録されている名簿だけを見ても、プロダクション等関係団体数は二八〇〇とありますから、芸能プロダクションもあわせて一二三四というのは、実感と比べていかにも小さい数です。

芸術活動は事業ですか?

サービス業の統計上の数字と実態がかけ離れている差は何かと考えると、劇団を名乗っている当の本人たちの大部分が、**事業者**としての看板を掲げていないということです。

どんな蕎麦《そば》打ちの名人でも、そば屋を業・としてやっていなければ統計上カウントされませんし、まして文化祭で一時的に出る模擬店のそば屋はカウントされません。大部分の演劇集団は、模擬店や趣味の領域に相当していて、経済統計で把握されている**事業体**じゃないのです。

ある劇団は「これは、ショーバイじゃない、**芸術活動**だから」というでしょう。「事業といえるほど、これで食えるようになっていないから」という集団も多いでしょう。そして、「演劇で食えるようになりたい」と考えながら、事業という自覚はないからサービス業として捉えられることには抵抗を感じるという、矛盾したところにいる人も少なくないのです。

演劇集団のつくられ方として多いパターンは、まず、演劇活動をやりたい人が仲間を集め、どんな作品を創りたいのか構想を練って、公演場所と作・演出を決め、出演者を決め、ともかく公演を打ってみようというところからスタートするのだと思います。ともかくやってみる、なのです。公演を打つために、事業者として登録しなければならないというような法規はありません。

趣味が嵩《こう》じて職業になるということは、他の分野でも多々あるでしょう。が、趣味の活動を事業にして続け

（5）「経済センサス」とは、事業所及び企業の経済活動の状態、包括的な産業構造を明らかにし、事業所・企業を対象とする各種統計調査の実施のための母集団情報を整備することを目的とした政府の基幹統計のひとつ。五年ごとに全数調査が行われますが、二〇一九年の産業(小分類)別の事業所数によります。「興行場・興行団」は、二〇〇九年から二〇一八年まで毎年「特定サービス産業実態調査」の対象となって内訳も公表されていましたが、「経済構造実態調査」に統合・再編され、「経済センサス」実施年以外は標本抽出による動向調査となり、「劇団」や「楽団、舞踊団」などの内訳が公表されなくなりました。

ようと思うなら、いつの間にか自然になるというよりは、事業体にしていく方針をたててスタートする起点があるはずです。幸運にも仕事の依頼がたくさんきて、自然と仕事になっていったという個人事業主でも、**業**として看板を掲げる、どこかで覚悟を決める時点を通過するはずです。

演劇の場合、**業**として看板を掲げなくても公演は打てます。一般に、継続的な事業体は、ヒト、モノ、カネ、情報を組み合わせ動かして経営していきますが、演劇活動は、表現したいという欲求に押されて始めた芸術活動だから「経営」するということには抵抗感がある、という人も少なくありません。うまくいったら事業にしようと思っていても、なかなか事業にできるという見極めがつかないということなのかもしれません。当の本人たちが曖昧な領域にいるのですから、それをすべて事業者として扱うのは妥当ではないでしょう。

とはいっても、趣味ではなく職業として演劇集団を率いて活動を続けていく覚悟をしたのであれば、「事業者」になるというポイントを通過しないわけにはいきません。個人が個人事業主になるには、個人事業主として税務申告するために必要ないくつかの手続きがありますが、集団が事業者になるとき、**法人化**(6)するという選択があります。

劇団が法人格を持つ意味

法人格をとろうと思ったら、いろいろなことを意識せざるを得ません。それまでは何となく一緒にやってきた仲間とも、代表や役員の権限は、というように、組織のかたちや設立目的を明文化して、定款《ていかん》という、組織の憲法にあたるものをつくる必要があるからです。また、法人化さえすれば社会的信用が生まれるのではなくて、法人化のプロセスで、社会から信用してもらえるために必要なことは何かを考えて、実態ができ始めるのです。メンバー全員で、そういうことを確認する機会があった方がいいので、法人化はプロ化へのステップのひとつといっていいでしょう。

具体的にどういう法人格がいいかというような話は後にして、先に紹介した、劇団協、児演協に入っている演劇集団は、法人化されているのでしょうか？

はい、大部分が、株式会社か有限会社という営利法人に分類される法人格を持っています。法人格を持っていないと、契約の主体として行政などから公演依頼を受けても契約できないということがあって、依頼公演を増やし職業化を進める過程で法人化が必要だったのです。ところが、それぞれの名簿を見ただけでは、実は株式会社とか有限会社(7)とかという部分が名称に含まれていません。通常、会社の正式名称は、株式会社○○、△△株式会社というように示すものですが、そういう示し方をしておらず、調べていくと劇団名と法人の正式名称が全く違うところも多々あります。法人化という、事業者として看板を掲げた証《あかし》といっていいものを、あえて表示していないのです。

その理由は、後述する歴史的な背景を知ると理解できると思いますが、劇団は芸術活動をするために結成さ

（6）法人化しなくても、法人格なき社団のまま事業所として税務手続きをすることはできますが、法人化すると、個人と同じように権利・義務の主体となることができます。「法人」とは、「法律によって認められた人」という意味で、会社法など、法律の規定によって設立されるもので、人の集まりとして株式会社や一般社団法人などが、財産の集まりとして一般財団法人などがあります。法人の種類はいろいろあって、法人格とは、その種類を指しています。

（7）有限会社法は二〇〇六年五月一日に廃止され、有限会社はもう設立できなくなっていますが、それ以前に設立されたものは、特例有限会社といって、名乗り続けることはできます。二〇〇六年に「一般社団法人及び一般財団法人に関する法律」が成立してからは、一般社団法人となった団体も増えてきましたが、一般社団法人は普通法人型と非営利法人型があって、必ずしも営利を目的とした法人ではありません。

れたものであって、事業をする会社と違う組織として区別されていることが多いのです。劇団は法人格をもたない集団で、その公演制作や所属俳優のマネジメント業務を行う会社として別に株式会社や有限会社があるというように、ふたつの組織形態を使い分けている場合が多々あるのです。

ここでひとつ注目しておきたいことは、俳優のマネジメントと公演活動を組み合わせて活動しているところが少なくないということです。つまり、俳優、タレントのマネジメントをやっている芸能プロダクションだけれども、そのかたわらで公演活動をやっているという会社も少なくないのです。また最近は、芸能プロダクションやタレント養成を主な事業としている会社が行う公演が随分と増え、公演を行う目的も、所属俳優のプロモーションのためであったり、俳優としての技量を高める育成目的であったり、プロダクションによって多様化し、公演活動とマネジメント部門のどちらが主たる事業なのかはケースバイケースです。いってみれば、そば専門ではないいろいろな飲食店が、メニューにそばを加えて提供しているというようなものでしょうか。

俳優ではどうしても食えない？

小劇団の俳優の貧乏物語は、小説やＴＶドラマの題材にもなっているので、「演劇だけでは食えない」ということは世間でも知られていると思いますが、劇団協等に加盟している法人化された演劇集団の俳優は、みな「食えている」のでしょうか？

株式会社劇団〇〇というくらいだったら、俳優はそこの従業員で、「給料が安い」ということなのじゃないか、と思っている人もいるかもしれませんが、そうではありません。劇団に所属しているということは、会社にお勤めしている従業員とは違って、必ずしも年間を通じて仕事があって給料が貰《もら》える関係とは限らず、他の

仕事でも収入を得なければならないのが実状です。(8)

現在、児演協の組合員である劇団の中には給料制をとっているところもいくつかありますが、劇団の多くは、出演したステージ数に応じて出演料を支払う出来高《できだか》制です。かつては給料制の劇団数はもっと多かったのですが、少数派になってしまいました。年中舞台出演の機会があるとは限らないですから、俳優の仕事がない期間は出演報酬は出ません。そして、公演に出演できても、劇団公演では出演一回あたりの報酬は低い傾向が強いです。同じ作品を何度も繰り返し上演できていれば、それなりの出演料になるでしょうが公演期間がたとえば一週間足らずでは、とても生活していける額になりそうもありません。法人化しているかどうかではなく、その劇団が年間どのくらいの公演回数をこなしていて、所属している劇団員が何人くらいいるのかということが分からないと、そこの劇団員が演劇で「食っている」かどうかは分からないのです。

それでも、報酬が出ていればマシなのかもしれません。

試しにかつてあった演劇情報誌を手にとって都内の公演の数を数えてみたことがありますが、一カ月に二五〇以上の公演がありました。やはり一週間以内の短い公演期間のものがかなり多いです。チケット代と劇場の座席数などから考えても、上演するのに関わっている人たちに十分な支払いができる規模とは思えない公演ばかりです。

では、食えている演劇って、どういうことなのでしょう。

（8）『第九回　芸能実演家・スタッフの活動と生活実態』（調査報告書二〇一五年版　公益社団法人日本芸能実演家団体協議会刊）によると、劇団協、児演協傘下をはじめ、日本俳優連合などの会員となっている俳優を対象とした調査では、四八％の演劇人が演劇以外の仕事はしていないと回答しています。

お客さんがたくさん集まる公演だということは明らかですね。演劇の公演で得られる収入の大もとは入場料収入で、その計算は、とっても簡単です。

チケット代×入場者数。

そして、入場者数は、劇場に一度に収容できる観客数、つまり座席数と、公演回数で決まります。

一〇〇人も入らないような小劇場では、十回公演しても集められる観客総数は千人程度ですが、二千人収容の大劇場なら、十回の公演で二万人集められます。それならば、どんどん大きな劇場を使えばいいじゃないかといわれそうですが、大空間で人を魅了できる俳優は、しっかりした技術と魅力を持つ俳優に限られますし、お客さんを呼べる俳優は、誰でもというわけにはいかないのです。

「演劇で食べていきたい」という希望を実現しようと思ったら、ふたつのことが関係しています。

ひとつめは、俳優やスタッフにちゃんとした報酬を払える規模で公演という事業が成り立っているか。つまり、多くの入場者を集めているか。

ふたつめは、俳優やスタッフが、それを生業として仕事をしていけるか。

このふたつのことは、お互いに密接に関係しています。

個人が、俳優として食べていけるかどうかは、個々人の才能と努力、そして運によります。しかし、舞台作品ごとに必要とされる俳優の性別、見た目、性格など、キャラクターが違ってきますから、力のある俳優でも、いつでも仕事があるとは限りません。例えば男性ばかりが出演する作品には女優は不要ですし、老人役を若い青年が演じると無理があります。だから、失業している俳優が多いというのは、日本だけの話ではなく、華やかな商業演劇の公演が連日たくさん行われているニューヨークやロンドンでもそうなのです。問題は、ひとつめの、公演事業としての成り立ちの方です。

コラム① 劇場の座席数

東京都内で演劇がよく上演される中劇場の座席数をいくつか並べてみましょう。

俳優座劇場	300席
博品館劇場	381席
本多劇場	386席
紀伊國屋ホール（2021年に改装後、微増）	427席
紀伊國屋サザンシアターTAKASHIMAYA	468席
パルコ劇場（2020年に改修後、458席から増席）	636席
世田谷パブリックシアター	約600席
シアターコクーン（2027年度中まで休館中）	747席
サンシャイン劇場	808席
東京芸術劇場（プレイハウス）	834席

中劇場協議会という団体がありますが、この協議会には、このほかに三越劇場（五一四席）、シアターサンモール（二九四席）、シアターX（三〇〇席）などが加盟しています。同協議会加盟には、独自で劇場プロデュース機能を持っている劇場と、貸劇場中心のものの両方があります。劇場がプロデュースする場合も、実際には劇団などとの提携公演に近いものも混じっていますし、貸館が行われていないわけではありません。

世田谷パブリックシアターは、一九九七年開場の世田谷区立の劇場で、もうひとつ、シアタートラムという、建物敷地内に客席と舞台を自由に設営できる小劇場(最大席数二四八席)も併設しています。今世紀になってから開場した都内の公立の劇場には、ほかに、北千住のシアター一〇一〇(七〇一席)、吉祥寺シアター(一九七席)、豊島区立舞台芸術交流センターあうるすぽっと(三〇一席)があります。二〇〇八年開場の調布市のせんがわ劇場は一二一席と小さく、二〇〇九年五月に開場した杉並芸術会館には二つの劇場空間があって、座・高円寺1が二三八席、座・高円寺2が最大二九八席です。

エンタテイメント産業の一翼を担っている芸能プロダクション等が運営する劇場でいうと、東京グローブ座は七〇三席、天王洲・銀河劇場は七四六席。

劇団四季の運営する劇場は、主にミュージカルを上演する汐留の電通四季劇場〔海〕が約一二〇〇席、浜松町のJR東日本四季劇場〔春〕約一五〇〇席、〔秋〕が一二〇〇席、有明四季劇場が一二〇〇席ですが、ストレートプレイ用に建てられた自由劇場は五〇〇席です。

新国立劇場中劇場は、最大一〇三八席で、中劇場という名前ながら大劇場で、セリフ劇にはちょっと大きめです。実際、座席をつぶして舞台エリアを広くして、舞台と客席を近い関係にして上演するということがよく行われています。新国立劇場小劇場は、名前は小劇場ですが、ここの座席は固定ではなく可変式で三四〇席から四六八席までとなるので、中劇場クラスのキャパシティといえます。

ちなみに、日本演劇協会が発行している『演劇年鑑』では、九九九席までを中劇場としていましたが、(9)

(9) 現在は、大劇場、中劇場、小劇場という区分ではなく、上演演目の傾向や設置者、規模などを合わせて、異なった分類で劇場ごとの上演記録を掲載しています。

座席と舞台との位置関係や客席の傾斜などにも左右されるので、もう少し大きめでも、こぢんまりした空間と感じる劇場はありますし、座席数は少なめでも、舞台が遠いと感じるような劇場もあります。演劇は、ただ劇場を大きくさえすればいいという表現分野でないことだけは確かです。

食える演劇、食えない演劇

出演者にそれなりの報酬が支払われていて、ちゃんと「食える」演劇はあります。いわゆる**商業演劇**です。

典型的な商業演劇とは、東宝、松竹といった興行会社が、都心の大劇場でほぼ一カ月単位で人気役者を中心にして行う公演を指してきました。お土産物《みやげ》の売店や幕間《まくあい》のお弁当、食事を出す店などが劇場内や近辺にあって、観劇することと飲食、買い物が一連のちょっと贅沢な娯楽として供されるようなお芝居です。

しかし、近年はミュージカルが増え、芝居の内容も多彩となり、「典型的な」形が変わってきました。歴史的な成り立ちはかなり違うにしても、出演者やスタッフにちゃんと対価を払って成り立たせている公演ということでは、自前の劇場を複数持って全国的にロングラン公演を展開している劇団四季や、ホリプロなどプロダクション会社がプロデュースする公演、あるいは東急グループがつくった東急文化村やパルコなど流通系がもつ劇場による公演、テレビ局の事業部がプロデュースする場合など、大企業が営利ビジネスとして行っている点では共通しています。(10) そして昨今は、2・5次元ミュージカル(11)が、海外からも大勢の観客を集めるようになってエンタテイメントの領域を広げています。ここでは、これらを含めて広義の商業演劇、商業系と呼ぶこ

(10) 劇団四季(四季株式会社)は大企業になりましたが、新劇団としてのルーツが消えているわけではなく、俳優やスタッフを擁し育成してきた点で他の興行主とは成り立ち方が異なります。

(11) マンガやアニメ、ゲームなどを原作・原案とし、ショー的要素を入れるなどして展開されるライブ・エンタテイメント。二〇一四年三月に一般社団法人日本2・5次元ミュージカル協会が発足しています。

とにしておきます。(12)

その対極にあるのが、構成員の「持ち出し」で行われている公演です。

小劇場の街といわれる東京・下北沢界隈や、中野駅近辺にある小劇場のロビーにあふれているチラシの束《たば》！　そうしたチラシで宣伝されている公演の多くは、出演料はこれで「食えている」といえるほどは払われていません。出演料が払われていても、出演する前に負担金をたくさん支払っていたり、切符販売のノルマが出演料代わりだったりという場合も少なくないようです。チラシに劇団〇〇とか演劇集団△△と印刷されていても、有志が集まっているだけで、恒常的にある集団とは限りません。法人格は必ずしもありません。やりたいと思って何か集団名を名乗れば、演劇集団が誕生します。そういう集団でも俳優として舞台に立てば「役者です」といえますし、劇作家も、演出家もそうです。

誰でも、名乗ってしまえば演劇人！

表現の自由がある限り、誰でも演劇活動は始められます。誰にでも門戸が開かれているということは、参入するのに制約がないということです。(13)そして、演劇集団は出来ては消え、出来ては消え、しています。主だったところだけでも数えあげたいものですが、評論家や演劇記者、人気ブロガーでさえ全部見るのは不可能な数の公演が行われているのですから、何がメジャーかの基準づくりも難しく、数が膨大だという実感だけが残るというわけです。

お金を受け取ってそれに見合う仕事をするのがプロで、「持ち出し」で好きなことをするのがアマチュアだとすれば、この夥《おびただ》しい数の演劇公演に出演している俳優の大部分がアマチュア、半アマチュア状態となってしまいます。ただ、それは必ずしも「プロではないから稚拙《ちせつ》で魅力がない」ということではないのです。ここが、ややこしいところです。

マスメディアで著名な俳優も不相応に少ない出演料で出ていることがあります。著名でなくとも、濃密な小劇場の空間で才能を発揮している俳優はたくさんいます。俳優の魅力という点からいうと、商業的に成り立っていないからといって、プロの技がないとはいえないのです。演劇集団がプロかアマチュアかの論議を始めると、見る人によって評価の仕方が違うので、きりがありません。集められる観客の多い少ないで創造している人たちのプロ度を測ることは困難です。出演俳優の力量、演劇集団の持てる芸術上の力が、公演の集客力と採算性に関わっているのは確かでしょう。しかし、集客力は、芸術性だけでなく、話題性や宣伝力はもちろん、集団の志向をはじめ、いろいろな要素が絡《から》んで決まります。そういったこともあり、プロ・アマ論議は、いつしか志《こころざし》の議論にすり替わって、「採算はとれていないけれども、プロ以上に真剣で純粋な気持ちで創造を行っている」という主張につながっていきます。この議論は、本当に際限がなくなってしまうので、ここでは、まず、創り手の芸術性と経営力を切り離して考えていきます。そして演劇公演がどこで行われているかに注目してグループ分けをしてみましょう。

(12) 戦前からある興行会社による商業演劇と比較的新興の商業的な演劇では、歴史的な成り立ちはもちろん、慣行や報酬レベル等、相違点はいろいろとありますが、細かいことを並べ始めるときりがないので、同一グループにしておきます。

(13) 俳優鑑札というものがあって、都道府県に登録しなければ舞台に立てないという、一種の営業許可証が昭和十五年(一九四〇年)までありました。鑑札制廃止がそんな昔ではないということも、記憶にとどめておいてほしい演劇史のひとつです。

事業のパターンと公演場所

日本に演劇集団がいくつあるかも分からないのに、公演がどこでどのくらい行われているか、ますます分からないだろうといわれそうですね。はい、正確なところは分かりません。でも、日本でどのくらい演劇や舞踊、演芸などナマの舞台芸術、各種の音楽コンサートが行われているか、数えられるだけ数えるということをしてみたことがあります。[14] 演劇だけでなく、音楽でも、アマチュアとプロの違いを明確に区切るのは難しいのですが、芸術団体や劇場やホールの発信する情報をもとに、可能な限り集計してみました。把握できるだけ集計してみたところ、年間、約一〇万回の公演が行われていて、そのうち五割強が演劇の公演でした。そして、その三割強が東京に集中し、次いで大阪、名古屋などの大都市圏で行われていることが分かりました。随分前の調査ですから、この割合が今もそうであるとは限りませんが、大都市圏に集中している傾向はそれほど変わっていないでしょう。

公演の場所とその選び方によって、作品をつくっている事業体または集団をグループ分けすると、現代演劇の公演を行う主体は、大きく四つに分けられそうです。

第一グループは、商業演劇系です。主に大都市の大劇場で比較的長い期間公演をするパターンです。地方巡回公演もありますが、圧倒的に都市部が主です。[15] 営利事業として成立させることが基本で、出演者やスタッフらには、それなりの報酬が支払われている場合です。

第二グループは、東京や大阪などの本拠地での主催公演と、地方巡回公演や学校公演を組み合わせているパターンです。劇団協に所属している劇団の多くは、このパターンです。演劇公演を各地に広げることを重視し、報酬などが不十分でも公演地の拡大を優先させる場合があります。地域で公演を主催してくれる演劇鑑賞団体や公立文化施設などに働きかけて、依頼を受けて地方巡回公演を行うことを活動の重要な部分にしている集団です。

第三グループは、第二グループと似ているのですが、主催公演はほとんど行わず、学校をはじめ、子どもたちに見せるために主催してくれる文化団体や教育委員会などに招へいされて（あるいは売り込んで）公演を行っているパターンです。児童青少年演劇とくくってしまっていいかと思います。児演協の組合員の劇団はこれに該当します。子どもたちに舞台を見せることを第一義に考えて活動している集団です。

第四グループは、その集団の本拠地にある劇場で、短い期間だけ公演するパターンです。[16] いわゆる小劇場演劇の多くはこれに当てはまり、新しい表現方法へのチャレンジや小劇場の濃密な空間での創造にこだわるタイプの劇団が多いです。が、そのほかにも俳優・タレント養成事務所の発表会的な公演や俳優育成、プロモーションのための公演をはじめ、学生劇団、市民参加ミュージカルや、昨今はやりのシニア劇団など、ともかく演劇をやりたいという人たちが集まって公演するという場合は、公演期間は短期間に限定されがちです。事業化など考えていない集団や、事業化する以前の段階にある場合なども含まれ、入場料収入だけでは採算が見込

(14) 既述の『芸能白書』。1997、1999、2001の三版にまとめられています。

(15) 例えば松竹の歌舞伎の巡業公演、宝塚歌劇団の全国ツアー公演、劇団四季の子どもミュージカルの全国公演というように、定例的に経営方針として位置づけられている巡回公演や、地方都市のプロモーター等と組んで「売っていく」ことを前提に企画されている公演もありますが、観客総数からいうと、都市部の大劇場に集中しています。

(16) 地域の劇団は地域の劇団同士で交流しようという動きもありますが、助成金などを得られないと本拠地以外で公演することは難しいので数は少ないです。

めないことが多い活動です。

四つのグループの境界線は、必ずしもクッキリとひけるものではありません。例えば興行資本や大企業の運営によるのではなく、商業演劇系とは呼べないけれども、多くの集客に成功し商業的に成功している演劇集団は、第一、第二のグループのいずれか、分類に迷うところがあるかもしれません。が、大都会の劇場をメインとする場合は第一のグループ、中小都市も含む巡回公演を活動の主要部分に組み入れている場合を第二のグループ、としておきます。また、伝統芸能や、演劇といいきれない分野もあるでしょう。[17] さらに最近は、必ずしも大都市にあるとは限らない公立の劇場が演劇作品をつくる、第五のグループが台頭してきていますが、それについては本書の後半に譲ります。どこを公演場所に選ぶかは演劇集団の活動方針と密接な関係があり、それならば第四のグループは、もっと細分化すべきだという見方もあるでしょうが、詳細な意識調査のデータはなく、客観的に細分類できそうにないので、ひとまとめにしておきます。

公演主体の数は、第四のグループが最も多いですが(演劇集団は出来ては消え、出来ては消えするので数えることも難しい)、商業演劇以外の劇団アンケートの分析からいうと、最も総ステージ数の多いのは第三グループの児童青少年演劇です。しかし学校単位や地域の文化団体単位で公演が企画され、一般の観客に公演情報が宣伝されたりチケットが販売されたりすることが少ないので、児童青少年演劇専門の批評家も少なく、その総量や実状が、演劇人や批評家の間でもあまり認知されてきませんでした。でも、現に行われている児童青少年演劇の公演数は半端ではありません。[18] 劇団数の割には、依頼公演全体に占める割合が大きく、つまり職能化が進んでいる一群です。ですから、コロナ禍で公演が中止になった時に被った打撃も相当なものでした。演劇人の職業化や文化政策について関心がある人は、児童青少年演劇の来し方について知っておくことは必須だと思います。

そして、見ている観客が最も多いのは商業演劇系でしょう。劇場の座席数が多く公演期間が長いので、観客総数が圧倒的に大きくなります。

経済規模をざっくり推測してみると、いわゆる商業演劇で数百億円、比較的新しい商業系を含めて一千億円前後と思われます[19]。第二、第三のグループは、それぞれ数十億のオーダーでしょう。第四のグループの推計は難しいですが、その経済規模は、文化ＧＤＰの計算には、付加価値を追加するものとしては寄与していませんで、費用の総額として捉えるべき活動だろうと思われます。ちなみに、前述の「特定サービス産業実態調査」で、「興行場・興行団」の演劇部門の入場料・興行収入の年間売上高総計は、およそ九八四・九億円となっています（二〇一七年の売上。賃貸料やほかの収入は含んでいません）。一千億に満たない程度では、産業として大きいとはいえないかもしれませんが、従事している人が「食えている」演劇公演は確かにあります。ただ、採算がとれないでも演劇公演を行う演劇集団の方がかなり多いので、「演劇では食えない」という言い方がされてしまいがちなのでしょう。

(17) 本書では歌舞伎、能、文楽などの伝統的な演劇は考察の主対象にしません。また大衆演劇とよばれる一群もありますが、現代演劇には含めないでおきます。

(18) 二〇〇八年度の児演協の劇団の総公演数は一六六二五ステージと集計されています。ピーク時の一九九〇年は、三〇二〇五回でした（ただし回数を公表していた七四劇団だけの集計）。

(19) ぴあ総合研究所の集計ではコロナ禍以前の二〇一九年の舞台芸術マーケットの市場規模はミュージカル約七八八億円、演劇約五五二億円となっていますが、どの範囲までを想定して推計しているかは注意する必要があります。

舞台は〈時間の缶詰〉！

現代演劇は、舞台の上で演じる俳優のほかに、劇作家、演出家、照明、音響、舞台美術といった創作を担う専門分野の作家やデザイナーと、その実働部隊としてのスタッフ、それを束ねていく舞台監督やプロデューサー・制作など、いろいろな職能の専門家が大勢関わっています。規模の大きな公演の企画は三年前くらいから準備が始まり、各専門分野で一年前、数カ月前と、別々に進行していたことが、だんだんに仕事が集約されていって、公演の前に一定期間、稽古場で集団創造の時間をもって公演に至ります。稽古期間は、商業系の短い場合で二、三週間、多くは一か月から四十日程度です。ミュージカル、音楽劇の場合はこれに音楽稽古やダンスのリハーサル期間が加わるのでもう少し長くなります。商業系の公演や専業の場合は、昼間から稽古するのが基本ですが、昼間、別の仕事を持ち、いわゆる二足のわらじをはいて演劇活動をしている人たちは、夜間の稽古が中心で稽古期間はもっと長くなる傾向があります。

私は、かつて芝居づくりの現場を見ていて、「ああ、舞台っていうのは、たくさんの人たちが費《つい》やした時間の缶詰みたいなものだな」と感じたことがあります。幕があがって缶のふたがあくと、凝縮された時間が一挙に輝きとなって流れ出すのです。いろいろな才能を持った人たちが費やした膨大な時間のたまもの、なのです。

出演者とスタッフが、長い時間を費やして創作するので、その期間の対価も考慮した報酬を払うとなると、当然、総製作コストは高くなります。稽古場代もかかります。公演が始まるまでに発生する費用が、かなり大きくなるのです。日本の場合、公演を創造する集団が劇場を所有・専有している場合が少ないので、だいたいが都心の劇場を借りるか、主催者に依頼された場所で公演を打つことになります。公演の採算をとるには、入場料収入が公演一ステージごとに発生する費用、つまりランニングコストをカバーするだけでは不十分で、公演前に投資した分の費用も回収できなければなりません。稽古場代だって、東京などの都市で行われている場合、一か月も民間のスタジオを借りれば結構な金額になります。制作、広報・宣伝にあたる人の人件費や、事務所など経常費的な部分もあります。

こういった費用を、限られた席数のチケット収入で得ようとしたら、チケット代は当然高くなりますし、公演回数が多くなければ、つまり、総入場者が多くなければ赤字になります。しかも、チケット収入は、公演が始まってから入ってくることが多いので、長い準備期間の間に必要な支払いができる資金力がなければ、演劇をビジネスとしてやっていくことはできません。

演劇は舞台芸術の一分野で、確かに「芸術」の一角にあるわけですが、こうして事業の経営の側面を考えると、お客さんが予想どおり入らなければ大赤字を産むという、経済的リスクを伴った活動だという事実があります。

演劇を事業としてやっていきたい人たちは、この経済的リスクを避けるために、いろいろな工夫をしてきたわけです。そのひとつの方向は、報酬はちゃんと払うから、お客さんを呼べる俳優やスタッフで創造して、宣伝もしっかりして、その分、チケットも高くなるという商業化の路線でしょう。もうひとつの方向性は、演劇をやりたいという者たちが自分の取り分は我慢して、必要なことは仲間同士で支えあおうという方向性でしょう。どんな要素があれば「お客さんを呼べる」のか、何を我慢して支えあうのか、それは時代や集団や個々人でちょっとずつ違いがあるのですが、この、仲間同士で支えあう結束というのが「劇団」に求められてきたものと考えられます。

芸術共同体としての「劇団」

そもそも「劇団」とは何なのか、少し歴史を振り返りながら考えてみることにしましょう。日本の現代演劇の歴史は、たかだか百年ちょっとですが[20]、それをざっと概観しただけでも、およそ日本でいう「劇団」は、単に演劇の公演を行う主体という意味以上に、いろいろな役割を負ってきたということに気がつきます。といっても、演劇史を紐解《ひもと》くのは私の任ではないし、そんな紙数もないので、もっぱら経済的側面で主だった点にだけ注目したいと思います。

演劇を語るときに、「新劇」、「小劇場」というレッテルがよく使われます。新劇系の劇団の人に、「新劇」の定義はと尋ねたら、「明確な定義づけは難しいけれど、劇団の出自で新劇系かどうかはいえるかもね」という返事をもらいました。創立者がどこで演劇を学んだかというルーツを辿っていくと、「新劇」は旧劇、つまり歌舞伎や新派劇に対抗して生まれていて、当初は「新劇運動」だったという点に遡《さかのぼ》れます。その拠点として有名なのが、築地小劇場です。

築地小劇場は、一九二四年に、伯爵の祖父を持つ土方与志《ひじかたよし》が私財を投じて小山内薫《おさないかおる》らと開場した劇場で、劇団名でもあり、多くの演劇人を輩出しています。その名前のとおり、新劇運動も「小劇場」運動として始まっていたわけです。旧勢力に対抗しようとした新しい芸術運動という点では、一九六〇年代の小劇場運動も似た点がありますけれども、築地小劇場の座席の定員数は四六八名でしたから、築地小劇場は、昨今の劇場分類の感覚でいうと中劇場クラスですね。

築地小劇場の時代から、どうやって公演を打つ資金を工面《くめん》するかということに腐心した人はいて、築地小劇場では俳優育成も含めて、かなりを土方与志が負担していたといいます。財源は入場料収入だけでは足りず支援者が必要で、観客の支持会員制を導入しようとしていました（それでも大部分は土方が負わざるを得なかったわけですが）。劇団としての築地小劇場は、小山内の急死をきっかけに、わりと間もなく分裂してしまいましたが、建物としての築地小劇場は、それから時代が戦争に向かい空襲で焼け落ちてしまうまで、当時の新劇人が検閲を受けたり弾圧されたりという暗い時代を共にしました。

新劇運動の初期は、俳優たちが演劇で食べていくこと以前に、演劇を社会に存在せしめようという運動で、当時、一部は危険思想視されていた社会運動とも結びついていましたから、戦前・戦中は命をかけた運動ともいえました。運動体としての仲間同士の結束が絶対に必要だったのです。詳細な演劇史には深入りしませんが、ここで注目したいのは、築地小劇場の頃から、劇場の確保と俳優育成と観客育成・組織化という、演劇を創造していくために必要なインフラストラクチャー＝基盤づくりが、劇団の仕事だったということです。

戦後になって、演劇活動への弾圧こそなくなり、社会運動の側面は徐々に後退していきましたが、演劇を社会に広めるため、劇団員の総意のもとに、負担を覚悟で活動していくという芸術共同体としての「劇団」の特徴は、戦前の運動から、おおかた受け継がれていたのではないかと思います。

戦後の焼け野原を前にした演劇人たちは、演劇の公演をしようにも、多くの劇場が空襲で焼けて、残っている劇場が限られていましたから、敗戦直後は商業演劇も新劇もなく、ともかく舞台公演を再開させるだけで精

(20) 日本にシェイクスピア劇が紹介されたのは二十世紀になる少し前でした。歌舞伎に対して新派劇がおこったり、正劇運動がおこったり、新しい演劇の模索が始まったのは明治時代ですが、今日の意味で「新劇」という言葉が使われたのは芸術座の旗揚げ（大正二年、一九一三年）以来といいます。（大笹吉雄著『日本現代演劇史』より）

一杯だったようです（新劇団によらない、興行会社が娯楽として提供する芝居は戦前からありました）。劇団活動を軌道に乗せるには、劇場のほかに稽古場の確保や俳優養成の場が必要でした。それに観客をどう集めていくのかも最重要課題のひとつでした。「劇団」は、戦後の生活基盤の復興も大変な時期に、演劇の基盤づくりから着手しなければならず、それを成し遂げようと集まった同志によって形成されていたわけです。

よそで稼いで舞台を支える

具体例として、六本木にある俳優座劇場の誕生の舞台裏を紹介しておきましょう。同劇場が劇団俳優座の拠点として建てられたのは、一九五四年のことです。[21] 当時、所属の劇団員たちは、外部出演で得た収入の相当な割合を劇団に入れて劇場建設費に充てました。映画の場合、出演料の七〇％を劇団に入れたそうですから、自分の取り分は三〇％で、そこから源泉徴収分を引くと、手元に入るのは二〇％にすぎません。戦後間もなく、一九五〇年に完成した俳優座の演劇研究所も、俳優たちが募金を集め、足りない分は映画に出た報酬で建てたといいますから、創造・研究のための環境整備は劇団員が負担していたのです。舞台公演で俳優自身が出演料を得ること以前に、俳優たちが自ら稼いで劇場まで建てたのです。

俳優座でなくとも、外部出演して得た出演料の、ある割合を劇団に入れて、俳優は劇団の活動を支えるというのが劇団活動のベースにありました。一九五一年に民間放送が始まっていますから、時代はテレビが普及し始めた頃です。それまでも映画出演やラジオの仕事は劇団の俳優たちにとって大事な収入源でしたが、仕事の場が広がり、放送番組に関わる人材がどんどん求められていました。ＮＨＫは、当初は放送劇団をつくって人材を養成しましたが、民間放送局すべてが養成をできたわけではありませんし、放送局は多様な人材を必要としていました。新劇団は、放送番組への人材供給源とあてにされ、仕事がきたのでしょう。当時、映画はまだ娯楽の中心にあり、映画出演と劇団の公演を組み合わせて劇団経営が考えられていた時代でした。そして時代が少し下ると、劇団のなかに「映画放送部」という部署ができ、出演料のある割合を劇団がマネジメント料として差し引いて劇団運営の資金にし、それによって劇団員の養成や稽古場維持などを行っていく、というのが新劇団の経済的基盤として定着していったのです。演劇づくりに必要なインフラストラクチャーは俳優自身がつくるという構図は、ごく当たり前のこととしてあったのですが、映画・放送の発展と結び付きつつ、俳優マネジメントの収入が劇団経営には大事な基盤だったことも見逃せません。(22)

観客組織という基盤

もうひとつの大事な基盤があります。観客の組織化です。

先にも触れたように、築地小劇場の頃から、定期的に演劇を見る会員によって新劇は支えられるという考え

(21) 二〇二三年六月、俳優座劇場は七〇周年を迎える二〇二五年四月に閉館すると発表しました。現在の俳優座劇場は一九八〇年にビルの中にある劇場に建て替えられた二代目ですが、改築から四〇年以上を経てビルの老朽化が進み、設備の改修をして維持していくには劇場運営の厳しさから難しいという判断がなされたようです。戦後の演劇界をけん引してきた象徴的な劇場だけに、閉館のニュースは演劇界内外に衝撃でした。

(22) 戦後間もなく活動を開始した主要な新劇の劇団以外に、他の職業を持ちながら劇団活動を行っている劇団もたくさん生まれていて、そういう劇団は俳優マネジメント収入を劇団運営に組み込んではいませんでした。現在でも新劇系すべてがマネジメント収入を組み込んでいるわけではありません。

がありました。第二次世界大戦後すぐの一九四六年には、東京で新劇団が「ＦＯＴ新劇友の会」をスタートさせました。戦争直後のすさまじい物価上昇という経済状況やらなにやらで軌道には乗りませんでしたが、観客を広げようという動きは、劇団サイドからの動きだけではなく、地域で演劇が見たいという人たちによる鑑賞団体の組織化とつながることで、運動として広がりました（P.44コラム②参照）。劇団にとっては、地方公演は旅費交通費や運搬費がかかります。でも各地の観客に作品を見せるのが演劇を世に広める運動として必要なことだと考えたわけです。地方に演劇鑑賞会があって、まとまった観客がいるとなると、これは多少無理をしてでも地方公演を成功させようとなるわけです。

本拠地以外に出かけていって公演を行うのは、経済効率的には悪いに決まっています。興行として採算性だけを追求するなら、都心の大劇場、中劇場で長いこと公演が打てれば十分のはずですが、都市部以外に住む人々に演劇をという運動理念をもつ劇団にとっては、事業の中に巡回公演を組み込むことは必然だったわけです。

また、児童青少年演劇についても、似たようなことがいえます。戦後、「子どもたちを二度と戦場に送らないために」という運動の一環で演劇鑑賞教室を実現しようとした学校の先生と劇団の活動や、母親たちが組織したこども劇場おやこ劇場[23]の運動なくして、ここまで専門劇団の活動は広がらなかったでしょう。

つまり、先に分類した四つのグループのうち、第二、第三のグループは、そういった運動と無縁ではないわけです。「劇団」とは、単に演劇の公演をする集団という以上に、そうした歴史的背景を背負っている部分があるのです。こういう点が、「劇団」で活動する人たちすべてが特定の政治的主張やイデオロギーと密接に関わっているというステレオタイプ的な見方を助長し、演劇の発展・普及をしにくくしてきたきらいはあります。シンプルに芸術表現の一分野として広めたいと演劇人が願っても、そう受け止められなかった時代がありました。政治的主張やイデオロギーと芸術上の志向が絡み合っていたかどうかは個々の集団で異なりますし、時代の変化とともに変遷してきていますが、芸術上の主義主張を同じくする共同体としての結束力がなければ、活動が広げられなかったのです。

こうした芸術共同体としての「劇団」では、運営上のことを劇団員の総意を反映させる形で決め、劇団専用の稽古場や俳優訓練の機会など、演劇の創造に必要なものを共有していこうとします。創造活動に必要な「場」なのだから、劇団員が劇団費(通称=団費)などの負担を負うことが多いし、出演料は、低くてもやむを得ないとされています。公演制作の仕事も劇団員で分担します。劇団を維持していくために、もっぱら人件費を切り詰めることでやりくりするわけです。劇団は、演劇という芸術を追究するための組織で、お互いに負担し合うことで活動が継続できるという「芸術共同体」の考え方がベースにあるので、だから採算が合わないから公演は取りやめましょう、というようにビジネスライクにはなりにくく、「どうしてそんな低い報酬で続けるの?」と演劇人以外からは驚きのまなざしで見られる、というわけです。

(23) 一九六六年に福岡で発祥したおやこ劇場運動は、子どもたちに演劇などを鑑賞させる例会の部分では演劇鑑賞会に似ていますが、子どもをとりまく文化環境全般を採り上げている点で、鑑賞組織ではなく文化団体といわれています。児童演劇、こども劇場おやこ劇場運動などについては、冨田博之の諸研究や『証言・児童演劇〜子どもと走ったおとなたちの歴史〜』(児演協編)などがありますので、本書では深入りしません。

ちょっと深入り豆知識　コラム②　演劇鑑賞会のあゆみ

定期的に演劇を見る会員の運動組織、演劇鑑賞団体の軌跡を手短かに説明することは、とても難しい！全国の演劇鑑賞会の〝運動〟は、同じように見えて、実は地域ごとに異なった事情があり、ちょっとずつ志向も違っていました。それに、戦後の新劇のあゆみと政治的な状況が絡んで、揺れ動きながら広がっていったので、その軌跡はとても複雑です。

広がるきっかけとなったのは、一九四九年に大阪に設立された勤労者演劇協会(通称、大阪労演)です。大阪労演の発足前にも、東京では「FOT新劇友の会」や東京都の支援を得て観客がさまざまな舞台を割引料金で見られるしくみとして「都民劇場」が発足していましたし、一九四八年には東京勤労者演劇協同組合が、労働組合の組合員が演劇を割引料金で見られるようにと発足しました。「都民劇場」は現在も存続していますが、新劇友の会も協同組合も、軌道に乗らないますぐに停止してしまいました。

けれども、大阪労演は全国にインパクトを与えました。一九五二年に京都、一九五三年には浜松、神戸、福岡でも演劇鑑賞組織が誕生し、各地へ広がっていきました。といっても、発足後すぐにレッドパージ(共産党員の公職追放)が始まるなど、当時の政治状況から察するに、けっして平坦なスタートではなかったようです。労演は、毎月の定額の会費で継続的に演劇を見る観客を会員とする組織で、サークル単位で加盟してサークルの代表者会議で演目の選び方をはじめ、すべて協議していくという組織の形を土台とし、サークル活動は労働組合の運動とオーバーラップしていました。すべての鑑賞団体が労働組合と深い関わりがあったかというと、そうでもなく、例えば東北では演劇だけでなく、音楽や歌舞伎なども見たい、いろいろな芸術を鑑賞したいと希望する観客の組織として芸術観賞団体が発足していたところと、労演として発足したところの両方があり、北海道・東北という範囲内での連絡会の歴史をみても、分裂や対立など紆余曲折があったようです。

そういう違いを抱えてはいましたが、一九六〇年には全国的な演劇観客団体交流会の開催に至り、一九六三年に連絡会ができました。当初は、勤労者を基盤とした演劇運動、「全国労演」としてまとまりましたが、その後、演劇の歴史が政治との密接な関わりのなかで論じられない時代になって、鑑賞団体も勤労者中心から主婦層を取り込むようになります。一九九二年、組織名は「全国演劇鑑賞団体連絡会」に変わりました。

演劇鑑賞会は「安く見たいという生活者の切実な願い」と「芝居を各地で上演したい」という新劇団の双方の努力で、発展し、継続されてきた運動です。各地の鑑賞団体は年に五作品から六作品見ることを前提に会費を集めて、年間に見る作品を選び、会員向けの「例会」という公演を迎えます。作品の上演だけでなく、学習会、合評会なども行い、劇団の受け入れのお世話をしたり劇団の人々との交流会もあります。こうした説明を聞くとうまく広がりそうですが、年に五、六本も定期的に見る観客は、そうそう簡単には増えず、面白そうな演目の例会には入るけれど、すぐ抜けていってしまう人もいます。劇団は、全国各地の人々に演劇を見せたいと願いますから、まとまった観客がいるとなると多少公演料が安くても引き受けることが使命と考えます。でも、期待していた公演料がもらえるほど会員が集まっておらず、持ち出しになることもあるようです。見たい作品を持ってきてくれないから会員が集まらないとか、そこまで安い公演料では続けられないとか、劇団と鑑賞団体の関係は、実は複雑です。

何が見たいのかという会員の意向も、時代状況の変化、価値観の多様化のなかで変わりました。どうやって組織を支えていくか、全国労演(後の全国演鑑連)などが発行した記録は、各地の鑑賞団体と新劇団の苦労の跡です。私なんぞがこうして説明を試みること自体、何だかおこがましいと思いますし、戦後の政治の動き、学生運動のうねりと挫折などと密接に絡み合っていて、時代背景を知らなければ、なかなか理解できません。

二〇〇七年九月、鑑賞運動の発端をつくった大阪労演が、解散を発表しました。大阪だけで一時期は二万人の会員がいたといいますが、五八年の歴史は閉じられました。全国演観連総会員数はピーク時には二八六〇〇〇人いたそうですが、震災で東北地方の一部では活動が困難になってきており、二〇一六年には会員数は半減。さらに会員の高齢化が進んでいたところにコロナ禍となり、二〇二三年には一〇九団体、会員数は約八六〇〇〇人までに減っています。会員は減少傾向にあるとはいえ、コロナ禍でも全国各地で演劇を鑑賞できる機会を支えた実績には、改めて観客の組織力の大きさを想わされます。

小劇場運動が起こってから

一九六〇年代後半から七〇年代にかけて、「小劇場運動」が起こりました。

既成の劇団、劇場に反発して、テントで公演したり、地下の小空間を劇場にして本拠地にしたりする集団が現れたのです。空間を借りて自前の劇場にするのに、広い空間は経済的に不可能だったから、「小」劇場にならざるをえなかったという側面はあるようですが、空間が小さいということよりも、ビルの地下だったり、喫茶店の二階だったり、そういうところを劇場にしてしまうという行動自体が画期的でインパクトを持ったのでした。小劇場は、ビルの中だけでなく、テントや街頭演劇にまで広がっていました。既成の新劇団に反発し、どんな空間でも劇場にしてしまうんだという「運動」でした。

その頃は、演劇だけでなく世の中のいろいろなところで既成の価値観や体制に反対する動きが噴出した時代です。六〇年代後半に登場した演劇運動の形容には、実験性、前衛性、既成の価値観や社会体制へのアンチテーゼというような言葉が並んでいます。地下にもぐった文化、アンダーグラウンド、略して「アングラ」という言い方も随分と広まって、演劇は当時の社会に反抗する文化の流れの一端を形づくっていました。寺山修司、唐十郎《からじゅうろう》、鈴木忠志などなど、その頃に登場した前衛演劇、アングラ演劇の旗手といわれた人たちの活動を改めて振り返ると、それぞれに手法も志向するところも違って、ひとくくりにするのは如何なものかとも思いますが、時代が作り出したエネルギーは強烈だったようで、「アングラ」は演劇を見ていない人たちにも影響を及ぼしました。当時子どもだった私にも、「アングラ」という語は怪しげな言葉としてインプットされていたように思います。

劇場という建物も、新劇の俳優修業を踏まえた技能も否定して、素人であっても特異な存在として人目を惹けば革新的な表現には似つかわしいというゲイジュツ運動――それまでの常識では考えられないものも「演劇」にしてしまおうという活動は、作為で飾り立てない素人こそ(!)、表現の主体になれるという流れまでつくりだしたわけです。素人が素人としてもつ表現力を土台にしていたアングラ演劇に、プロ化の試みは語義矛盾といってもよく、そんなゲリラ的活動に、「事業体」としての経営などという発想は、はなから馴染むわけはありません。ゲイジュツは忽然《こつぜん》と現れるべきであって、その経済構造を表だって問題にするのは、制度からはみ出すことを面白がっていた人たちには、とことん野暮なことだったでしょう。実際には、どうやって公演の費用を工面するか、暮らしていくかということは大変な問題であったはずですが、そういった苦労話も武勇伝のごとく語られてきたのが、小劇場運動第一世代の活動でした。

しかし華々しかったアングラ伝説のずっと後に、八〇年代に観客となった私が出会った演劇は、「小劇場運動」の名残をひきずっている集団は少数派で、すでに変質していました。アンチ新劇で、新劇流の訓練を否定した表現も、何度も繰り返されていくうちに、洗練されたり、より強調されたりして、いわば「様式化」されて定着します。継続するためには、何らかの戦略が必要だということも、当然、表面化してきます。そうした先輩世代があり、小劇場運動がどうして生まれたのか知らずに面白いと飛びついた後輩世代がありました。

第一世代の一部は、自治体行政や商業資本と結び付くことで、次の展開を始めようとしていましたし(24)、後続世代からは「運動」の部分が消えて、単に「小劇場」と呼ばれるようになっていたのです。芝居をするということは、必ずしも反体制的とまでは思われなくなって、むしろサブカルチャー、若者たちの文化として注目を集めていました。寺山修司が投げかけたような実験性を追究するグループもありましたが、普通の若者が面白がるものへ、しだいに小劇場はさまざまな「笑い」を特徴とするようになり、しかも皮肉な笑いから軽やかな笑いへ、流れは変わっていきました。

八〇年代当時のトップランナーたちは、劇団夢の遊眠社、第三舞台、第三エロチカなど第三世代と呼ばれた集団で、小劇場第一世代（六〇年代後半以降）、第二世代（主に七〇年代）が切り開いてくれたやり方を見ながら、小劇場を借りて公演を打っていました。大学内にあった学生劇団が、そのまま劇団として継続されていくという道筋を辿った例が多く、大学の演劇研究会やサークルなどを核にしながら才能が頭角を現していきました。

運動という意識がなく、先の世代が切り開いてくれた道を後から辿っていくことができた第三世代以降は、兄貴世代が「新劇」に反発することで前の世代を強く意識していたのと比べると、気楽な弟分みたいなもので、演劇で「食べていきたい」ということを考え始めました。大学卒業や中退後も芝居を続けていくには、それなりの決意は必要だったのですが、若いエネルギーが集まっているうちは何とかなるものです。アルバイトをしながら、あるいは会社に就職したり教職についたりしながら、資金をつくって時間を捻出して、自分たちで劇団を名乗って公演を打つ……いわゆる二足のわらじを履いての活動です（そういう活動の仕方は、終戦直後の新劇の頃からもあったので、この時代の小劇場に特有のことではないですが）。

やっている本人たちは、ともかく芝居を創りたいという意欲で満ちていて輝いて見え、その輝きが八〇年代

（24）例えば鈴木忠志は一九七六年に富山県の過疎地、利賀村（二〇〇四年より南砺市）に本拠地を移し、合掌造りの家を劇場にして利賀村との共同で村内に劇場を建て、一九九〇年には水戸市に芸術館をオープン、一九九五年には静岡県に専属劇団のある劇場を開場するために財団法人静岡県舞台芸術センターを設立して芸術監督になったというように行政との連携のパイオニアでした。唐十郎がセゾングループなどをスポンサーに唐座を浅草につくったという動きもありましたが、自治体や企業だけでなく、他ジャンルの文化人の応援に支えられながら、芸術活動の継続と広がりを画策する新たな方策を模索していました。

の小劇場ブームの理由のひとつだったのだろうと思います。トップランナーといわれる劇団だけでなく、それらに続いて出てきた人々も、「次に注目される劇団はどこ?」というメディアの関心を集め、「小劇場」は、若者の間で流行している日本のサブカルチャーの代表格で、演劇専門誌以外でも若者のトレンドとしてよく紹介されました。バブル経済のおかげもあって「ここまで人気が出れば、このまま食えるようになるかも」という期待感が、小劇場からメジャーになれるという夢を増幅させたのかもしれません。

実際、俳優や劇作家で、テレビや映画で活躍するようになった人はたくさんいます。そして、ごく自然に、新劇団が劇団の運営を支えるために、所属俳優が外部出演で稼いだ出演料の一部を劇団に入れたように、メディアへの出演と演劇の公演を組み合わせることで活動を支えるというように、劇団の経営の仕方においては、新劇系も小劇場系も大差はなくなってきました。

そして二〇〇〇年代。

小劇場第三世代のあとは、第何世代という言い方は使われなくなりました。あまりにも多様化して、ひとくくりにできるような特徴が見出しにくくなったのです。小劇団結成のメンバーの集まり方も多彩になりました。八〇年代のように、若者文化とか流行のサブカルチャーという捉え方はできなくなりました。文化全体が多様化して主流が見えなくなっています。特徴がなければマスメディアでも紹介されにくいですし、マスメディアの影響力もメディア多極化のせいで弱まっており、混沌とした現代演劇の姿はますます捉え難くなっています。

「劇団」から「プロデュース集団」へ

小劇場運動が始まってから五〇年以上ですから、演劇集団が多様化するのは当たり前のように思います。でも、多様化は理由があって起きました。その動きを少し丁寧に振り返ってみると、演劇を支えてきた組織や経済というものが見えてきます。

一九八一年、文学座から木村光一《こういち》が独立して「地人会《ちじんかい》」を設立しました。戦前から続いていた唯一の新劇団・文学座から気鋭の演出家が独立したということは、演劇の公演の打ち方が、「劇団」からプロデュース公演へと変わりつつあることを印象づけた象徴的事件だったと思います。「地人会」は、劇団ではなく演劇制作体で、特定の所属俳優はおらず、公演ごとにその作品にふさわしい俳優やスタッフを広い分野から集めて作品をつくると謳っていました。演出はほとんどの場合、木村光一ですが、誰と作品をつくるかはその都度決めるという集団の組み方です。[25]

一九八三年には、作家の井上ひさしが「こまつ座」を設立し、翌八四年に旗揚げ公演を行っています。ここにも特定の俳優は所属していないで、井上ひさしの戯曲を専門に上演する制作集団として出発しました。[26]

八〇年代の初めに、この二つの演劇制作体がスタートした活動基盤を、ちょっと考えてみましょう。地人会もこまつ座も、所属する俳優がいないだけでなく、事務所はあっても常時稽古場を確保することもなく俳優養成所も作りませんでした。稽古場は公演の前に必要な期間だけ借りればよく、所属俳優も養成所もないので、日常的なトレーニングの場として確保する必要もありません。自前で俳優を養成しなくても実力派の舞台俳優

(25) その後、地人会は二〇〇七年九月に解散を発表して、同年十月末に幕を下ろしました。木村光一の健康上の理由が解散の原因ということですが、諸状況の変化を思うとき、この解散もまた時代を象徴した出来事だと思います。

(26) 正確には、例外的に一名のみ俳優のマネジメント窓口にもなっていました。

はたくさんいました。人材は、組織の外で育ってきていたわけです。

稽古場や養成所は持ちませんでしたが、公演パターンとしては、新劇の劇団同様、東京公演と地方公演を組み合わせる形で公演を打っていました。各地の演劇鑑賞団体や公立文化施設の自主事業公演で、地人会やこまつ座の公演が行われたのです。[27] 八〇年代に入って、高度経済成長を経てモノの豊かさから心の豊かさへと人々の関心が移り始めたという文化の時代、各地の演劇鑑賞団体や地方の公立文化施設では、地域の主婦層を中心とした観客が見たいと思うような演目を選んで公演を組むようになっていました。地人会やこまつ座は、地方の観客が見たがる演目を提供する団体として、それまでの新劇団をしのぐ勢いで巡回公演を精力的に展開したのです。

地人会自体は、「愛好者のための演劇や、娯楽性だけを追求する演劇」は意図しないとしていて、儲けるための興行とは一線を画していましたが、その理想とする演劇を見てもらうために、テレビなどで著名になった俳優を芯に据える配役が肝心でした。旅公演の経費を抑えるためには、出演者数はあまり多くては困ります。いわゆるアゴ、アシ、マクラ(=食費、交通費、宿泊費)が膨らむからです。知名度があって実力派の少数精鋭の俳優たちで旅公演を実施するため、作家に書き下ろしを依頼する時も、出演者数があまり多くなくできるように依頼していました。そうやって、東京公演と「地方マーケット」を組み合わせて公演活動を展開することで、一作品ごとにかかる仕込みの初期投資を地方巡回公演で回収するビジネスモデルを成功させていったのです。

それまでの新劇の劇団は、芸術共同体だから、劇団は、劇団員みんなが力をあわせ、創造・研究・自己訓練・劇団の維持・運営に全責任を負うとしてきました。同志たる劇団員は夢や理想だけでなく経済的負担も分け合う間柄です。地方公演は大変でも、演劇鑑賞団体と二人三脚で観客を広げていく運動ですから、時には採算を度外視してでも続けなければならない、そういう考え方が新劇団の中にはありました。多人数が出演する作品は採算が合わないと分かっていても、劇団員の総意で作品が選ばれ鑑賞会から要望もあれば旅公演に回すということも起こります。一方、プロデュース団体はプロデューサーの判断で方針を決められますから、劇団と違って身軽で合理的判断で行動しやすかったのです。でも戦後に演劇を復興させ、劇場や養成所をスタートさせ、演劇の観客を広げようと努力していた新劇の劇団の先輩たちがいたからこそ、プロデュース公演ができる基盤があったということは間違いありません。

商業劇場のオープンとプロデュース公演

プロデュース公演増加の背景には、もうひとつ大きな要因がありました。好景気を背景とした民間劇場のオープンの波です。

もともと興行として利益を出すことを目指す商業演劇は、東京では帝国劇場、芸術座[28]、新橋演舞場、明治座といった大劇場で行われてきました。プロデュース公演という言い方は特段されていませんでしたが、興行である以上、集客力のある人気俳優中心に配役していくのが当たり前で、商業演劇は豪華さ、華やかさを売りにしてきたといっていいでしょう。

それに対し百貨店系列がつくった劇場は、元祖商業演劇の豪華・贅沢感路線とは少し違っていました。西武系列のパルコ劇場(元西武劇場、一九八五年にＰＡＲＣＯ劇場に改称、二〇一六年八月、ビル建替えのため閉館、二〇二〇年一月

(27) 後述しますが、全国的に公立文化施設が設置され始めたという歴史的背景もあります。
(28) 一九五七年開場、二〇〇五年に閉館し、二〇〇七年、客席数六一一席のシアタークリエとして再開場。

にリニューアルして開場）の開場は一九七三年です。文化的イメージを前面に出して躍進しようとしていた西武グループが、渋谷公園通り界隈の街のイメージ全体を変え、消費者のファッション・テイストを作り出していくマーケティング戦略の一環に劇場を組み込んで成功した例です。西武劇場の公演記録を見ると、西武劇場プロデュースもしくは提携公演が並んでいて、演劇では岸田國士戯曲賞を受賞して当時注目を集めていた井上ひさし作品を開場記念として続けて上演し、安部公房スタジオの公演、演劇だけでなく現代音楽や舞踏などもまじり、当時の新しいアートに触れられる場所というイメージが形成されていった軌跡を追うことができます。

百貨店が劇場を作った例は、いわゆる百貨店のシャワー効果をねらっての日本橋三越の三越劇場、東急百貨店の東横劇場（当初は東横ホール）などの先行例もありましたが、西武劇場の戦略が当たったのに刺激を受け、八〇年代のバブル期に趣向を少し変えて新しい劇場文化を作り出そうとしたといえるかもしれません。一九八七年には銀座セゾン劇場が開場し、セゾングループの文化的イメージアップを牽引しました[29]。一九八九年には東急グループの東急文化村が開場（東横劇場は閉館）し、セゾングループが同じ渋谷の公園通り沿いにつくった若者の街のイメージに対抗し、大人の文化の街へと東急本店通りの人の流れを変えようと試みました。百貨店系列ではありませんが、一九八八年には東京グローブ座が西戸山再開発事業の一環として不動産会社が共同出資して開場し[30]、一九九二年には三菱商事グループが天王洲再開発事業のなかでアート・スフィアを開場しました[31]。

バブル時代にできた民間劇場は、老舗の商業演劇が興行会社に製作されているのとは違って、親会社は流通業だったり地区再開発の不動産会社を中心とする企業体だったりで、興行が本業ではありません。営利企業が手がけることなので、もちろん赤字続きでよいわけはありませんが、劇場オープンの理由の根幹は、文化的イメージアップと周辺への経済効果でしょう。だから、特に新奇性、話題性が求められました。これらの劇場は、二〇二三年現在、ほとんどが閉館、もしくは制作運営形態が変わってしまっています。バブルがはじけ、不採算部門の劇場経営は方針の変更を迫られたわけですが、それは後の話。バブル期に計画された民間劇場の開場直後は、話題性のある公演で注目を集めようと、メディアでも取り上げられそうな俳優たちの顔合わせ、個性的な俳優の並ぶ公演がオープニングシリーズとしてプロデュースされていたのです。

話題になる舞台なら企業協賛もつきやすく、広報宣伝も派手になります。話題になるような公演にするために、出演料の相場を上げてでも集客につながる俳優に出演依頼がいきます。舞台経験の少ない俳優でも、集客力があるならと出演の誘いがかかりましたし、小劇場系の個性のある俳優はわりとすぐに注目され、劇場プロデュース公演に出演するチャンスがやってきました。俳優訓練の基盤や経験の違う俳優たちが、いろいろなところから集められ出会ったので、時にはちぐはぐ感がきわだって、舞台の出来という面では成功といえないこともありました。でも、出演している俳優にとっては、ちゃんと報酬のある出演機会が増えたわけです。劇場プロデュースの公演への出演依頼がくるということは、舞台俳優が本業で食べられるということです。劇団も本公演に抵触しないかぎり俳優の外部出演を歓迎しました。また、劇団外へ出演した時に違った演出家や俳優たちとの出会いに刺激を受け、劇団で似たような傾向の役ばかりになるよりも自分の可能性を広げたいと、フリーランスになる俳優も出てきました。プロデュース公演を行う劇場の出現が、舞台俳優の立ち位置をも変えていったのです。

(29) その後、同劇場は企画制作を中止し一九九九年休館。のちにル・テアトル銀座と改称し、グループのうち東京テアトルが再開、次いでパルコ劇場が管理運営を行うようになりましたが、二〇一三年五月に閉館。
(30) 二〇〇二年にジャニーズ事務所が買収し株式会社東京・新・グローブ座を設立、二〇〇三年にリニューアルして再開場。
(31) 二〇〇六年秋からはホリプロが株式会社銀河劇場を設立し、銀河劇場と改称して運営していましたが、二〇一六年二月、代々木アニメーション学院に譲渡され、二〇一七年四月より運営主体が代わって再々スタートとなりました。

コラム③　プロデューサー・システムとプロデュース公演

「プロデュース公演」と似ている言葉に、「プロデューサー・システム」というのがあります。

実は、戦後間もなく、日本が連合国軍総司令部の占領下にあった頃、アメリカ民間情報部から新劇関係者に対して、「プロデューサー・システム」を導入することが提案されていたのです。あらかじめ興行期間を区切った公演ではなく、プロデューサーが芸術的経済的責任をもって、観客の反応に応じてロングランしたり打ち切ったりする興行のシステムで、ニューヨークのブロードウェイの商業演劇のように、日本でも優れた作品を長く公演させようとしたものです。一九四九年に、ピカデリー実験劇場として、ロングランを目指した公演が実際に行われました。形式的には実験劇場運営委員会によって、良識ある観客層の創出や、新しい才能に機会を与えることなどを目指してスタートしたといいますが、芸術上と金銭上の両方の責任を負えるプロデューサーが当時の日本にはいなかったので、第一回は、資金的な責任は新聞社が負って、作品づくりは劇団俳優座が担う形で行われました。

でも、ブロードウェイのロングラン・システムとは、いろいろな点で異なりました。第一回公演『フィガロの結婚』は、観客の入りはよかったけれども劇団の事情で二ヶ月ほどで公演は終了しています。その後も断続的に実験劇場の公演は行われたのですが、アメリカ民間情報部の企ては意図通りには実現せず、二年くらいで終了してしまいました。日本的な劇団システムではない上演形態が模索されて、うまく続かなかった「実験」の軌跡は、どんな条件が整わなければ無期限ロングランが成立しないかを教えてくれる絶好の教材ではないかと思います。

戦後日本で本格的な「プロデューサー・システム」に最初に挑んだのは、一九六三年に開場した日生劇場を舞台にした、浅利慶太《あさりけいた》です。東京に劇場つきの自社ビルを建てようとしていた日本生命相互会社の社長が、若き浅利慶太と石原慎太郎に劇場運営をやってみないかと持ちかけ、まだ二〇代だった二人を制作営業担当と企画担当の重役に抜擢したといいます。東宝や松竹といった商業演劇の興行とは違った手法で、また新劇団とも違う公演の提供を目指す日生劇場。その開場は画期的で波紋も投げかけたようですが、一三〇〇の座席をもつ劇場で、芸術的な挑戦と商業的成功の両立は難しかったのでしょう。一九七〇年には、日生劇場は自主制作を大幅に縮小し、貸劇場中心に転換しています。しかし、その後の浅利慶太は、この時期の経験を踏まえ、後に劇団四季の活動を飛躍的に拡大させていきました。

日本の演劇のプロデュース公演を語るとき、もうひとり、本田延三郎《ほんだのぶさぶろう》というプロデューサーの功績に触れないわけにはいかないと思います。本田は戦前から新劇運動にかかわり、映画と演劇の両方のプロデューサーとして数々の作品を残した人です。本田は自身が設立した五月舎《ごがつしゃ》の公演で、宮本研や水上勉の新作の演出に木村光一を起用しましたし、西武劇場（後のＰＡＲＣＯ劇場）が開場した一九七三年、西武劇場との提携公演で、井上ひさしの新作『藪原検校《やぶはらけんぎょう》』を初演しています。劇団制をとらない五月舎の仕事を通じて、また西武劇場という、民間のファッションビルの上にある、新しい文化発信を掲げた劇場の開場を経て、劇団員が所属しない形での演劇公演が実現し得るという事例が積み重ねられていったことは注目に値すると思います。五月舎の本田の活動は、後に木村光一が演劇制作体として地人会を設立し、井上ひさしがこまつ座を旗揚げするに至る地ならしとなっていたのでしょう。

小劇場が育むもの

演劇公演をつくりだす集団が、劇団タイプからプロデュース公演タイプへと変わっていく流れは、構成員が「食えない」経済構造の集団の方でも加速されました。

下北沢が小劇場演劇の街として本格的に知られるようになったのは、駅前の本多劇場開場以降でしたが、その本多劇場のオープニング公演もプロデュース記念公演『秘密の花園』(唐十郎作・小林勝也演出　一九八二年)でした。オープニングシリーズ後は貸劇場ですが、そこで公演する演劇集団の多くは、いわゆる小劇場系の集団で、小劇場第二世代の流山児祥、元つかこうへい事務所の俳優たちなど、小劇場系の俳優による○○プロデュース公演と銘打つものが並んでいきます。先に触れたパルコ劇場が、小劇場で注目される演劇人や集団との提携を増やしていったことも、集団を超えたつながりをつくる契機をもたらしていたのだと思います。

一九八二年に日本女子大の同級生のサークルを母体にして結成された自転車キンクリートは、八〇年代後半には小劇場ブームの中で注目されるようになっていましたが、当時から劇団ではなくプロデュース主体であるという言い方をしていました。女子大出身だから男性の俳優は「客演」を得なければなりません。音楽のバンドがメンバーを時々入れ替えながらセッションするように、演劇仲間の間でセッションを組みやすい人脈をつくり、公演の都度、新しい仲間を加えたり客演の常連を定着させたりしながら、小劇場系の劇団という集団の垣根をどんどん低くしていったのです。

こうした小劇場系のプロデュース公演の増加は、第一世代のように、主宰者やコアメンバーを中心とした強い求心力による結びつきに代わって、負担できる範囲で負担しあい、仲間になれそうなときは仲間になるというようなファジーな結束力でも公演ができる関係ができたということでもあります。常に芸術上の志向を共有する同志で歯を食いしばって負担するという関係はヘビーすぎる、小劇場も稽古場も自分たちで作らなくても維持しなくてもその都度借りればいい、公演にかかる負担を可能な範囲で負うだけ。公演が終わってしまったら、関係は一旦は解消――企画ごとに組める相手と組むという考え方は、集団の持ち方としてごく自然に広まっていきました。

かくして演劇集団は、簡単にでき簡単に消えていくようになりましたが、小劇場スペースは、一度出来れば、すぐには消えません。

新劇系、そして小劇場系の一部の演劇集団は、スタジオ兼拠点劇場を運営し、他の集団に貸出することもあります。借り手がいるならばと、小さくても劇場主になりたいという人も出てきて、貸出し専用の常設の「小劇場」がオープンしていきます。だから、東京には下北沢以外にもあちこちに小劇場が生まれました。六〇年代アングラ演劇の先輩たちががんばった甲斐あって、スモール・イズ・ビューティフル、魅力的な小空間を見つけ出し劇場にしてしまうことが素晴らしいと考える演劇人は多いです。思わぬところに劇場空間が出現し、間近でドキドキするパフォーマンスを見せてくれるのですから、その魅力が病み付きになって小劇場ファンは誕生し、こういう演劇なら自分らにもできるんじゃないかと、新たな演劇集団が生まれるという流れができました。

演劇を始めたばかりの若い集団にとっては、いきなり中劇場以上の劇場は使いこなせません。(32) だから、まずは小さな空間からスタートするわけです。作品の作り方も費用面でも、小空間なら手軽に始められます。劇団員がアルバイトをしてためたお金を出し合ったり、二足のわらじを履いている主宰者がボーナスをつぎこんだりすれば工面できる金額です。入場料収入をあてにせずとも公演が打てると算段できます。出演料は多くの場合、考えられていません。小劇場で短期間なら、容易に演劇できてしまうのです！「小劇場」の定着とは、借りやすい小劇場スペースの存在という基盤の形成と、公演予算の小規模化という現象でもあったわけです。

借りやすい小劇場スペースがあちこちにあれば、公演の企画は立てやすくなります。空間があるから集団ができ、借り手があるから劇場が存続します。好循環なのか、悪循環なのかは見方によりますが、この容易さは、演劇集団のあり方を、ますます変質させました。

九〇年代からゼロ年代にかけて、小劇場の公演では、だんだん「ユニット」という言葉がよく使われるようになりました。演劇を始めるには、劇団付属養成所や専門学校の演劇コース、大学の演劇科などで基礎訓練を受け、あるいは学生劇団を経て演劇活動に入り、たいがい、劇団を旗揚げしたり、どこかの劇団に入団したりします。どこかしら所属先やルーツといえる演劇母体はあるのですが、それとは別に数人だけで別公演を企て、いつもとは違う志向で公演を打ってみることも、小規模な公演なら難しくありません。気の合う仲間が公演をするにあたって、恒常的なプロデュース企画集団を名乗るまでもなく、ちょっとお試しというノリで「ユニット」を組んでみる……そういう公演が出現するようになったのです。

ユニットを組むという発想は、小劇場系の若手に限りません。歴史の長い新劇系劇団でも、劇団公演だけでは所属する俳優たちすべてが常に舞台に立てる機会があるわけではないので、劇団内ユニットとでもいえる動きをむしろ奨励していたりもします。これに、かつて小劇場運動の頃は舞台活動をしていて、その後テレビなど映像への出演が多くなっているような俳優が、たまには舞台に立ちたいと数人の仲間と公演を企画しているような例も加わります。舞台歴数十年のベテランばかりの公演もあります。中堅組、ベテラン組のユニットは、普段の仕事のすきまでスケジュールを組むわけですから、公演の日数は限定されます。作り手の側は、いつもとは異なるメンバーで舞台をつくる満足感を味わえますし、観客も期間限定の特別な楽しみを味わうという公演になります。

その公演限りに組まれたユニットもあれば、頻度はそれほどではなくても、たびたび組まれるユニットもあります。そして、そういう前例が増えると、劇団旗揚げといっても人数は三人というように、少人数で演劇集団は結成できるという例が増えてきます。名称は「劇団」でも、新劇系の芸術共同体というような「劇団」や小劇場運動の頃の「劇団」ではなく、かなり身軽な集団です。こうなってくると、少なくとも東京に関していえば、小劇場イコール食えなくても将来を夢みてガマンしている若者が汗している演劇ということではありません。チケット収入だけで公演の採算はとれないけれども、舞台という場の魅力を求めて公演活動をする人のための場所……小劇場とは、演劇人が自発的に演劇修業を重ねる場として、演劇人たちの創造意欲を刺激する機会を持ちやすくする作業場、基盤《インフラストラクチャー》という見方ができそうです。演劇をやりたいと思った人たちが、わりと自由にユニットが組めるという状況は、演劇を社会に定着させようとした先輩世代の「劇団」活動の成果があって、さらに小劇場運動以降、上演用の小空間があちこちにできてという環境があったからであるのは、いうまでもありません。

しかし、演劇は、演ずる側、つくる側の人間がいるだけでは成立しません。客席の観客がまばらであって

（32）俳優の技量もさることながら、中劇場規模の劇場を使いこなすには、プロフェッショナルな舞台監督と機構や照明、音響などの技術者がいなければ危険です。もちろん、客席数が三〇〇以下でも、舞台機構が複雑でなくとも、電気工事の専門知識を要する作業が必要になることもあるなど、劇場の演出効果には生活空間とは異なる危険を伴うことが多々あるので、基本的には経験を積んだ技術責任者がいるべきです。演劇の公演を行うにあたって、舞台技術の面で一定程度の知識と技術が必要なのは、集団がプロかアマチュアかを問いません。

は、せっかくの意欲も空回りということになってしまいます。観客はどこにいるのでしょうか？

第二章　劇場って何でしょう？

劇場を劇場たらしめるものとは？

どこでもいい、なにもない空間——それを指して、わたしは裸の舞台と呼ぼう。ひとりの人間がこのなにもない空間を歩いて横切る、もうひとりの人間がそれを見つめる——演劇行為が成り立つためには、これだけで足りるはずだ。（高橋康也・喜志哲雄訳[33]）

ピーター・ブルック著『なにもない空間』の冒頭の一節は、見る人と見られる人がいるだけで、どこでも劇場になるという、何でも演劇になり得るという可能性を端的に表した一文として、演劇に関心を持ち始めたばかりの自分をわくわくさせたものでした。ブルックがわくわくさせた演劇青年は世界中にたくさんいたことでしょう。実際、日本語訳が出て極東の小さな島国の図書館で私の心を捉える前に、一九六〇年代後半から七〇年代にかけて、イギリスをはじめヨーロッパ諸国で、あるいは北米で、既にさまざまな前衛演劇の台頭を鼓舞し、そうした演劇のムーブメントを後押ししたのだと思います。『なにもない空間』でブルックは、既存の演劇のある部分を「退廃演劇」として批判しています。赤い幕やスポットライト、幕間があって、思わせぶりの演技があって、哄笑があって、ホワイエがあって……といった、よくある演劇の慣習を批判する言説は、彼の演出による『真夏の夜の夢』の来日公演の衝撃とともに、日本の演劇状況にも少なからぬ波紋を残したのだろうと思います。

先に触れた小劇場運動の勃興時に登場した演劇は、ブルックが記述したように、最もシンプルな演劇を体現するもので、観客の想像力を掻き立て、それまでの演劇の約束事によりかかった演劇公演の魅力を色褪《いろあ》せさせたのだろうと思います。もっとも、よく読むとブルックは、形式や制度全体を否定して壊そうというよりは、そのなかでマンネリ化することを辛辣《しんらつ》に批判し警鐘を鳴らしていたのであって、劇場という存在そのものを否定したのではなかったでしょう。大道芸はいざしらず、演劇人がプロとして演劇の上演を仕事としていくには、劇場という装置なくしては、やはり難しいのではないかと思います。

今、私は「劇場という装置」と書きましたが、そもそも劇場って、何でしょう?

広辞苑を引いてみると「演劇・映画などを見せる建築物」とあります。わが国の日常会話で使われているレベルでは、映画館に○○劇場という名前がついていることがよくありますから、一般には演劇・映画のための建築物であり、建造物と思われているようです。

上演されるものがあって、人が集まるところ……それが、とりあえず誰もが納得する劇場の説明でしょう。しかし、演劇にかかわる者にとっては、あまりに漠然としていて、この説明では十分とは思われません。辞典にあるように建造物だとしたところで、どういう劇場を思い浮かべるかは、人によって、まちまちだと思います。ある人は、歌舞伎座や帝国劇場などの大劇場を思い浮かべ、ある人は百人も入れば一杯になる黒い壁の小空間を思い浮かべるでしょう。そして、いやいや、ハードとしての劇場ではなく、観客を惹きつける魅力的な

(33) 日本語版は晶文社、一九七一年刊。もともと「なにもない空間:今日の演劇」と題した四回シリーズの講義としてピーター・ブルックが語ったものが、*The Empty Space* として一九六八年に出版されました。ブルック演出のロイヤル・シェイクスピア・カンパニーによる『真夏の夜の夢』は、一九七〇年の英国初演の後、海外公演を行い、日本でも上演されています。真っ白の装置に、ブランコと皿回しといったサーカス風の演出で、古典的なシェイクスピア劇のイメージを一掃しました。

集団こそ劇場たるべき、という理念を口にする人もいるでしょう(34)。

ブルックは前掲書で、どんなに建築として立派でも、そこに生命の爆発とでもいうものが起こらなければ、素晴らしい劇場にはならないという趣旨のことを書いています。中身がよくなければよい劇場とはいえない――演劇が好きという人たちにとって、思い浮かべる劇場のイメージは違っても、中身が肝心ということは誰もが頷《うなず》くのではないかと思います。さらにいうならば、「見たい」「見てみたい」と思えるような中身が、わりといつも上演されていて、観客やこれから観客になるかもしれない人たちを惹きつける場所であるか、という点も大事です。一般の人々への認知度というべきでしょうか。あそこに行けば、何かしら面白い演劇が見られるという期待感をもって人々に認知されているということ。これが、「劇場」にとって、大事な要件であると考えます。

ところで、劇場を訳語とするtheatreには、劇場という言葉のほかに演劇という意味があります。英語で、演劇を上演するところの呼称とその中身は、同じtheatreという単語で表されているのですが、日本語でも同様で、鎌倉時代の初期に、寺の本堂や広縁で行われた延年の舞を庶民の見物人は庭の芝生に居て見たことから、「芝居」という場所を指す言葉が転じて猿楽、田楽などを指すようになり、演劇一般を指すようになっています。theatreの語源も、古代ギリシャ語のtheatronから来ていて、これは「見る」という動詞から派生した語で、ギリシャ劇が上演された野外の円形劇場の見物席を指していました。建造物かどうかは別として、「見るところ」が「見るもの」を指し示すようになった点では同じです。中身が肝心という受け止め方は、「見るところ」と「見るもの」を深く結びつけて呼び習わしてきた祖先たちと同じ、といっていいのではないかと思います。

芝居小屋・劇場・公立ホール

さて、その肝心な中身ですが、中身である「芝居」が指し示すものは、わが国において明治時代までは歌舞伎が一般的でしたが、積極的に西洋文化を採り入れるようになって以降、今日、二十一世紀の日本で、芝居といわれてきたものは飛躍的に多様化が進みました。「芝居」に代わって、「演劇」や「劇場」という言葉が一般化し、演劇の中には、古典的なものから前衛的なものまで、大衆的なものから芸術性の高いものまで、またミュージカルや音楽劇も含まれ、様式もルーツもさまざまです。しかし「演劇」という概念がない頃は、能は能であり、歌舞伎は歌舞伎であって、別々の芸能でした[35]。「演劇」や「劇場」という語の登場は、単に芝居をそれに言い換えたというのではなく、それまでの歌舞伎を中心とした芝居のイメージを変えようという動き、つまり演劇改良運動の提唱や帝国劇場の開場に見られるように、西洋の劇場に匹敵する文化を、という欧化政策と不可分の関係にありました。明治期に西洋演劇がどのように採り入れられたのか、伝統的な日本の芸能とどこが共通していてどこに違いがあるのか——このテーマを掘り下げていくのは、それは魅力的で大変重要なことを含んではいるのですが、ここではぐっと堪《こら》えて深入りしません。けれども演劇が上演される場所がどの

(34) 「〇〇劇場」という名称の演劇集団は多々存在します。ちなみに、おやこ劇場、こども劇場といった文化団体の活動に関わっている人のあいだでは、「劇場」は、文化団体であるおやこ劇場こども劇場の略称として流通しています。おやこ劇場には通常、専有する劇場施設はありません。

(35) 能・狂言は、武士の式楽になって守護されたので、民衆の人気を集めたほかの芸能とは異なる芸能として位置づけられていました。

ように運営されてきたのか、その制度的な側面については、少し拾っておきましょう。

明治から大正、昭和初期にかけて、東京や大阪、京都には、歌舞伎などが上演される劇場があり、興行師、興行会社によって運営されていましたが、日本全体を見回してみると、第二次世界大戦前の日本には、大小さまざまな芝居小屋、[36]寄席が全国に存在していて、その数は、昭和一〇年代には二四〇〇を超えていたそうです。いわゆる旅の一座、旅芝居、小芝居といわれる専業の役者たちによる一座も多数あって芝居小屋を巡っていたのです。私の母は、昭和ひと桁生まれ、北陸の田舎町で育ったのですが、幼い頃に曾祖母に連れられて芝居見物に行ったことを覚えているといいます。祭り以外の唯一の娯楽で、旅の一座が来るとお重に御馳走をつめて朝からずっと芝居小屋に入り浸る祖母の膝の上にいたのだそうです。歌舞伎の名場面などを見たといいますが、あんな小さな田舎町に大歌舞伎が来るわけがなく、小芝居の一座だったのでしょう。[37]テレビなどがまだ無い頃は、そうやって、全国的に庶民が芝居などの芸能を楽しんでいた時代があったのです。当時は、全国を巡業して回る旅芝居の集団は今よりずっとずっとたくさんあって、芝居以外の芸能も、例えば娘義太夫、新内など、その演者は今でいうアイドルで、庶民の人気をさらっていたようです。

昭和初期くらいまでの芝居小屋は、旅芝居や芸能者が巡ってきては、一時期逗留《とうりゅう》し、興行をしていました。芸能者は旅興行を続けるもので、劇場に常駐して居着くものではなかったのです。どういう一座、芸能者に興行させるかは、小屋主が決め、一座を率いる座頭《ざがしら》と興行の条件を交渉しつつ受け入れるという関係でした。この方式は、現在でも寄席のしくみに大方が受け継がれていて、寄席の席亭《せきてい》が落語家などを束ねる組織と相談しつつ出演者を決めています（＝顔付けといいます）。

しかし、芝居小屋は映画の台頭によって、まずは映画館に娯楽の主役の座を奪われました。庶民の娯楽の中心が映画に移ったのは、大衆の興味が変わっただけでなく、生身の人間が旅をする一座を受け入れるコストと、映画のフィルムが貸しだされる対価を払うのとでは、映画館の方が断然、経営上のリスクが減ったということもあったのでしょう。芝居小屋は映画館に転用されるか閉鎖されていきました。幼い頃の母が連れられていった芝居小屋も映画館に変わったそうです。そうして数が減っていたところに、戦争で被害を受けて、芝居小屋はほとんど無くなりました。物理的なダメージもさることながら、芸能にうつつを抜かしている場合ではないという時代の空気が、庶民の生活の中から娯楽・教養としての芸能を追いやっていったのです。戦争は、日本の芸能の継承に大きな断層をつくりました。

戦後、芝居小屋は復活せず、一九五〇年くらいまでに建設されたり復興されたりした劇場は、まずは民間によるものでしたが、その立地は人が集まる大都市の都心ばかりでした。その後、高度経済成長が始まると、各地の自治体が公立文化施設を建て始めました。

公立文化施設は舞台芸術のための建築物で、大勢の観客・聴衆が集える構造になっているということでは欧

(36) 芝居ではない様々な芸能が上演される場所として寄席もありましたし、珍しいものを見せる見世物小屋などもありました。中村座、市村座、森田座といった江戸三座での芝居見物は、芝居を観るだけでなく、お茶屋での休憩や飲食など、〇〇座で遊ぶというトータルな娯楽だったようで、このあたりは飲食や土産物と結びついた商業演劇の観劇に受け継がれているのかもしれません。

(37) 東京や上方で上演される大歌舞伎に対し、それを模した芝居を上演する旅まわりの一座は多く存在しました。現在でも、いわゆる大衆演劇は、常時全国で一二〇余の一座が、各地の演芸場、温泉街の劇場などに一ヵ月、二か月と、長い期間逗留し人情時代劇や歌謡ショーなどを組み合わせたレパートリーで公演しています。座員はみな巡業を続けることで生活しているので職業演劇人といえますが、役者を見せることが中心で、一座の組み方も家族中心で共同生活をすることで支えあうという経済構造なので、現代演劇とは異なるものとして、本書では主たる対象に含めていません。

米の劇場建築に範をとっていたのでしょうが、劇団やオペラ団が常駐せず、芸能者が巡ってくる場所であるという点では、戦前の芝居小屋と共通しています。しかし、芝居小屋と大きく異なる点がありました。誰に使わせるかを決める人物の有無と、使用のルールでした。小屋主、席亭が芸能者を選んでいた芝居小屋では、興行として当たりをとりそうな者に上演させました。大当たりで評判が評判を呼べば興行期間は延長されましたし、不入りならば打ち切られました。興行として成功する見込みがあるかどうかがカギでした。一方、公立文化施設は、地域住民の使用に供することで公共の福祉を増進させるために設置されたのですから、使いたいという地域住民には平等に貸出されることになりました。興行の場として使うには、一定程度の期間上演し続けなければ儲からないという場合が多いのですが、公立文化施設は連続して使用できる日数に制限を設けていましたから、芝居の興行には向きませんでした。興行に不向きな使用ルールは、興行の世界が、かつては地元の顔役などの勢力とつながっていたこともあったというので、それを完全に排除する意図があったのかもしれません。そうした旧弊《きゅうへい》を断って、現代的な文化施設としての活用が目指されたのでしょう。

公立ホールはプロの舞台には不向き？

たいていの公立文化施設では、連続使用に制限があるのに加え、閉館時間がわりと早いのが、演劇公演を行う劇団にとっては不都合を招きます。上演時間が長い演目だと、終演後、出演者がメイクを落としきらないうちに閉館時間だからと楽屋を追い出されたという話もありますし、閉館時間から逆算すると開演を早くしなければならず、結果的に昼間仕事をしている人たちが来られない開演時間になることもあるようです。こういった不平に加えて、施設の職員が演劇のことを知らないだとか、舞台にセットを組むのに釘を打たせてもらえないとか、舞台スタッフの不平・不満は後を絶ちません。演劇用の劇場だったら、演劇の上演のために使用ルールが考えられてしかるべきでしょうが、地域住民誰もが使う多目的の公立文化施設は、プロもアマチュアも同じ利用規則に縛られるため、プロの演劇人からはすこぶる評判がよくありませんでした（完全に過去形で言い切れるかどうか。依然として使い勝手の悪さが解消されていない会館もまだあるかもしれません）。

そんなに使いにくいなら、使わなければいいじゃないの、という声が聞こえてきそうですが、はい、実際、演劇集団は、自分たちの主催公演の会場を選ぶ場合は、これまでの東京では、民間の劇場を選ぶ場合の方が多かったのではないかと思います[38]。時間にしても使い方にしても比較的自由がききますから。しかし、全国各地で巡回公演を実現しようとしたら、招へいしてくれる地域の主催者が会場を選びます。招へい元となるのは、鑑賞団体や地域のプロモーターだったり、公立文化施設自体だったりして、舞台芸術の上演用施設として建てられた公立文化施設が第一候補に挙がります。だから、プロが公立文化施設を使うことは当然あるわけで、不平、不満もなかなか消えなかったのです。

公立文化施設をプロの集団が使うといっても、地方都市で中劇場、大劇場規模の座席数のホールを埋める公演が連日のように行われることは、あまりありません。そのかわり、地域住民の利用のために建てられたのですから、普通の人々が音楽や踊りを発表する場として大いに活用されるようになりました。お稽古事に熱心な国民性がありますから、アマチュアの音楽活動や踊りは全国的に盛んで、各地にホールがこれほどたくさんあっても、土日祝日の利用申込は抽選にしなければならず、全部のニーズを満たしていないというくらいです。地方都市の公立文化施設のスケジュール表には、いろいろな主催者の集会と発表会が並んでいることが多

（38）座席数が少なめの公共劇場がオープンしてから、この傾向は変わってきました。

く見られます。地域住民が公平に借りられる集会場ですから、営利目的の興行主もアマチュア合唱団も民間団体として区別しなかったし、できなかったといった方がいいのかもしれません。[39] その結果、多様な主催者、多様な利用目的のイベントがごちゃまぜになってスケジュール表に並んでいる公立文化施設というのが各地に定着していったのだと思います。

(39) 公立文化施設の中には、アマチュアグループに対しては使用料を安くしているホールもあります。

コラム④　公立文化施設の名称の変遷に見る時代背景

日本で最初の公立文化施設は、一九一八年の大阪市中央公会堂で、東京では一九二九年の日比谷公会堂が最初です。小さな舞台袖があって、演劇公演や演奏会にも使われましたが、名称は「公会堂」。つまり、人がたくさん集まるための場所です。戦前にできた公立文化施設は、そういうわけで「公会堂」＝集会所でした。

戦後、教育基本法の制定ののち、社会教育法ができ（一九五九年）、公民館の設置や運営基準が告示され、各地に公民館が整備され始めました。戦前まで芝居小屋は各地にありましたが、大半は映画に娯楽の主役の座をあけわたし、また戦争で打撃をうけ、各地にあった劇場は閉鎖、廃館の憂き目をみました。戦後の復興期には、それを補うように、市民が集えるホールとして、各地に公立文化施設が建てられ始め、高度経済成長期には全国各地に公立文化施設の建設が続きました。七〇年代からしばらくは、「文化会館」「市民会館」「市民プラザ」などの名称が多くなりました。自治省のコミュニティ振興策があって、「コミュニティセンター」というのも多く登場しました。「地方の時代」の始まりだったのです。

八〇年代には「文化の時代」が標榜され、文化会館の広がりと同時に、「芸術文化センター」が増えました。九〇年代にかけては、音楽に特化したコンサートホールや演劇専用、オペラ専用とうたった劇場ができるなど、専門化が進んだ時代です。折しもバブル景気の波にのって、公立文化施設の開場が急増した時代でもありました。のどかな田園風景のなかに忽然と建ったコンサートホールが、いったい年に何回、本当にクラシックコンサートのために使われるのだろうと、大方の人に疑問を抱かせたのもこの時代です。

一九九〇年には、生涯学習振興整備法ができた関係で、「生涯学習センター」というのも増えました。男女共同参画型社会のための「女性会館」だの、勤労者福祉だの、国際交流だの、バブリーな頃は、政策目的ごとに会館の建設計画が策定されるということもありました。だから数ばかりは増えて、全国に三〇〇席以上のホールは今や二〇〇〇館以上あるといいます。もっとも二〇〇〇年を過ぎてから、平成の市町村大合併のあおりで会館統廃合もあり、自治体財政難の折、新規建設も少なくなり、老朽化した会館がリニューアルされずに廃館される例も出て、現在は総数は横ばいもしくは微減傾向です。

ホールに専門性をということがいわれ始めた頃から、市民に親しまれるように通称名、愛称がつけられる例が多くなりました。自治体が設置した理由は○○振興だけれども、地元の人にはカタカナやひらがなの愛称で呼ばれるのです。札幌コンサートホールの「kitara」、黒部市国際文化センターの「コラーレ」は、お客さんにもっと「来て」ほしいという思いが掛詞になったネーミングです。

最近目立つのは、それまで○○県民会館だったのが、企業や商品名を冠する△△ホールというように、名称変更する会館の登場です。大規模改修が必要な時期になって、資金調達のためネーミングライツを売ってのリニューアル対応策のようです。

コラム⑤　批判も進化する？

「多目的ホールは無目的ホール」

「ハコだけつくってソフトがない」

ひところ、公立文化施設に向けて、よく繰り返された批判です。

その批判にも変遷があります。裏を返すと、批判に応えて、試行錯誤の歴史があるといっていいと思います。批判の変遷は、そのまま、公立文化施設の「進化」の軌跡かもしれません。

六〇年代から七〇年代に建てられた市民会館は、額縁《がくぶち》式の舞台を備えて、どんな演目、集会にも使えるホールでした。「多目的ホールは無目的ホール」と揶揄《やゆ》された背景には、これでは本格的なコンサートホールのようにはいかないとか、会館の職員が芸術に理解がないとか、利用者側からの批判がいろいろありました。もっと専門性を備えた施設をという要望への対応は、まずは、ホール内の残響音が何秒にできるとか、舞台機構に最新技術を使ったとか、設備面での改善から始まりました。

「ハードばかりでソフトがない」という批判には、当初は、会館の主催事業として東京の音楽事務所や劇団などに公演を依頼し、一ステージいくらという公演料を払ういわゆる「自主事業」＝「買取公演」を増やすことで対応しました。そもそも「買取公演」が始まったのは、立派なホールができたからちゃんとしたものを見たいという要望に応えて、歌舞伎の巡回ルートをつくろうと、六〇年代に公立文化施設が協議会を作った頃に遡ります。歌舞伎に次いでクラシック音楽が、そして演劇もというように、公立文化施設の自主事業公演にとりあげてもらおうと、芸術団体からの売り込みが相次ぎました。けれども、施設の事業担当者は目録資料を見て選ぶだけで、地域の人々に見に来てもらう努力をしないことが多かったので、公演に行ってはみたけれど客席はまばらということも多々あって、「買取公演」はダメという批判につながりました。

その後、やりっぱなしの買取公演ではなく、「もっと市民が参加できる舞台を」というので、市民ミュージカル、市民オペラなど市民参加型公演が流行《はや》りました。地元の人が出演するので、その知り合いが観客席を埋めます。だから盛り上がります。でも、市民参加のイベントは繰り返し何度も上演できるものではありませんから、準備は大変ですが、上演は短期間で、いってみれば市民のお祭りです。九〇年代に入ってからは、「もっと専門性のある職員がいるホールに」ということで、公立文化施設の職員向け研修が「アートマネージメント研修会」として衣替えしたり、旧自治省系の財団法人地域創造ができて、公立文化施設対象に支援システムができていったのです。

そういった研修会や支援策を通じて、公立文化施設間、自治体間の経験の共有化も試みられ、新たな取組み、新たなチャレンジが各地で重ねられています。自治体からの出向で公立文化施設担当になる人材だけでなく、専門職として文化振興財団や事業団に採用される人も増えてきて、自前で舞台作品を作るところもできてきました。何をやったらいいかと工夫する職員も以前よりは格段に増えたと思います。九〇年代後半から流行《はや》り始めた「ワークショップ」や「アウトリーチ」など、体験型事業、教育普及事業は、各地で工夫されるようになって、すっかり定着したように思います。

こう振り返ってみると、公立文化施設の事業担当者は、批判に甘んじるどころか、かなりまじめに対応して工夫をしていると言えます。でも流行りだと揶揄《やゆ》してしまいたくなるのは、文化行政の中に、ちゃんと理念が一本筋として通っているかどうかがあやしい場合があるからです。その都度その都度、たまたま熱心な担当者の工夫で新しいチャレンジがなされても、自治体の中で、文化政策があって大きな目指すべき方向が定められていて、その一環として公立文化施設の事業が位置づけられているところは、まだまだ少ないのではないでしょうか。

そして、指定管理者制度の導入。

二〇〇三年六月に、地方自治法の一部を改正する法律によって、公《おおやけ》の施設の管理運営の委託は、それまで自治体が出資している法人に限られていたのが、自治体が指定すれば民間組織を「指定管理者」にすることもできることとなり、二〇〇六年九月までに、自治体直営を選択するか指定管理者の指定を行わなければならなくなりました。公営の運動場、プール、斎場などあらゆる自治体設置の「公の施設」が対象ですが、公立文化施設も例外ではなくなりました。それまで自治体が設立した文化振興財団が運営する例が増えていたのですが、制度が変わって、数年ごとに指定管理者に指定されなければ財団解体だってあり得ることになったのです(事実、解散した財団もあります)。

指定管理者制度そのものは運用次第というところがあって、制度そのものがひどいというわけではないと弁明されることもありますが、運用する自治体にビジョンや見識がないと、ただの予算カットの道具にされてしまいます。文化や教育は百年の計が大げさでないくらい長期的観点で考えてほしいことなのに、三年や五年で成果や経済効率が問われるのは理不尽です。折しも自治体はたいていが財政難。公立文化施設の周囲では、「指定管理者になってから……」という嘆きが相次いで聞かれます。指定管理者制度を導入したところは、その更新手続きを何度も迎えているのですが、指定管理者選定と応募のために費やされるコストも無視できません。そして長期的展望が描けないところで、よい人材の確保や育成ができない、舞台技術者の専門性が確保されていない、人材の弱いところで芸術文化の振興は難しいといったように、ヒトが重要な役割を果たす文化施設に指定管理者制度を導入することの課題が大きくなってきています。

公立文化施設は劇場ですか？

ところで、第一章で紹介した政府統計で、「劇場」はいくつあるのでしょう？　公立文化施設は、どう分類されているのでしょうか？

「経済センサス」の分類項目を見てみましょう。「興行場」の説明を調べると、演劇を提供する事業所、貸しホールを含む劇場の賃貸をする事業所、国・地方公共団体から劇場の管理・運営を委託されている事業所を含む「①劇場」と、音楽や演芸、スポーツ全般などの娯楽を提供する「②興行場」が含まれていて、より詳しい調査でも、この二つは一緒に集計されていて内訳はわかりません。全国の事業所数は四一三となっていて、演劇を提供する劇場、貸劇場の数は、当然、これより少ないということになります。(40)

もうひとつ、「経済センサス」には、「集会場」という小分類があります。「興行場」に分類されているのが、演劇をはじめ娯楽の提供を主たる事業としているのに対し、中身は何であれ、「集会」のための場所の提供です。この数は全国で六六〇五です。公立文化施設は、大部分がこの中に含まれていると考えられます。より詳しい内訳がわかるように、平成一六年(二〇〇四年)の「サービス業基本調査」の詳細分析をしたことがありますが、公立文化施設の数は二〇八一で、そのうち芸術上演施設として目的が定められている「文化会館」の数が一九七で、「公会堂」が八館、のこりの大多数はその他集会場という位置づけでした。(41)

公立文化施設の多くは、舞台設備を持ち、演劇などの舞台芸術を上演するための施設と思われているでしょ

(40) 平成二十六年「特定サービス産業実態調査報告書」。

うが、設置目的や事業としては、芸術の上演を「業」の中心に据えているところは限られているという結果でした。施設を貸し出すことが事業であり、中身である舞台芸術の提供が主事業とは考えられていない、まして、中身を自らつくることは考えられていないか、ごくたまに行う補助的な事業と位置付けられている……これが公立文化施設の大方の実状です。公立文化施設は、第一義的には集会施設なのです。地域の集会施設としては、成人式の式典を開けるくらい座席数がないと困るとか、首長《しゅちょう》や地方議員の選挙前の演説会が開けるような場所でなければならないとか、芸術の上演以外の目的での利用も重要なのです。

さて、もう一度、「劇場」の定義に戻ってみましょう。上演されるものがあって、人が集まるところというのが「劇場」だとすると、全国に二〇〇〇以上ある公立文化施設のほとんどがハードとしては舞台芸術用の上演施設で見た目は「劇場」でも、「上演されるもの」はいつもやっているとは限らないので「劇場」と呼びにくいといえそうです。アマチュアグループの発表会はまだしも、成人式や各種表彰式、集会、あるいは商品展示即売会など、舞台芸術ではない集会にも使われることが多いのですから、使われ方が「劇場」ではないのです。施設はどうあれ、「見る者」がいる場所が「劇場」になるという考え方からしてみても、常に「見る者」を惹きつける場所となってきたかと考えると、何でもありの集会施設なので、必ずしも演劇ファンや音楽ファンなどを育てる場にはなってきませんでした。先に触れた演劇鑑賞団体やこども劇場おやこ劇場などの文化団体が借りて演劇公演を主催しても、年に数回のことです。中身は他人任せで、地域の人が公平に借りられる施設として運営されてきたのですから、むべなるかな、です。

しかし、一九九〇年代以降、公立文化施設の中で、**公共劇場**を標榜する公立文化施設が登場するようになりました。先の二つのコラムに見るように、公立文化施設は名称も自主事業のやり方も少しずつ変わってきているのですが、九〇年代から、「〇〇芸術劇場」というように「芸術」や「劇場」という言葉を名称に入れ込んだ新しいタイプの公立文化施設が設置されるようになったのです。専門設備を備えていること以上に、専門スタッフを抱え、運営の方針を大きく変えています。だから、「文化施設」ではなく「劇場」と名乗り始めているのです。

公共劇場の出現

芸術監督がいて、芸術を提供する専門機関として自治体が設置した劇場としては、一九九〇年開場の水戸芸術館が第一号です。水戸芸術館は、劇場のほかにも音楽ホールと現代美術ギャラリーが併設されている複合文化施設。演出家の鈴木忠志が演劇部門の初代芸術監督として準備段階から関わり、当時の水戸市長のリーダーシップを得て水戸市の予算の一％を芸術館の運営に充てるという市の方針を引き出し、誰にでも貸し出すのではなく主催公演だけを行う芸術館としてオープンし注目されました。[42]誰もが公平に借りられる公立文化施設に馴染《なじ》んできた市民の中には、アマチュアの音楽集団や美術グループの発表の場として使えないことで反発した人々もいましたが、試行錯誤を経て、貸館ではないけれども提携企画として地元の音楽家や美術家が活躍できる機会も織り込みながら、他の文化施設と役割分担し、地域が誇り市民が憩える芸術館として定着してきた感があります。

(41)「平成16年サービス業基本調査　再集計」(『実演芸術組織・劇場の経営の在り方に関する調査研究(別冊)』(日本芸能実演家団体協議会、二〇〇八年三月)

(42)市予算の一％を水戸芸術館にという目安は、その後、市長が数人交代していくなかで、堅持されているか危ういときもあったようですが、二〇二三年度は守られていたようです。

しかし、「**公共劇場**」という呼称がよく使われるようになったのは、一九九七年の世田谷パブリックシアターの開場の頃からでしょう。人口の多い東京・世田谷での試みは、波及力・影響力が大きかったのでしょうし、同じ一九九七年には、新国立劇場も開場しています。芸術監督がいて、貸劇場専門ではなく自ら作品を創る劇場を世田谷区と国が相次いで開場したということから、それまでの公立文化施設とは違う**公共劇場**という言葉が流布《るふ》し始めたのだと思います。パブリックシアターは、翻訳すれば文字通り**公共劇場**です。世田谷パブリックシアターは、初代芸術監督の佐藤信《まこと》が「劇場は広場だ」という基本コンセプトを掲げ、いろいろな人が集まる場所になるように、開場前から地域のまちづくりワークショップを始めていました[43]。同劇場が推進する教育普及系の事業はイギリスの芸術団体の活動に触発されている部分があり、その後、各地の公立文化施設にも影響を与えています。

彩《さい》の国さいたま芸術劇場、静岡県舞台芸術センター(SPAC)が運営する静岡芸術劇場、新潟市民芸術文化会館、びわ湖ホールなど、一九九〇年代には作品をプロデュースする専門人材を擁《よう》した公立の劇場が開場し始めました。二〇〇〇年代には北九州芸術劇場、まつもと市民芸術館、兵庫県立芸術文化センター、いわき芸術文化交流館アリオス、座・高円寺と、公共劇場を標榜する劇場が増えつつあります。しかし実のところ、何をもって公立文化施設と公共劇場を区別するかの明確な定義はありません。県立あり、市立、区立ありで、立地する街の人口規模もさまざまで、複合施設となっている場合も多々あります。プロデュース能力があるというだけでは、年に一作品だけ市民ミュージカルを創っている場合も当てはまるやもしれず、ある程度の事業費をもって自主制作をしているというくらいで線引きをしても、適切な定義にはなりそうにありません。従来の公立文化施設を公共劇場と言い換えるだけの人もいます。でも、専門性をもった人材を擁していて、地元での作品づくりにとどまらず、他劇場にも発信できる作品を産み出したり、他劇場と提携して制作しているということを条件にすると、分野を演劇に限定しなければ、五十くらいは数えられるでしょう。

こうした公共劇場は、立地や地域のニーズを踏まえ、先行する例を研究して、地域が抱えている特有の事情や条件をクリアしながら、模索されて誕生してきました。これこそ全国の範になる劇場だから、どこの自治体も真似すべきといえるような理想形があるかというと、地域の劇場というものはそう単純ではなさそうです。しかし、そうやって模索されながら公共劇場が登場してきた背景には、芸術を世の中に提供するしくみに対する考え方の変化があり、「変えていかなければ」と動いた人たちがいたのです。〈仮称・劇場法〉の提起をめぐって、二〇〇九年あたりから演劇人の間でもいろいろな意見が交換されるようになっていましたが、それは、このように複数の公共劇場が、目指すべき「劇場」の像に近いものとして、議論に具体性を与えてくれていたからでもあるでしょう。

地域の人たちの芸術拠点となる公共劇場がなぜ重要なのか、どうやったら、そういう拠点劇場が整備できるのか――。その模索は、二〇一二年六月に「劇場、音楽堂等の活性化に関する法律」(通称・劇場法)の成立と施行につながっていくのですが、劇場法の成立の背景とその後の影響に触れる前に、なぜ「公共」が芸術と結びつくのか、芸術への公的助成制度全般について、理解しておく必要があります。

(43) 筆者自身、世田谷区の三軒茶屋再開発計画の調査の一環で、九〇年にイギリスのロンドン市内のコミュニティ・シアターの視察・調査を担当した経緯があって、イギリス留学を決めました。劇場開場の八年前から調査は始まっており、私は担当しませんでしたが、フランスの劇場視察も行われています。

図 1. 全国公立文化施設数の推移

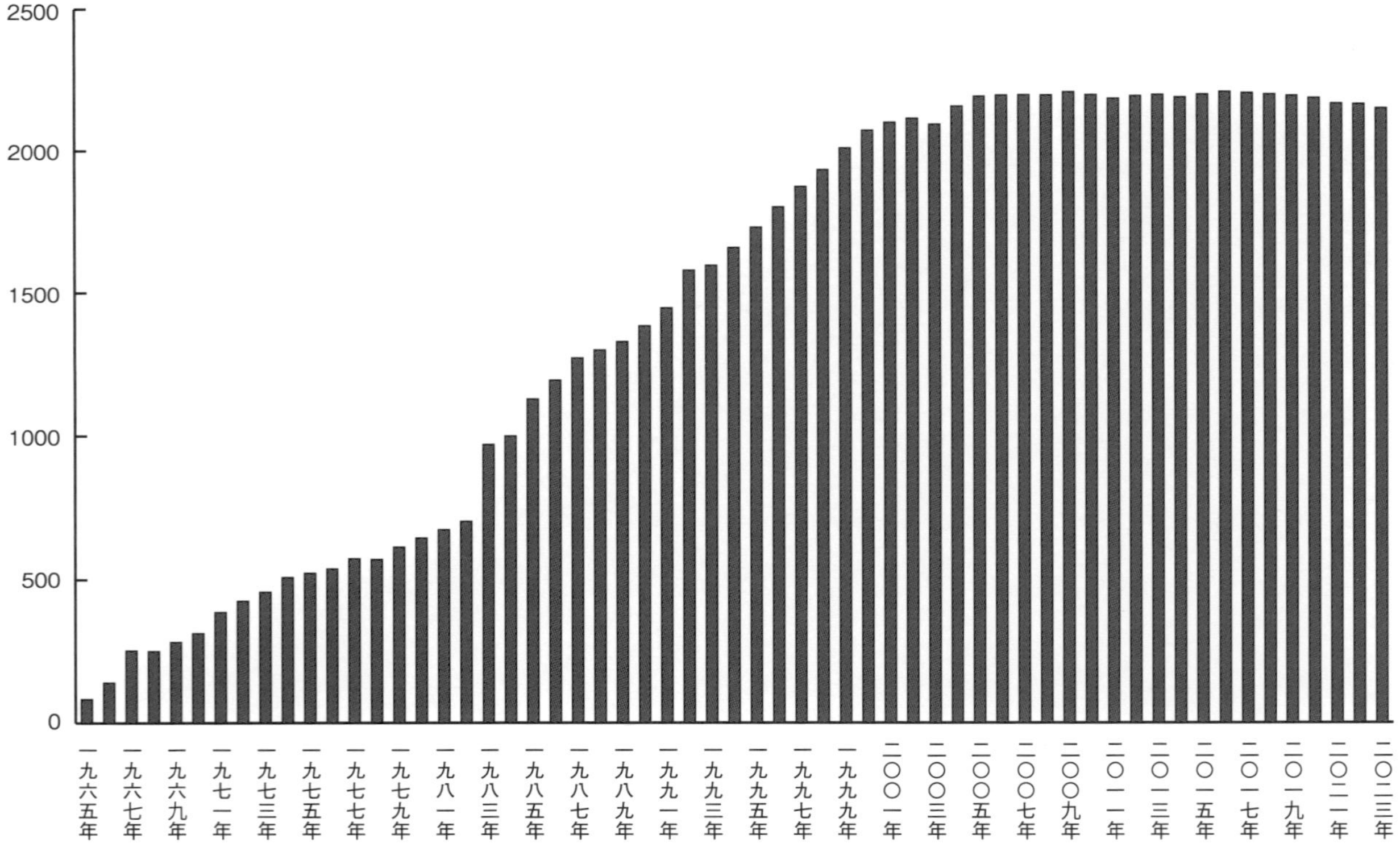

（出典：全国公立文化施設名簿などより作成）

第三章　芸術と公共政策との関係

芸術文化振興基金のスタートと公的助成の「定着」

一九九〇年三月三〇日、芸術文化振興基金の設置が国会で定められ[44]、国の補正予算から約五〇〇億円、民間から約一〇〇億円が拠出され発足しました。それまでも文化庁は(文化庁発足前は文部省文化局が)芸術助成を行っていましたが、八〇年代に入って補助金抑制という政府の方針のもと、芸術助成予算は減少傾向にありました。政府の方針や財政事情によらず安定的な芸術助成のしくみがほしい――イギリスのアーツ・カウンシルやアメリカの全米芸術基金のように！　そういう芸術関係者の要望[45]と海外の芸術支援制度の研究を踏まえ、芸術文化振興基金が誕生したのでした。

芸術文化振興基金は、発足当初は世の中の金利が全般的に高かったので、基金の運用益として一九九二年は三〇億余のお金が助成に充てられましたが、その後は金利の低迷で基金の果実はどんどん目減りし、二〇二二年度には、基金による助成は十億円を下回るに至っています。それでも公募制によって、演劇を含む現代芸術に公的助成が行われるしくみができたということは、画期的なことでした。

おかげで、あまたある演劇集団は公的助成金を得て活動するという選択肢を手に入れました。「小劇場」の定着で、低予算で比較的容易に演劇の公演を打つことができるようになったうえに、公的助成が得られる可能性も出てきたのですから、ますます演劇公演は以前より気軽にできる活動になったのではないかと思います。実際に助成を得ようと思ったら、ある程度の活動実績は問われますので、全くの初心者に助成金が与えられることはありません。でも既に活動歴のある人たちがユニットを組むのであれば、構成員の活動歴が評価され、しかもこれまでとは違った創造へのチャレンジを印象づけられるので、企画の面白さが期待できそうだと助成対象に選ばれることは十分考えられます。演劇集団の数は、七〇年代後半には既に評論家が大方を見てまわれるほどの数を超えていたそうですが、プロデュース公演や「ユニット」の増加、少人数で演劇集団は結成できるという状況を、基金がさらに後押しした格好になっています。

公的な芸術助成制度が定着したというと素晴らしいことのように聞こえますが、私は実はかなり、困ったもんだという思いも込めて「定着」と言っていました。芸術文化振興基金がスタートして四半世紀以上たっても、助成方法がほとんど変わらなかったからです。世の中は常に動いているのに、状況の変化に対応していないのは怠慢ではないか、取り返しのつかない変化をも助長しているのではないかと危惧したからです。

例えば、少人数の演劇集団が活動する傾向が高まるというのは、財政的支援を通じて推奨していった方がいいというほど、本当に世の中にプラスのことなのでしょうか? 演劇をやりたいという人にとっては、気軽に集団が組めて、昔のように歯をくいしばって共同体を維持しなくてもいいのはメリットでしょう。でも、素晴らしい舞台成果があがっていたとしても、短期間の小規模な公演で終わってしまい、大勢の人々に見てもらい

(44) 正確には国立劇場の設置と運営のための特殊法人について定めた国立劇場法を改正して、日本芸術文化振興会法を成立させ、芸術創造活動と普及への助成の機能も併せ持つ特殊法人日本芸術文化振興会としました。行財政改革の方針で特殊法人を増やせない事情があり、国立劇場法の改正という形をとった経緯があります。後に特殊法人の独立行政法人化にともなって法改正、二〇〇三年独立行政法人に移行しています。

(45) 文化庁では一九八六年に基金の必要性を「芸術活動振興のための新たな方途」で触れ、国会関係では一九八五年に自民党文教部会長の私案として「芸術振興基金」構想が出されたのを受けて超党派の音楽議員連盟が翌年から方針に入れていました。芸術関係者が「芸術振興基金に関する小委員会」で本格的に検討を始めたのが一九八八年で、その活発な検討を受けて翌年十二月に財界人、文化人二一人が芸術文化振興基金設立推進委員会を結成して国に要望するとともに民間の資金拠出を呼びかけていました。

にくい公演になるのがほとんどです。観客の立場から考えると、せっかくの芝居が見られないのでは、よい状況ではありません。財源の多くを税金とする基金ですから、日本の社会全体のことを考えないで一部の演劇人のメリットだけを追求するわけにはいかないはずです。

そもそも、どうして演劇集団の小規模化がおき、既存の劇団がより才能のある演劇人を輩出し観客を増やし大きく発展するという方向に基金が加担できなかったのでしょう？　一時的に基金の助成に支えられて人気が出て公演規模を大きくできた集団があったとしても、それが続く状態になりにくいのはなぜだったのでしょう？　経済の一般的な用語でいうならば「拡大再生産」が実現できていないどころか、生産規模の維持も難しいという状態です。

演劇に携わることを職業として続けていきたいと考える演劇人にとっては、拡大も継続もしにくいというのは、けっして頼りになる助成制度ではありません。だから演劇人の側からは、「事業助成ではなく運営にかかる経常費を支援してほしい」という要望があがります。でも、行政側からは「特定の団体への運営助成はできない」「自助努力でがんばってほしい」と平行線をたどってきた四半世紀でした。助成の手法とその効果を考えてみる必要があるはずですが、今の助成制度に問題があると大きな声で言おうものなら、芸術助成不要論と間違えられかねません。

「助成なんかするから、アーティストが甘えて、いい活動ができなくなるんだ」

「観客・聴衆を惹きつけられないものは、存続しなくていい」

というように、芸術団体に公的支援をすることに否定的な声は、エンタテイメント産業を支えてきたと自負する人々から少なからずあがります。文化芸術に関係のない人が否定的ならいざしらず、演劇人の身内からもそういう声があがることがあったので、ちょっと厄介《やっかい》です。しかし、「売れる」ことだけを基点に競争が行われたら、世の中の文化は一定の傾向のものだけに席巻《せっけん》されてしまいます。華やかなショービジネスで成功を目指すことは奨励されていいですが、みんながみんな巨額の宣伝費をかけられる大資本がつくる文化に染まってしまうのは、つまらないし不健康です。人間が産み出す芸術活動には、ビジネスの成功に乗りにくいものもたくさんあって、そういう人間の営みに、魂を揺さぶられる経験をしたという人が少なくないのではないでしょうか。

助成制度がうまく機能しているかどうかという点検と、そもそも芸術への助成が是か非かという議論は異なります。問題点の解決には、助成制度の技術的側面を丁寧に検証しながら、助成の手法とその効果を考える必要があるでしょうが、芸術団体の経営分析を踏まえた実証データに基づく議論は難しく、公開の場ではなされてきませんでした。また一方で、なぜ芸術に助成が必要かという理屈を、案外、演劇人がみんな理解しているわけではないという弱みもあります。

そもそも、なぜ芸術に公的助成が必要なのでしょう？

助成制度の問題点には、いくつかのことが絡まっています。それを整理するために、芸術文化振興基金や文化庁の支援制度がどのように始まったのか、その時点のことを少し振り返ってみましょう。

演劇は、歌舞伎の昔から体制批判をこめた戯作《げさく》として大衆の支持を得てきましたし、戦前は社会運動と結びついて弾圧されたこともあります。六〇年代の反体制の動きなども含めて、一貫して「お上《かみ》」とは一線を画す存在としてあったという歴史があります。基金導入前後には、公的な財源から助成を受けるということに対して、演劇らしくない、体制批判などがしにくくなってしまうのではないか、という反発が演劇人の間からあがりました（今もあります）。それまで任意団体だった新劇団協議会が公益法人化を検討していた時期にも、助成の受け皿になるために公益法人化するのかといった批判さえありました。演劇と「公」との関係はどうあるべきかという議論が噴出し、いくつかの議論の後に、「芸術には公共性がある」ということで収束したという経緯があります。(46) 芸術文化振興基金がすっかり定着してから演劇を始めた人には、そんな論争のあったことも知らず、芸術には助成があって当然と考え、どうやったら活動に必要なお金がもらえるのか、そのハウツーにだけ関心を寄せてきた人が多いかもしれません。

「なぜ芸術に公的助成が必要か」という当時の議論は不徹底で、本当のところ演劇人たちの間でしっかりと理解された上で助成制度が工夫されたのではなかったのではないかと思われます。それを待っていたら助成制度はスタートできなかったでしょうが、制度ができてからの見直し作業がなかなか行われてきませんでした。「芸術に公共性がある」ことは間違いないですが、芸術に税金を財源とする財政支援を行うことは正当であるという総論の理屈付けとしてはよくても、制度設計されるには、もうちょっと丁寧な分析と議論が必要です。

芸術文化振興基金の制度設計にあたっては海外の芸術助成の事例が研究され、一応イギリスのアーツ・カウンシルなどを手本としているのですが、日本への適用には重大な点が異なっていて、公的助成の定着が芸術団体の細分化、弱体化を招いたのではないかという皮肉な状況につながっています。今一度、芸術助成が必要とされる理由について再考し、現状に即して制度を設計し直す必要があります。

そもそも、何で芸術に公的助成が必要なのでしょう？

経済学者のボウモルとボウエンは、舞台芸術団体の活動は、放っておくと一部の金持ちだけが享受できるものになってしまうか、質の低下を招いてしまうか、いずれにしても供給不足に陥って広く多くの人が芸術を享受できる状況からは遠ざかってしまう、と主張しました。ようするに、普通の人々が気軽に素晴らしい芸術に触れにくくなっていってしまう、芸術はお金持ちだけのものになってしまう、というわけです（P.92コラム⑥参照）。

なぜそうなってしまうのかというのは、経済学の言葉を使うと、芸術には外部経済性があるからということになりますが、これを「公共性」と置き換えていいかと思います。ただし日常語で使う「公共性」という言葉の意味は非常に広いので、やはり経済学でいう「公共財」への理解や価値論について押さえておく必要があります（P.94コラム⑦参照）。

（46）基金設置を求める段階から設立後も、いろいろなセミナー、シンポジウムが開かれていましたし、朝日新聞紙上で、鈴木忠志の公的支援必要論に対し、反対の立場を浅利慶太が、さらに三善晃が反論し、芸術の公共性が論じられたことがありました。劇団協は結局一九九二年に社団法人の認可を得ました。劇団四季は母体であった新劇団協議会には加盟していましたが、法人化した劇団協には入会手続きをしませんでした。

コラム⑥『舞台芸術　芸術と経済のジレンマ』

一九六六年、ボウモルとボウエンという経済学者によって、アメリカ合衆国やイギリスのオペラ、演劇、オーケストラ、ダンスなどの芸術団体の財政状況を広範囲に分析した『舞台芸術　芸術と経済のジレンマ』という研究が発表されました。他の産業が機械化によって生産性を向上させて賃金アップを実現できていても、舞台芸術は、経費の大部分が人件費なので、生産性を上げることは不可能で、所得不足が生じる構造にあるというものです。例えば、オーケストラの場合、人件費を押さえるために人数を減らしてしまっては交響曲は演奏できなくなるし、四楽章あるところを二楽章までにして賃金を減らすということもできません。慢性的な所得不足を放置できないので、チケット代を高くしなければならないでしょう。しかし、それでは限られた人しか鑑賞できず、鑑賞者が減少すれば経営が続かなくなって破綻してしまうかもしれません。

また、ボウモルとボウエンは、実演家の所得水準などについても調査していて、芸術団体で雇用される実演家の活動条件が改善されにくいことから、芸術団体の所得不足が実演家への報酬を低下させる方向に向かうと、活動の質が低下してしまい、観客・聴衆から支持されなくなる可能性があることも指摘しています。つまり、所得不足を放置すると、芸術の供給が需要を下回るので、何らかの芸術助成が必要だという、舞台芸術への財政的支援の必要性を芸術団体の経済構造分析から示した理論的根拠として有名な研究です。

日本で翻訳本が出たのは一九九三年で、索引までいれると六〇〇ページ近い分厚い本ですから、完全に読破して理解したという人が少ないのも仕方ないかもしれません。が、刊行前から研究のエッセンスは紹介されていましたし、その要点くらいは、少なくとも文化政策にかかわる行政担当者、財務当局には知っていてほしいものです。

ボウモル、ボウエンが分析した対象は、年間を通じての舞台芸術団体の財務状況総体でした（作品が、創造とは別に流通する美術分野は含まれていないことに留意！）。そこで「所得不足」を放置しておくと、芸術団体は芸術活動を縮小していくしかない、という論なのです。例えば教育機関の運営に必要な費用と授業料収入などとの差額を「赤字」と呼ばないように、非営利組織の場合は赤字ではなく「所得不足」と捉えるべきとしています。そして、ここで問題視された「所得不足」は、芸術団体の年間運営全体の赤字であって、必ずしも毎回の公演事業全部がその都度赤字になるということではないのです。事業単位で赤字だから公的助成で補てんするのか、年間運営全体での所得不足を公的助成で補う代わりに芸術団体が安価で芸術を提供し普及するしくみを維持すると考えるのか、この違いは大きいといわざるを得ません。前者は、チケット代の高騰を抑える効果があるにしても、効果は特定の事業に限定されますが、後者は、非営利組織の自律的経営を前提として、世の中に芸術を供給するしくみを維持するための助成だからです。

コラム⑦　公共財と芸術の価値

●公共財と準公共財

芸術の公共性を理解するには、その前に経済学でいう「公共財」が、どういうものか理解しておく必要があります。

「公共財」の例として、灯台の光について考えてみましょう。

灯台のおかげで、夜間でも船は安全に航行できます。ある船が、ある港の灯台の光を頼りにしたところで、他の船がその灯台の光を見つけられなくなるということはありません。また、船は沖合を通るのですから、灯台の近くを通るたびに料金を徴収するということは困難です。対価を払わない船には、灯台の光が見えなくなるということにはできないですから。この灯台の明かりのように、ひとりが利用したら他の人が利用できなくなるということがなく、他の利用を妨げないような財やサービス(これを、経済学の言葉で、利用の非競合性、非排他性があるという)を公共財と言います。公共財の代表的なものには、消防、警察、国防、公衆衛生などが挙げられます。公共財は、通常は無料で供給され、その費用は税金で賄われます。この反対が私的財で、市場で取引されて、消費量に比例して利用者が対価を払うものです。

財やサービスのなかには、完全に公共財とはいえないけれど、直接的に便益《べんえき》を享受する人以外にも社会全体に便益が波及していくものがあり、それを経済の用語でいうと経済の外部性があるという言い方をして、そういう財やサービスを「準公共財」といいます。芸術は、経済の概念で分類すると、この「準公共財」にあてはまります。

例えば、有名な音楽祭で、評判の指揮者による演奏を楽しむことができるのは、そのコンサートのチケットを買った人だけですから、コンサートのチケットは、経済の言葉でいうと「私的財」です。チケット代を払った人は、音楽を堪能したり、一緒に会場に集まった人たちと談笑して社交を楽しみます。けれども、コンサートの及ぼす効果は鑑賞者の満足にとどまりません。素晴らしい音楽祭が開かれるというので、その街の評判があがり、観光客が集まってきて宿泊していきます。交通機関やレストランやホテルが利用されるという直接的な経済波及効果があって、街の景気がよくなり人々もいきいきするとしたら、音楽祭のコンサートのチケットを買ったお客さん以外にもよい経済効果を及ぼしていることになります。この直接的な利用者以外に及ぶ価値には、ほかにも間接的な利用価値や、非利用価値に分類されるような価値が考えられます。芸術がもたらす価値は経済学の観点からいくつかに分類できます。

●経済学でいう価値について

芸術の分野にはいろいろありますが、それに触れる人に何らかのインパクトをもたらしてくれる点では、どの分野の芸術も同じです。でも人の感じ方はそれぞれで、ある芸術作品がある人を感動させたからといって、他の人も同様に感動させられるとは限りません。ある表現が芸術か否か……これはまた議論が尽きなくなるかもしれませんので、人を惹きつける何かが、その表現を鑑賞する人の個人差を超えて認められるものが芸術だとしておきましょう。

経済学の観点からは、そういう芸術のもたらす芸術本来の価値ではなくて、利用価値や非利用価値というようなことを考えて経済の外部性に注目します。

コンサートのチケットを買った人が音楽を聞き、感動するというのは、直接的な利用価値です。現在のところ、美術館、劇場・ホールに出かけたりしない人にとって、美術館や劇場に直接的な利用価値はありません。でも今は忙しくていけないけれど、将来ひまができたら出かけようと考えるかもしれません。そういう人にとっては「オプション価値」、つまり将来の選択肢としての価値があるということができます。美術館や劇場、あるいは文化財の展示など、そういうものが社会に存在し続けていることは、その気になれば直接的な利用価値を得られる可能性をもっているということなのです。

利用価値ではないプラスの外部経済性の筆頭は「威光《いこう》価値」といわれるもので、例えば音楽祭があることで、その街が有名になって、その街の人が誇りに思うようになるというような価値です。世界的なオペラ・ハウス、美術館などは、世界にとどろく「威光価値」を示しているといえます。

「オプション価値」「威光価値」の根底にあるのが「存在価値」です。社会における芸術の存在そのもので、損なわれると代替がきかないと考えられる価値です。最も分かりやすいのは重要文化財や歴史的建造物などで、一度損なわれると復元が難しく、代替することができません。有形の文化財、芸術作品だけでなく、無形文化財である芸能なども同様で、オリジナルなものにだけある価値です。

この存在価値に世代間の継承を考慮して考えられる価値が、「遺贈《いぞう》価値(あるいは遺産価値)」です。過去から継承され、将来の世代にも受け継がれる価値で、有形の文化財や作品でなくても、例えば、オーケストラが活動を続けるということを通して、先人が作曲して多くの人を感動させてきた交響曲が、今の時代にも鑑賞できるわけです。そして、今の子どもたちが、将来自分でコンサートに行ってみようと思うようになったときにも、その存在を知っていて鑑賞できるようにオーケストラが継続的に活動していなければ、交響曲という芸術は継承されません。演劇や音楽、舞踊などの時間芸術の場合は、それを上演できる能力をもった人や組織が継続的に活動して次世代に働きかけていくことで、この「遺贈価値」が継承されていくのです。

そして、最後に「教育的価値」。

芸術活動が行われることで、それを享受する人たちが創造性を獲得したり、文化的な評価能力を高めていったりする効果があるということに着目しての価値です。人々の芸術を享受する力は不変なのではなく、芸術の教育的価値を通して刺激され培《つちか》われていくものです。その延長、あるいは類似の考え方から、社会を改革する力、批判する力をより強調する見方もあるかもしれません。芸術が社会変革のきっかけとなることに価値を置くという見方です。

昨今、文化経済学の分野では、「創造都市論」が注目されていますが、これは芸術の教育的価値という外部経済性に注目した考え方といえます。都市にさまざまな芸術が集積され、さまざまな芸術に日常的に触れることを通して人々が創造性を高め、社会全体の創造性が高まり、革新的な発想が生まれ、新たな財やサービスが生み出され、付加価値の高い経済活動が可能になり、創造性の好循環がもたらされるというものです。人口減が予測される先進諸国が持続可能な発展を実現するためには、人々の創造性がキーになるというので、経済人が率先して「創造性を大事に」と発言するようになり、文化政策への影響力も高まっています。実際にイギリスでは、芸術を通した教育が雇用政策に有効であるとして推進されてきました、「創造都市」の充実に取組む例は各地にあります。

芸術助成の根拠と文化政策の理念

コラムに要約しましたが、ここで、芸術が完全な公共財ではなく「準公共財」というところがミソです。だから、税金を財源とするような財政支援や税制優遇で「芸術を支えてもいい」と総論としては賛成されても、具体的にどういう芸術活動を助成するとよいのか、どの範囲まで必要があるのかという判断は相対的で、対象によって見る人によって見解は異なってくるわけです。だから、演劇活動はすべて助成されて当然だというのは極論すぎて受け入れられないでしょうし、逆に、演劇なんか一切助成しなくていいというのも暴論に近いでしょう。時代や国、地域によっても事情は変わります。「準」がつく分、程度問題になってしまうのです。しかも、どのような価値を実現したいと目指しているのかということによって、支援方法、手段も変えた方がいいのです。

ただ、はっきり言えるのは、芸術活動が赤字だから助成が必要なのではなくて、対価を払う人以外にもよい影響が及ぶと思われる活動に対しては、公共政策として所得不足を放置せずに助成をして活動を継続させた方がよい、という理屈だということです。芸術文化振興基金ができる前、芸術助成の対象件数も額も小さかった頃は、公的助成は優れた活動に与えられるものといった、いわばご褒美《ほうび》的な意味合いで受け止められていたかもしれません。でも優れた芸術かどうかは助成の必要要件であって、必要十分条件ではありません。公共政策で支えるべきかどうかは「外部経済性」との兼ね合いで正当化されることなのです。基金の設立を前に、文化経済学の考え方や、アーツ・マネジメントという言葉が紹介され始めていたのですが、制度設計の土台として明確になっていなかったのではないかと思います。

とはいえ、芸術の価値や公共性についての経済学的説明は、当の芸術創造に関わっている人たちの感覚には、ぴったり一致していないでしょう。芸術そのものの価値に魅せられて芸術に関わってきた人たちなのですから。でも、財政的支援や税制優遇といった公共政策が必要かどうかという議論では、芸術本来の価値を評価しない人も含めて説得しなければならないので、こういう経済的な見方、考え方を知らないわけにはいきません。芸術の存在価値は何物にも代えがたいという先に、一般の人々が納得するような説明ができるかどうか、芸術にかかわる当事者たちの説明力が問われるわけです。

ところで、経済学の観点からみた芸術の「価値」についてのコラムの説明で気づかれたことはありませんか？

教育的価値は、ひとつひとつの芸術作品や芸術表現に認められるというより、そういうものに触れられる文化的環境の全体を想定した方が納得しやすいという点です。威光価値やオプション価値にしても、常にそこにあって恒常的にいろいろな芸術に触れられる劇場や美術館、あるいは定期的に行われるフェスティバルというように、場所や時期が決まっていて、あそこに行けば触れられるとか、この時期に行けば体験できるというように人々が分かっている場合の方が納得しやすいです。経済の言葉で語られる芸術の外部性は、芸術に触れられる環境の総体、集積された状態として捉えると分かりやすいです。

文化政策が目指すところは、そういう社会全体の環境をどうしていくかという視点からめざすべき価値、理念の実現です。一九九〇年の基金ができた頃は、そうした理念については、海外の事例などと一緒に五月雨《さみだれ》式にいろいろな言説が紹介されていたのですが、まだ、系統だって整理して考えられていなかったように思います。直接的な経済効果をはじめ、文化と経済を結びつけて考えるという考え方自体が、まだ目新しかった時期でしたから。

けれども、二〇〇一年には文化芸術振興基本法(47)が成立しました。この頃までには、文化経済学の日本への紹介も関係者にはそれなりに進み、文化政策をどうしていくべきかという議論も進展していたのだと思います。同法では、文化芸術の社会における役割、それを振興することの意義が明文化され、文化芸術振興の理念が八項目挙げられました。その後、この法律は二〇一七年に改正されて文化芸術基本法になり、第2条の基本理念は、十項目になったのですが、ここでは、まず、当初の基本理念の八項目を示します。

文化芸術振興基本法

（基本理念）

第2条　文化芸術の振興に当たっては、文化芸術活動を行う者の自主性が十分に尊重されなければならない。

2　文化芸術の振興に当たっては、文化芸術活動を行う者の創造性が十分に尊重されるとともに、その地位の向上が図られ、その能力が十分に発揮されるよう考慮されなければならない。

3　文化芸術の振興に当たっては、文化芸術を創造し、享受することが人々の生まれながらの権利であることにかんがみ、国民がその居住する地域にかかわらず等しく、文化芸術を鑑賞し、これに参加し、又はこれを創造することができるような環境の整備が図られなければならない。

4　文化芸術の振興に当たっては、我が国において、文化芸術活動が活発に行われるような環境を醸成することを旨として文化芸術の発展が図られ、ひいては世界の文化芸術の発展に資するものであるよう考慮されなければならない。

5　文化芸術の振興に当たっては、多様な文化芸術の保護及び発展が図られなければならない。

6　文化芸術の振興に当たっては、地域の人々により主体的に文化芸術活動が行われるよう配慮するとともに、各地域の歴史、風土等を反映した特色ある文化芸術の発展が図られなければならない。

7　文化芸術の振興に当たっては、我が国の文化芸術が広く世界へ発信されるよう、文化芸術に係る国際的な交流及び貢献の推進が図られなければならない。

8　文化芸術の振興に当たっては、文化芸術活動を行う者その他広く国民の意見が反映されるよう十分配慮されなければならない。

で、この八項目を私なりに整理すると、大事な理念は四点に集約されると思っています。

「文化芸術の自由を保障する」
「文化芸術の継承と発展を図る」
「文化芸術を誰もが享受できるようにする」（文化芸術へのアクセスの保障）
「文化芸術の多様性を確保する」

の四つです。

ひとつめの「自由」に関しては、民主主義の根幹にあり、憲法でいう表現の自由につながる当然のことなので説明は不要でしょうが、これらをバランスをとりながら実現していくために、劇場や美術館という機関、あるいは助成システムというような制度の総体がデザインされていく必要があるのだと思います。ですから、才能のある芸術家や、よい活動をやっている団体へのご褒美なのではなく、文化政策の理念を実現するために活動している「芸術機関」に戦略的に行われるというように転換しなければならないはずです。また、文化芸術の多様性の確保ということを、日本社会全体のなかでどう実現していくのかを考えたとき、中央の助成機関の

（47）超党派の国会議員によって構成される音楽議員連盟の議員が上程して審議された議員立法で、各政党の主張を全部とりいれて合体させたようなつくりになっており、基本法部分と振興法部分からなる法律。法案上程から成立までが短期間だったので、国民的議論が尽くされていないという批判もありましたが、このような法律を必要とする背景の考え方や文化政策の理念についての議論は、九〇年代にはある程度進展していたと思います。

審査員や官僚の判断だけで採択・不採択が決まるしくみは、本当に妥当だろうかと疑問がわくと思うのです。なお、その後基本法の法改正で、なぜ基本理念も修正されたかということも含めて、詳細については第六章で触れます。

芸術助成制度を整えにくいのはなぜ?

芸術文化振興基金の導入は、助成システムの基盤を固めるということで、画期的な一歩ではありました。けれども、こと演劇分野に限っていうと、演劇集団の小規模化を助長したのではないかという問題があります。これは前項で説明した文化政策の目指すところとの関連で考えると、演劇をつくりたいという人の自由を保障し、多様性を広げているといえるかもしれませんが、集団が小規模になっていくということは、継承は集団内ではあまり期待できないですし、不特定多数の人々へのアクセスを実現していく働きかけは、おきざりにされてしまうのではないかという問題があります。小規模の集団でも素晴らしい芸術の創造はできるでしょうが、それをいろいろな人に届ける力は単体では弱いといわざるを得ないからです。

このような問題がどうして進行してしまったかというと、よい活動、優れた作品を生み出す芸術団体に何がしかの財政的支援を与えればいいと、芸術性の評価を中心に企画コンペのように助成対象が選ばれてきた一方で、芸術団体の経営、つまりアーツ・マネジメントが考慮されてこなかったからだと思います。いってみれば「木を見て森を見ず」どころか、枝ぶりのよさだけが注目され、枝が木の幹に近いのか端っこなのか、根っこの状態はどうなのか、木の状態は考慮されてこなかったのです。公演の事業予算だけをみて、総費用や収支差額への割合を基準に助成額を決めていく手法では、その事業が芸術団体の年間活動のどの程度を占めているのか、経営全体にどれだけ影響するのかは考慮されません。助成対象となる事業の予算・決算をみて、赤字の部分を補てんするという手法は、一見、政府が行う財政的支援としては、妥当な手法に見えるかもしれませんが、コラムで紹介したボウモル、ボウエンの研究で問題視された「所得不足」は、公演事業単体の所得不足ではなく、年間を通じた芸術団体の活動全体から生じるものでした。

なぜ日本の場合、芸術団体の総体が考慮されずに公演事業の部分だけを切り取って助成制度が構築されてしまったのか……？　その理由を一言でいうならば、日本の芸術団体があまりにもいろいろあって、ひとつの枠組みで捉えきれなかったからではないかと思います。演劇公演をする組織だけを見ても、活動規模や法人格、志向するところがさまざまで、ひととおりではありません。芸術団体の経営状態を数値的に分析しようにも、会計情報を公開できるようなところは限られていましたから、公演事業という部分に限定して制度を構築せざるを得なかったのだと思います。また、芸術団体の経営も企業と同様に、活動に必要な「資産」や、将来の活動に必要な「研究開発費」にあたるものが重要という認識がなく、そういう組織の会計情報全般を見て助成額の妥当性を判断するという発想がなかったからだと思います。経営分析がなされていないところに、経営に与える影響を考慮して助成額を査定せよといっても、それは無理でしょう。

しかし、公演事業に限定し、助成対象とする費用の範囲を限定し、赤字の一定部分を補てんするという助成の手法では芸術団体の維持が難しくなることに、芸術団体の責任者たちはすぐに気がつきました。公演事業にかかる費用以外にも組織の維持にはコストがかかり、公演で得られるほかにも収入がなければ赤字は累積される一方になるからです。

さらに問題なのは、助成対象費用が事務処理上の都合から領収書のあるものに限定され、間接費として払われているけれども公演という事業のためにかかる費用が対象外として扱われてきたことの弊害です。例えば、稽古場は必要な時だけ借り、スタッフも外部に依頼すると助成金の対象になりますが、年間を通じて借りたり常時人を雇用したりすると、どれだけ当該公演に使用しているか不明瞭だからと、助成対象費用から除外されるという慣行で処理されてきました。こういう対応ではプロデュース集団や「ユニット」のように、アウトソーシングを前提としている方が助成額増に有利で、人を雇い稽古場を確保し、創造に必要なリソースを蓄積する方が不利です。この慣行は芸術団体が創造のための資源を「蓄積」し「集積」することを阻害し、将来の創造のための準備や先人からの継承の土台を危うくします。芸術団体が直近の公演事業以外にも将来に向けて準備する活動も考慮して、つまり、マネジメントの総体を考慮して考えなければ、活動は継続しにくくなります。

プロの技があるなら、足りない分は他から、寄付金や協賛金を集めたらいいのではという声が聞こえてきそうですが、公演に対する協賛金は収支差額の算出に織り込み済みです。赤字補てんの額を小さくするだけで、総収入の増加にはつながらない助成のしくみになっていたのです。

もっというと、あらゆる芸術活動が寄付や協賛金を集めやすい活動とは限りません。演劇分野の一部には協賛金がつくような傾向の作品もありますが、昨今はおしなべて舞台公演にスポンサーは付きにくくなっています。それに寄付や協賛金を集めるコストは、助成金の対象外経費ですから、組織の管理費を膨らませます。資金調達の努力は必要ですが、手間暇かけたからといって、思い通りにお金が集められるとは限らないものです。

公的支援が芸術団体の赤字を累積させ経営を危うくさせるかもしれないという矛盾を孕《はら》み、助成を受けて公演活動を続けていたら活動を縮小せざるを得ないというのでは、継続的事業体に対しては不適切なしくみといわざるを得ません。けれども、「劇団」という創造集団の弱体化の原因となっているなんて言ったら、「助成してもらっていて文句を言うのか！」と怒られそうですね。はい、そうなんです。助成制度そのものが無くなってしまうのではないかと恐れて、芸術団体は大きな声で文句が言いにくかったのです。芸術団体は施《ほどこ》しを受けているわけではないのですから、胸を張って問題点を指摘し続けてよかったはずなのですが、文句を言ったら、そういう団体は助成対象に選ばれなくなるのではないかという恐れが、助成制度に対する批判を尻すぼみにしてきたことは確かだと思います。

文化庁の方はどうかというと、そういう要望を繰り返し聞いてきました。けれども、組織の運営全体を見て助成額を決めるということは、技術的にも制度的にも行政官の手に余ることだったのです。それが制度的に不可能だという理由は、憲法八十九条にいきつくといいます。「公金その他の公の財産は、……公の支配に属しない慈善、教育若しくは博愛の事業に対し、これを支出し、又はその利用に供してはならない」という条文です。芸術団体を公の支配に属する法人にでもしないかぎり、運営費に税金を充てるわけにはいかないというのです。例えば、学校法人が経常費補助金や施設設備補助金を受け取ることができるのは、学校法人法と私立学校振興助成法で規定があるから憲法違反にはならないので、個別法があるからです。一方、演劇など実演芸術の分野には特定の法人制度や助成法というものがないので、現状では事業助成に限るしかないというのです。

それならば、芸術団体助成法とでもいうものをつくって、芸術団体を総合的に捉えてその発展を促すしくみをつくる対応策を考えてもよいでしょう。実は、文化芸術振興基本法の検討、制定のプロセスで、法整備なくして芸術団体の運営助成は難しいのではないかということは把握されていました。(48) しかし、事業助成であっても、芸術団体の事業にかかる費用を正確に把握し、組織総体の発展を視野に入れた助成のしくみに改善するこ

(48)「芸術文化にかかる法制〈資料集〉〜芸術文化基本法の制定に向けて」（芸団協、二〇〇一年刊）を参照。

とは不可能ではありません。文化芸術振興基本法成立後も、演劇人も交えて、芸術振興の基盤づくりには何が必要か、研究は継続され、折に触れ政策提言は続けてられてきました。[49] さらには、法整備に一足飛びに行く前に、事業助成のまま対象経費の考え方を変えられないか、協会組織などを通して、公式非公式に検討と交渉は進められてきました。

時間はかかっていますが、変化は少しずつ進んできました。二〇〇九年の政権交代や事業仕分けというきっかけもあって制度の見直しが活発になり、二〇一一年度から文化庁の補助金による「トップレベルの舞台芸術創造事業」の枠で[50]、赤字補てんではない助成の考え方が導入されたのを皮切りに、助成金の算出方法が変わり始めました。二〇二二年度分からは芸術文化振興基金の現代舞台芸術創造普及活動の支援事業でも、助成金額の定額制や助成対象経費の選択制が導入され、これによって事業の収支差額に関係なく助成額が決まるようになりました。助成事業にかかる事務負担を減らしつつ、経営努力が活きるしくみにしようというのです。

(49) 日本芸能実演家団体協議会の調査研究プロジェクトだけでなく、第一期の文化政策部会で支援のあり方の問題点と見直しの必要性が議論され、「今後の舞台芸術創造活動の支援方策について(提言)～21世紀の日本の心を育むために～」という提言書となって二〇〇四年二月に公表されています。

(50) 二〇一六年度より施策の名称は「舞台芸術創造活動活性化事業」に、二〇二三年度からは「舞台芸術等総合支援事業(公演創造活動)」に変更され、助成額の積算方法もジャンルごとに少しずつ見直し修正がされてきています。

コラム⑧　文化庁の創設と舞台芸術振興

●苦肉の策の連続

文化庁が創設されたのは一九六八年。文部省の文化局と、外局の文化財保護委員会とが合体して創設されました。文化財保護の充実と芸術文化の振興にかかわる諸施策が、文化行政の対象として統合され、専門の役所が出来たと受け止められたのですが、文化庁誕生の直接的なきっかけは、時の総理大臣が全省庁を通じて一局削減の方針を出したことに対する文部省の苦肉の策だったといいます。文化庁発足当初から、文化財保護に関する予算が大半を占め、芸術振興の予算の割合は小さく、特に「民間芸術等振興費補助金」は微々たるところからスタートしていました。民間の芸術団体への助成は、それでも一九八〇年頃までは順調に増加していたのですが、中曽根内閣では一律に財政再建を理由に補助金縮小の方針が出され、減少傾向に転じました。

一九八八年、民間芸術団体への「補助金」ではなく、文化庁が積極的に推進する事業という形をとり、「日米舞台芸術交流事業」「優秀舞台芸術公演奨励事業」「芸術活動特別推進事業」の三事業が始まりました。文化庁が行う事業だからよいだろうという、補助金縮小の政府方針に逆らう文化庁の「知恵」で、一九八六年七月に「民間芸術活動の振興に関する懇談会」が公表したまとめを受けてのことです。もうひとつ、補助金縮小に対応する動きが、一九九〇年の芸術文化振興基金の創設でした。国の財政事情に左右されない助成制度として期待されたわけです。しかし、芸術文化振興基金の設置は年度末ぎりぎりの補正予算で行われていますから、文化庁の創設といい、基金の設置といい、たまたま、きっかけがあったときに文化行政の土台がつくられたのだというのは、政府の中での文化の位置づけが、「おまけ」の範疇《はんちゅう》にあったことを物語っているような気がします。

●重点支援の紆余曲折

一九九六年、「民間芸術等振興費補助金」と文化庁が直接行う三つの支援事業を再編し、「アーツプラン21」と称する芸術支援施策が導入されました。前年七月に文化政策推進会議がまとめた「新しい文化立国をめざして——文化振興のための当面の重点施策について」を踏まえてのことで、「文化立国21」というような方針を掲げることで、補助金削減という政府方針のなかでも芸術支援ができるよう、文化庁事業を民間芸術団体に委託するという形での「支援事業」です。わが国の舞台芸術の水準向上の牽引力となることが期待される芸術団体に、年間の自主的な活動全般に原則として三年間継続的に支援を行うというもので、当初は「限りなく運営助成に近い事業助成」というふれこみでした。対象経費に対する支援額の割合は、芸術文化振興基金などが二分の一なのに比べると三分の一となっており割合は低いのですが、複数事業が対象になることや、当初は見積もりをもとに契約した金額の範囲内であれば柔軟に対応することが可能だったので、芸術団体からは歓迎されました。アーツプランがもたらしたもうひとつの功績は、申請には三年先までの中期計画の提出が必要だった点です。先々のことまでなかなか具体的に計画できていなかった芸術団体も、数年先までの計画づくりをすることによって、中長期の展望を確認したり広報計画がやりやすくなったりと、芸術団体の経営にプラスとなることがあったのです。

アーツプラン開始時は演劇、音楽、舞踊の一五団体を対象にしていたのが、一九九九年には二八団体に拡大。二〇〇二年からは「新世紀アーツプラン」となり、演劇、音楽、舞踊分野で四八団体が対象になりました。このとき対象分野は大衆芸能、伝統芸能にも広がり、全分野を合計すると七五件に数は拡大しています。二〇〇三年は八五、二〇〇四年からは名称は「文化芸術創造プラン」と変わって、一〇一と採択数は拡大してきました。

しかし、二〇〇五年には、三年継続の原則はなくなって単年度の支援事業になってしまいました。理由は明確にされていませんが、特定の芸術団体に絞って「限りなく運営助成に近い」支援をするということへの批判の声が強まったようです。採択件数は一二五に、さらに拡大しました。当初は文化庁の委託事業で請負《うけおい》契約の形で行われたので、補助金受給をチェックする会計検査院の検査対象事業ではなかったのですが、二〇〇六年からは規定が変わり、補助金でなくても検査対象となり決算後の精算方式に変えられました。この背景には、残念なことに、実際の額より高い費用計上で不正に支援金を受けた団体の問題が明るみに出たということがあります。芸術支援だけでなく、世の中全体が、領収書の一枚一枚までチェックして不正がないように監視すべきという風潮が強まったからでもあるようです。ルール違反はもちろんいけませんが、チェック体制にかかる事務コストも膨大であることを考えて、ルールそのものを問う議論がもっとオープンにされてもよいのではないかと思います。

芸術団体の法人格と助成のしくみ

芸術団体の財政状態が、なぜ説明されにくいのか――それは、芸術団体の多様性のなかでも、ひとつには法人格の問題が絡んでいます。

芸術文化振興基金のお手本となったイギリスのアーツ・カウンシルも全米芸術基金も、助成の対象となっているのは非営利の芸術組織だけです。アーツ・カウンシルが助成額を決めるにあたっては、その芸術団体の年間の収支の内訳や事業計画をもとに適切と思われる額を査定してきました。非営利芸術組織ですから会計情報は積極的に公開していますし、アーツ・カウンシルも芸術団体がポリシーにそった事業計画と目標を実現できるように、アドバイザーとして助言をしつつ所得不足を補う助成をしてきました。英国の芸術助成の歴史にも変遷《へんせん》があり、アーツ・カウンシルは時々の課題を掲げつつ、芸術助成制度を整えるプロセスと芸術団体を育成するプロセスを相互に密接に関係させながら推進してきたのです。

日本に基金を導入するにあたっても、基金の制度設計の当初、対象の芸術団体は原則は非営利の法人と考えられました。しかし、一九九〇年に芸術文化振興基金が導入された当時、わが国の公益法人制度は、一八九六年制定の民法の規定のまま硬直的で、特定非営利活動法人制度（いわゆるＮＰＯ法人）は影も形もなく、芸術団体が法人格を得ようとしたら、有限会社か株式会社が最も現実的な選択肢でした。主務官庁の許可や指導を受ける公益法人は、演劇には馴染まないと考える人が多かったですし、そもそも設立には多額の基金を積むことが必要とされたので、資産の乏しい劇団には無理でした。そして比較的新しい集団は法人格を持たずに任意団体で活動することが多く、第一章で触れたように、マネジメントを行う株式会社と、任意団体の劇団を使い分けている組織が少なからずありました[51]。

芸術文化振興基金の助成対象の団体要件を決めるにあたって、団体要件を公益法人に限定してしまっては、大多数の劇団は対象外になってしまいます。実演家が集まって組織している劇団のようなところを助成することが必要なのだからと、団体要件は日本の実状に照らし合わせて、株式会社などのそのほかの法人格や任意団体でも構成員が実演家であれば認められるというように調整され緩和されてスタートしたのです。結果的に、法人格は何でも可能と解釈されてしまったようですが、団体要件の筆頭には公益法人が挙げられており[52]、制度の基本的考え方としては、営利を目指さない法人を支援するのがそもそもの制度開始時の趣旨です。

株式会社、有限会社になっている劇団など、小規模の私企業に対しては一般的に財務諸表の公開は求められませんし、応募書類の中に財政状態の概要を記入する欄はありますが、必ずしも第三者に対する公開情報とは位置づけられてきませんでした。そして、基金に応募するような芸術団体はいろいろです。会計情報のまとめ方も多様です。イギリスのアーツ・カウンシルのように、芸術団体の経営に明るい人が専門性を発揮して助言し、芸術団体の発展段階から関わってコンサルティングをするというようなことは日本の芸術文化振興基金にはできず、その結果、日本の芸術助成制度は統制がとりにくい形態になっていました。助成対象の事業が、そ

(51) 文化芸術振興基本法制定前の調査では、把握できた芸術団体のうち七割くらいが法人格を持たない任意団体でした。しかし、その後の法人制度改革で、営利法人以外の法人格も得やすくなったのを受けて、芸術団体の法人化は進んでいるようです。

(52) 特定非営利活動促進法や新公益法人制度三法の施行をうけて、その都度表現は変わってきました。令和六年度募集要項では、一般財団法人・一般社団法人、公益財団法人・公益社団法人、特定非営利活動法人となっており、そのほかの法人格の場合は、原則として一定数以上の実演家によって構成される団体とされています。

の組織の全事業の中でどのくらいを占めるのか、当該事業以外でどうやりくりしているのか、そういった情報は公開されてきませんでしたし、そもそも助成対象を決める際に問題にされてきたのかどうかも不明です。経営の良しあしより芸術上の成果が重視される傾向が、芸術団体の財政上の諸問題を見えにくくしてきたということもあるでしょう。

英米のように、非営利法人として会計情報が第三者に公開される前提であれば、このような助成額の決定の仕方は避けられたかもしれませんが、芸術団体は一般に、専任の財務担当を置けるほどのゆとりがなく、芸術団体の運営について財務会計の側面から説明する力も弱いという状態が続いてきました。説明以前に会計情報を開示することを躊躇《ちゅうちょ》する傾向もありました。だから、事業単位の赤字補てんという助成のしくみの問題点についても、数字を踏まえて指摘することができず、説得力を欠いたことは否めません。会計情報を通じて実状を説明する力が弱いから助成制度改善が難しく、助成制度改善がなされないから芸術団体の経営が弱いまま……、にわとりと卵のような問題の連鎖をどう断ち切るかという状況が続いてきました。その後、支援制度の見直しは進みつつありますが、芸術団体の「経営」の側面についての分析のうえに支援制度が再構築されるようになったかというと、まだ途上といわざるを得ません。このような状況が続いてきた原因のひとつは、芸術団体の経営、つまりアーツ・マネジメントの問題が、軽視されてきたか誤解されてきたからではないかと考えています。

日本にやってきた「アーツ・マネジメント」とは？

ところで、日本で「アートマネジメント」という言葉がメディア上で紹介されたのは、私の知る限りでは、一九八九年に米国でアーツ・マネジメントを学んできた岩渕潤子著による『ニューヨーク午前0時　美術館は眠らない』が出版された時だと思います[53]。日本では「アートマネジメント」という表記の方が流布していますし、私も「いえいえ、正確には複数形です、じゃないと直訳は美術運営になります」などと、重箱の隅をつつくような発言をするのは差し控えてきたのですが、本書ではあえて見出しを「アーツ・マネジメント」としてみました。それというのも、単独の芸術分野のことではなく、広く芸術一般にかかわる考え方であるという原点を、もう一度思い出してもらった方がいいと考えたからです（P.115コラム⑨参照）。

日本でアーツ・マネジメントが説明されるとき「芸術と社会をつなぐ役割」という定義がよく使われてきました。この説明は汎用性が高く間違いではないのですが、具体的にどういうことか何も示していません。そもそもイギリスでなぜ始まったかというルーツをたどってみると、芸術団体の運営と説明責任という課題からスタートしていたわけです。それは政府や企業から独立した存在として芸術団体があって、常に変わりゆく世の中に、どう芸術を提供していくのか工夫する事業体としてあるということです。しかも経営力をつけて運営していかなければ芸術の創造と提供が続けられません。私は最初イギリスの大学院で、その後アメリカで、大学院レベルのアーツ・マネジメント教育を身をもって体験しましたが、最初に考えさせられたのは、芸術活動は、時代や社会によって、支えられ方が変わってきたということでした。そもそも「芸術とは何か」ということが、時代、国、地域、社会、主体によって違いますから、芸術と社会をつなぐ役割もそれに応じて変わって当然です。アーツ・マネジメントが何か理解されにくいとしたら、この相対性に起因するのだと思います。

（53）朝日新聞社　一九八九年刊。それ以前にも企業メセナ協議会発足に関連する一部の会議等で言及されたことはあったようです。

振り返って考えてみると、日本でのアーツ・マネジメントの受容は、主として芸術の支え方を変えようという動きと連動して広まったので、芸術創造の担い手よりも、サポートする側に先に浸透し、芸術団体の自律的経営という面がかすんできたように思います。芸術団体の経営者、運営責任者の眼で捉え直してみると、「芸術と社会をつなぐ役割」というよりは、芸術の創造と提供を通して「芸術を通して多様な価値観を共存させるやりくり」とでも定義し直した方がしっくりくるように思います。ですが、劇団などの芸術団体の制作者や事務局がアーツ・マネジメントの必要性を実感する最初のきっかけは、どうやって助成申請書を書くか、資金調達のノウハウとして、どうしたら支援のお金を得られるのかということからのように思います。その先には、自分たちの活動がどういう価値を実現しようとしているのか、どうやって自分たちの目指す創造性を実現していくのかを説明する力がなければならないのですが、目の前の仕事を片付けることで精いっぱいで、組織全体の経営を考え直すということ、それも芸術界全体や社会全体を見回しながら考えていくというところまで、なかなか余裕がないというのが大方の芸術団体の実状でしょう。

ちょっと深入り 豆知識

コラム⑨　アーツ・マネジメント教育事始め

●イギリスからアメリカへ

ヨーロッパで初めて、高等教育機関で全日制のアーツ・アドミニストレーション・コースが始まったのは、一九六七年、英国セントラルロンドン・ポリテクニックの経営学校の一年制のディプロマ・コース（職業的な高等教育機関の準修士のコース）でした。イギリスでは、事務、執行などを表す一般的な語としてのアドミニストレーションという言葉の方を使う傾向がありましたが、アーツ・アドミニストレーションもアーツ・マネジメントも同義と考えて差し支えありません。その後、このコースはシティ大学に移管されて発展し、他の大学にも広がっていきました。

博物館の専門家を対象とした高等教育は、一九三〇年からありましたが、なぜ六〇年代から七〇年代にかけて、こういう高等教育が導入されたのか——。アーツ・カウンシルにアドバイザーとして関わっていた会計士のアンソニー・フィールズにインタビューして、私はそのへんの経緯を聞いたことがあります。

大学院レベルのコースが始まる前に、実は、アーツ・アドミニストレーターの研修プログラムがありました。一九五九年にグラナダ・テレビからの資金援助によってレパートリー・シアター協議会（CORT＝カウンシル・オブ・レパートリー・シアターズ。現在は存在しない）が劇場のアドミニストレーター対象に研修プログラムを開始し、グラナダ・テレビからの資金がなくなった後、アーツ・カウンシルが一九六三年に同協議会とともに研修プログラムを発展させたという前段階があるのです。最初のディプロマ・コースの開始もアーツ・カウンシルのてこ入れでした。これらの研修やコースは座学も組み合わせてありましたが、研修の核は実習で、アーツ・カウンシルは英国中の劇場に協力を求め、研修者は各地の劇場で実習を行っていました。一時期、一年制のディプロマ・コースと、三ヶ月から一年に及ぶ長期・短期研修が並存していましたが、それらの研修の評価と将来への提言のために一九六九年にアーツ・カウンシルは委員会を設置し、一九七二年に報告書がまとめられました。その報告を受けて、その後シティ大学へ移管され、大学院のコースに統合されていったのです。

フィールズによると、もともとアーツ・アドミニストレーターのための研修という発想は、このように演劇関係者からの要望で始まったのですが、アーツ・カウンシルがテコ入れする段になって、短期・長期研修にしても、ポリテクニックのコースにしても、劇場の制作者だけでなく、オーケストラやオペラ、美術など、さまざまな芸術の実務家が一緒に研修を受けられるようにしたといいます。フィールズ自身が、アーツ・カウンシルで芸術助成を拡大していくのだったら、芸術団体の実務家に会計や法律、施設運営、政策をはじめとする研修を受けさせて説明責任がきちんと果たせるようにすべきだと後押ししたそうです。

実際、六〇年代後半から七〇年代の芸術助成の拡大期と、この実務家研修の動きは呼応しています。イギリスでも、第二次世界大戦直後の芸術団体で事務を担当していたのは、演奏家や俳優を志望していたけれど、たまたま担当にさせられた人だったり、志望を諦めて事務仕事に専念するようになった人々というのが多かったそうです。その実務担当者の専門性を確立することが芸術団体の経営基盤を整えることと考え、フィールズをはじめとするアーツ・カウンシルの面々は、芸術団体の運営に目を向けたわけです。フィールズは七〇年代の動きを、芸術団体の「機関化」の期間と位置付けて説明していました。原則として継続的な支援を行っていくかわりに説明責任を課したわけです。

アメリカでは一九六六年にはイェール大学とフロリダ州立大学でシアター・マネジメントのコースが始まっていましたが、芸術分野全般に対してこのような研修・教育が必要ではないかという考え方は、一九六九年に全米芸術基金が開催した会議でイギリスから「輸入」されて、その後アメリカ中に広がり発展しました。「アーツ」というようにいろいろな芸術分野に共通する領域として広まった理由は、演劇であれ音楽であれ美術であれ、芸術が社会にとって必要だという点では同じであり、普遍的な「理念」がベースにあるという考え方がクローズアップされたからで、それが英米で芸術支援拡大の機運をつくっていったのだと思います。もともとは、このように非営利の芸術組織で助成金の効果的な使われ方を示す説明責任との関係で始まった「アーツ・マネジメント」ですが、その後ビジネス・スクールなど経営学科の分野で扱われていく際に、非営利部門だけでなく商業的なビジネスとの関連で扱う動きもでてきました。

●日本での広まり方

日本の大学で「アート・マネジメント」の学科が誕生したのは一九九四年の昭和音楽大学音楽芸術運営学科が初めてですが、一九九一年に、慶應義塾大学が総合大学としては初めて「アート・マネジメント講座」を開設し、社会人聴講者も受け入れて話題になりました（単科大学では京都の成安女子短期大学〈＝一九九三年より成安造形大学〉の講座が先行していました）。その後、大学での関連講座は増加しましたが、英米で社会人の実学的研修として大学院レベルで始まっていたのとは違って、日本の場合は学部レベルが主なので、実践的な人材育成というより理念、教養に傾くきらいがあります。また、海外にならって高等教育は始めてみたものの、就職先が少ないという現状から、日本では大学教育と現場の連携をどうしていったらいいか、試行錯誤が続けられています。

　大学教育ではなく、日本の芸術の現場に「アート・マネジメント」なるものが流布した契機は、一九九〇年に発足した企業メセナ協議会の影響と、それまで全国公立文化施設協議会（現、協会）が開催していた研修会の名称が「アートマネージメント研修会」（一九九三年二月）になってからだと思います。日本の公立文化施設は、その多くが住民が使う集会施設として設置されてきたので、管理者は自治体の職員で、芸術に造詣《ぞうけい》が深い人であることが少なかったのです。専門性のある非営利組織で運営されている海外の劇場・ホールとは制度的しくみが異なるのですが、「建物ばかり立派で中身がない」と批判されていたことから、海外の事例に倣《なら》おうと、公立文化施設の職員向け研修が変わり始めたのでした。

　しかし、公立文化施設職員研修から始まったために、芸術団体の側は当初、アーツ・マネジメントというのは、施設が行うことらしいと、やや冷やかな受け止め方をしていたようです。実際、英米のアーツ・マネジメントの動きが、芸術団体に経営力と説明責任をということに主眼を置いていたのに対し、公立文化施設の職員研修は、芸術を知らない職員に芸術を知ってもらうための講座が中心で組まれており、音楽や演劇の自主事業をどのように提供したらよいかというような関心で受講されていたようです（現在も「アートマネジメント研修会」は名称や内容を変遷させながら継続されています。公立文化施設職員の芸術経験の度合いが多様になったのを受けて、研修の中身も随分と多彩になっています）。

　その後、企業メセナの一環として「トヨタ・アートマネジメント講座」（一九九六年から二〇〇四年）が各地で開催されて、「芸術と社会を結ぶ役割」という説明が浸透し、芸術関係者の間には一般的に知られるようになっていったのだと思います。けれども、日本においては分野横断的に芸術団体の経営の問題として論じられることはあまりなく、実演芸術と美術は異なる、演劇と音楽は異なるというように、個別の事例をとり上げ、分野ごとの差異、特徴が言及される傾向が強く、芸術イベント開催のノウハウと矮小化されて受け止められてきたきらいがあります。イギリスでアーツ・マネジメント教育が始まった精神、その普遍性が意識されることは少なかったのではないかと思います。

多様な価値のジャグリング

イギリスのシティ大学のディプロマ・コースで私が授業を受けた頃は、そのコースをシティ大学に移管するときの立役者であったジョン・ピックは名誉教授で、数回だけレクチャーに来ていました。この人はもともとはマジシャンで、そこで聞かされ印象に残っていることのひとつに、「アーツ・マネジメントはジャグリング(＝曲芸)だ」というのがあります。

芸術団体の運営責任者は、作品づくりや施設運営のこまごましたことから、ポリシーを決め資金調達をし、顧客サービスの改善を図り、新しい作品にチャレンジし……という具合に大きな経営判断まで、日々さまざまなことを同時並行で扱っていかなければなりません。それに、例えば劇場やホールの年間を通じた事業計画を考えるとき、いろいろな聴衆・観客に来てもらえるよう、事業計画も多彩にしていくことが求められます。同時に、芸術上の成果をあげることと収支が見合う経営も求められ、かつ、しばしば施設管理計画も求められるのですから、経営感覚はもちろん必要です。利益を産みにくい芸術だからこそ、複数の事業を組み合わせ、芸術上の価値の実現と経済との両立をやりくりすることがアーツ・マネジメントの極意といってよく、その両立のための均衡点は常に動き続けているのです。私は、元マジシャンの先生のレクチャーを聴きながら、色とりどりの曲芸用のピンの代わりに、多様な価値観のお手玉を多数放り投げては受け、放り投げては受けしながら、一輪車に乗ってバランスを取り綱渡りをしているアーツ・アドミニストレーター像を思い浮かべていました！　この多様な価値のジャグリングは、教科書から学ぶことはできません。経験者からコツを教えてもらうことはできても、実践してバランス感覚を掴《つか》むしか習得の道はないのです。だから、英米のアーツ・マネジメント・コースは、たいてい実習を重視してきました。

さて、そんなジャグリングが芸術団体の運営に、なぜ必要なのでしょうか。それは、先に掲げた文化芸術の「自由」「継承と発展」「アクセスの保障」「多様性」といった文化政策の理念を実現させるには、この組み合わせなら大丈夫というような固定した正解があるのではなく、うまい組み合わせは、地域や時代など、いろいろなことを勘案して相対的に妥当だと許容されるものだからでしょう。微妙なバランスが大事なのです。

そして、英米の芸術助成の実態などを考えてみると、あちらで助成を得ている「芸術団体」と、日本で今、総称されている「芸術団体」をイコールで結んで考えてはいけないという点に思い至ります。

英国で芸術助成が拡大してきた過程で起こったことは、演劇やオペラを創りだす組織を、恒常的に多様な価値を幅広い人たちに提供しようとする「芸術機関」として定着させていくことでした。もちろん、助成を受けている組織がみんな「機関化」されたわけではなく、作品づくりに専念する小規模な集団も増えていきました。やや単純化していうと、劇場や美術館などの「場所」と結びついて「機関化」された芸術団体と、新たな表現を生み出すことに専心したり、ツアーをする芸術創造集団とを複合的に結びつけたりすることで、地域に住むいろいろな人々が芸術に触れられる環境を整えていこうというプロセスだったのです。

「機関化」された団体は毎年継続的に助成を受けていきましたが、同時にアーツ・カウンシルが度々委員会を設置しては検討する、時々の課題に対応することも活動方針に採りこんで、時代に呼応する存在として多様な価値の共存に奮闘してきたのです（P.133コラム⑪参照）。「ともかく演劇がつくりたい！」「芸術はすばらしい！」という思いが出発点になっていることは同じですが、社会のなかのしくみに芸術を組み込んで発展してきたのが英米の「芸術機関」といっていいかと思います。そしてその周辺に、作品を創って発表したいという創造集団が生まれ育っていくし、新たな才能に活躍の場を与えるのも「芸術機関」です。

これは、質の高い芸術の提供ということが核にあるのですが、作品を創って発表しさえすればいいというものではありませんし、多くのお客さんを獲得してショービジネスで成功すればよいというものでもありません。複雑な、多様な価値のジャグリングは、少なくとも英米のアングロ・サクソン系の社会では、政府が何か一定のものを配給するという官制のサービス提供よりは、民間で公益的な活動を行う組織が、自律的に活動して工夫して多様にしていくのがよいと考えられてきました。イギリスの場合、民間非営利の組織はチャリティと呼ばれ、アメリカの場合はＮＰＯと総称されています。芸術に触れる機会を提供する「芸術機関」や作品を生み出す創造集団は、そういう非営利部門の市民による公益活動の一翼を担ってきたのです。

日本では、劇団で非営利法人として活動しているところは、まだ少数派です。前述したように、自由に設立できる法人としては、かつては株式会社や有限会社しかなく、非営利法人格はなかなか得られなかったからです。

ところで、非営利というと、儲けてはいけない、お金を徴収してはいけないことと思っている人がいるかもしれませんが、非営利法人とは、年間の経済活動で利益が得られたとしても、それを出資者に分配しないと規定している法人のことです。利益がでたら、それをまた次の事業に再投資するわけです。公益性を掲げ、その目的のために事業を行う法人を非営利法人として規定するのが、公益法人や特定非営利活動法人の制度です。しかし、注意していただきたいことは、非営利性については客観的に規定できますが、公益性は完全に客観的に規定するのは難しい面があるということです。日本では、公益性があるかないかは、長らく主務官庁の判断に委ねられてきました。芸術の分野では、お上の関与を嫌う風潮がありましたし、一分野一法人という方針が採られたり、巨額の基金がないと認められなかったので、劇団の公益法人化はほとんどありませんでした。(54)

日本の演劇人には、演劇の創造と提供は民間が担ってきたという自負はありますが、英米流の民間非営利、市民活動の一部であるという発想とは、距離を感じる人の方が多いように思います。民間非営利組織は、利益を分配しないという非営利性とともに、何を目的と掲げているかという組織の使命、理念が重要です。日本の演劇集団にも理念はあるでしょうが、広く社会一般に対してそれを発信する組織というより、演劇活動に共感してもらえる範囲内に通じる言葉でしか語ってこなかったのではないかと思います。芸術上の理念は高らかに謳っていても、社会との関わりにおいては漠然としてきた——この違いなどにも、英米の「アーツ・マネジメント」を即座に直輸入できない理由があるように思います。日本の実状を踏まえて、今日の日本にふさわしいアーツ・マネジメントを模索する必要があるでしょう。微妙なバランスの均衡点は、私たち自身で探らなければならないのです。

(54) 長らく公益法人として活動してきた劇団には、財団法人日本教育演劇道場(劇団らくりん座、一九五二年財団化、二〇一五年四月に一般社団法人に移行)、社団法人教育演劇研究協会(劇団たんぽぽ、一九五五年社団法人化、二〇一二年七月に公益社団法人に移行)、財団法人現代演劇協会(劇団昴、一九六三年財団設立。ただし二〇〇六年に、劇団と法人は分離し、二〇一三年十一月、同協会は解散)など。

コラム⑩　民間非営利組織と「市場の失敗」「政府の失敗」

●「見えざる手」だけでは実現しないこと

なぜ、非営利、公益を掲げた法人が必要なのでしょうか？

経済学の用語に「市場の失敗」というのがあります。かいつまんで説明すると次のようになります。理論上、いろいろな財やサービスは、価格を媒介に市場で取引され、需要と供給がつりあうところで均衡がとれ、資源は適正配分されると考えられています。けれども、価格に反映されない形でプラスの効果が他に及んだり、環境破壊のような公害問題としてマイナスの効果を伴ったりというように、市場だけに任せておくと資源が適正に配分されない部分がある、これが「市場の失敗」というものです。そういうものは政府を通じて配分した方がいいので、先のコラム⑦で紹介したような公共財の代表的なもの（防衛や警察、消防、公衆衛生など）は、税金で賄《まかな》って政府部門が提供するのですが、逆に政府部門には政府部門で「政府の失敗」ということがあります。市場の失敗を補おうとして政府が手を出すと、かえって経済効率が悪くなるというようなことです。

芸術文化は準公共財と考えられますから、市場にだけ委ねておくと大衆に人気のあるものだけが繁栄して、先鋭的、実験的な表現が存在しにくくなって多様性が保障されなくなるとか、大都市にだけ集中してあらゆる人々のアクセスが保障されなくなるとか、マイナス面があるので、何らかの形で政府部門が介入した方がよいと考えられます。しかし、政府が表現の自由に介入することは、断じて避けなければなりません。政府部門はまた、機動的に細かいニーズに対応できなかったり、縦割り行政の悪影響を受けたりするので、表現者の自由や享受者の自由のことを考えると、主体は民間であった方がよく、政府部門が提供する場合は、かなりの専門性をもった人に付託されて、信頼される裁量権のもとに提供されるということが望ましいと考えられます。英米は民間の非営利組織の自律性を重視し政府が直接芸術には関与しないことをよしとする制度ですが、フランスは政府部門が芸術エリートを雇用して、その専門性を発揮することで芸術の自由を確保していこうという制度です。

日本で、NPOという言葉が一般に広まるようになったのは、阪神淡路大震災後、市民のボランティア活動がしやすいしくみをということで法制化された特定非営利活動法人、いわゆるNPO法人が誕生してからですが（一九九八年に法制定）、政府でもない営利企業でもない民間非営利部門、市民セクターの役割や可能性については、まだまだ、広く一般に理解が広まっているとはいえないと思います。日本の公益法人は長らく主務官庁の許認可のもとにコントロールされてきましたから、公益とは、「お上」の意思にかなった活動のことという刷り込みが、まだまだ強いのが実状のようです。

●非営利公益の組織という選択肢

二〇〇六年に公益法人制度改革三法が成立しました。一八九六年に民法が制定されて以来の大改革で、ようやく日本の法人制度が大きく変わり始めました。これまで公益法人は官庁の許認可を得なければ設立できなかったのですが、法律の要件を満たしていれば登記だけで非営利法人が設立できるようになりました。公益性は有識者の委員で構成する第三者機関の認定となって、主務官庁制はなくなりました。税制優遇の面からいっても、新公益法人制度は、格段に税制優遇の範囲が広がりました。日本の特定非営利活動法人は、通称NPO法人といわれるために、アメリカのNPOの制度と同じだろうという感覚の人がいるかもしれませんが、財団型での設立ができませんし、税制優遇は限られています。新公益法人制度でスタートした認定公益法人の方がアメリカのNPOに近く、自律的な市民セクターの発展が期待されます。特定非営利活動法人は草の根的な小規模の市民活動には向いていますが、事業を継続していく組織、機関としては、税制優遇制度が進んだ新公益法人の方が活用しやすいのではないかと思います。

ただし、二〇〇六年の公益法人制度改革は不祥事を契機として行われたために、収支相償の原則や遊休財産に関する規制など、事前規制、監督が前提とされている部分がありました。公益法人が柔軟、迅速な公益活動を展開するには足枷となることもあり、震災やコロナ禍を経て、社会の変化により柔軟に対応できるようにと改善要望の声も強まりました。これに対して、政府は有識者会議を設置して検討を重ね、二〇二四年には法改正を含む公益法人制度改革を進めるようで、今後の改革が期待されているところです。

国によって法人制度は異なりますが、私企業でもなく政府でもない民間非営利部門の組織があるということでは共通しています。欧米では、芸術団体は民間非営利組織として定着していて、営利法人によって商業的に行われるショービジネスと共存しているという状況があります。「市場の失敗」と「政府の失敗」のいずれにも陥らないよう、バランスをとりつつ運営されていく主体として、非営利公益の組織という選択肢があるわけです。そして、個々の演劇人は、営利法人で運営していった方が相応《ふさわ》しいビジネスと、非営利法人で企画した方がいいものと、いずれの舞台に立つことも自由です。どちらかが優位にあって、どちらかが劣っているという類の違いではありません。英米では同じ作品が、最初は非営利組織で企画され、成功して営利ビジネスで展開されるようになるということもしばしばありますし、初演は商業演劇でも、非営利劇場がリバイバルさせるという場合もあります。営利・非営利の演劇の違いは、組織の経営の方針の違い、もっぱら、どうやって観客に届けようとしているかという方針の違いがあると考えておけばよいでしょう。演劇人の職場としての選択肢も、営利・非営利両方に広がっているということです。

「森」を見てデザインする助成制度に

長らく大きな見直しがなされなかった助成制度ですが、二〇一一年二月に閣議決定された『文化芸術の振興に関する基本的な方針（第3次基本方針）』に、「文化芸術への支援策をより有効に機能させるため、独立行政法人日本芸術文化振興会における専門家による審査、事後評価、調査研究等の機能を大幅に強化し、諸外国のアーツカウンシルに相当する新たな仕組みを導入する」ということが盛り込まれ、日本版アーツカウンシルとして翌年度から基金部にプログラム・ディレクター（PD）、プログラム・オフィサー（PO）という専門家が配置されることになりました。助成にあたっては現場の実情を把握したうえで専門的な審査を行い、文化芸術活動への助成に関するPDCAサイクル[55]を確立する観点から、新たな審査・評価のしくみが求められたのでした。その後、二〇一六年度からは試行ではなく本格導入、さらに二〇二三年度からは文化施設分野と映画分野の専任のPD・POが置かれるというように、専門家関与の体制は強化され、それに伴い、支援制度の見直しは、ここにきてやっと加速されているように思います。[56]

審査や評価のあり方の問題点について、私はそれまでいろいろなところで繰り返し指摘してきたので、PD・POの導入が始まったことを、やっと（!）という思いで受け止めました。が、優れた知見をもった専門家を配置すれば問題が解決するかというと、それだけで民間や海外の助成財団のように柔軟性がでて自由度が増すというほど単純ではありません。税金を財源にしている基金では、補助金適正化法[57]のしばりがあるので、事前に決められた費用以外に補助金を流用することはできませんし、一円たりとも規則外の支出がないよう証拠書類をそろえなければならないことに変わりはありません。日本の行政が、規則や要項に則って客観的基準で対応していくという形式合理性を基本とするしくみである以上、その範囲内でできるルール変更を考案しなければ、「柔軟に」対応することだけでは芸術団体が望む改善は難しいのではないかと懸念していました。

第三次の基本方針策定の議論のプロセスで、海外のアーツ・カウンシルのようなものをつくるべきだという主張が強くなされての変化ですが、その裏にあった芸術関係者の思いは、支援制度全体を実情に合わせて大きく見直してほしいということに尽きると思います。ただし、コラムにも述べるように、イギリスのアーツ・カウンシルひとつを見たところで、その組織は変遷を遂げており、組織の形だけ真似ても効果は期待できません。むしろ、時代とともに常に変わっているところはおおいに真似てほしいです。大改革をするなら、参考例の模倣ではなく、今の制度の問題点の洗い出しが不可欠でしょう。芸術活動の質的な評価は確かに難しいですが、質の評価の前に芸術活動の量的把握、客観的な情報の把握と分析が急がれるべきでしょう。

従来のように、枝ぶりだけを見て、どの枝を取り上げるかを決めるのではなく、森全体を眺めながら、一本一本の木も全体がよく伸びて実をつけているか、いろいろな種類の木々が共存しているか、バランスをみなが

(55)「PLAN＝計画、DO＝実行、CHEK＝点検・評価、ACT＝改善」という、経営管理論でよく用いられる管理のプロセスを、芸術団体も意識して実行せよ、というもの。と同時に、芸術支援を行う側にもPDCAサイクルが求められます。

(56) 試行的取組から本格的導入への経緯は、二〇一五年九月に公表された「文化芸術活動への助成に係る新たな審査・評価当の仕組みの試行的取組に関する報告」(日本芸術文化振興会)に、また、さらなる機能強化については二〇二一年度に芸術文化振興基金運営委員会が特別部会を設置してまとめた、「アーツカウンシル機能の今後の方向性について」(報告書)に詳しいです。二〇一一年度に音楽・舞踊分野のみから始まったPD・POは、二〇二三年十二月現在、七分野三四名に増員されています。

(57) 補助金等に係る予算の執行の適正化に関する法律。

ら豊かな森になっていくような助成制度への改革が必要なのだと思います。専門家に求められることは、全体を大局的に見ながら、木々の種類に応じてきめ細かく対応したり、グループわけしながら対応策をとるというように、状況に応じて対応していく力です。それには、森がどのような状況か、どんな種類の木があって木々がどう成長しているか、現状把握が土台になければならないはずです。そうした基本的な状況把握がなされていないことが、わが国の芸術界の大きな課題です。そして、これまでの芸術支援は、木々は勝手に生えてくるのだから、いいところだけ選べばよいという考え方が根底にあったように思いますが、いつまでも、それでよいはずがないでしょう。

コロナ禍に直面して、この課題は広く共有されることとなりました。問題が大きいので、すぐに解決することは難しいですが、少しずつ課題解決の努力は始まっています。東日本大震災やパンデミックによる危機を経て時代状況が変わっているなか、これからの世の中に相応しい仕組みへと制度改革ができるかどうか、先を見越しての変革が求められていると思います。

継続的な助成制度を核に

ところで、芸術助成の改善が話題に上ると、「評価の定まった人ばかり応援するのではなく、若い芸術家、若い人の集団を支援すべき」ということがよく言われますが、芸術になぜ公的助成が必要かという理屈を理解すると、それでは不十分ということが分かると思います。芸術団体への助成は、ベンチャー企業を育てるのとは異なります。例えば最初の五、六年は補助金を出すけれども、その後は補助は打ち切るので独り立ちしなさいという考え方は、エンタテイメント志向のショービジネス産業育成政策なら妥当でしょうが、文化芸術振興の理念の実現を掲げた非営利組織には必ずしも当てはまりません。「文化芸術を誰もが享受できるようにする」という理念の実現を掲げて、これまで芸術に触れたことのなかった人に芸術体験の機会を提供したり、普段はなかなか鑑賞のチャンスのない地域に出かけていって公演したりというようなことは、国民の芸術享受に差がある限り続けるべきことです。そういう活動は経済性の追求を第一義に考えていては難しく、「所得不足」の要因にもなります。だから、芸術振興の理念の実現を担う芸術団体は継続的に活動をするし、継続的に助成が必要なのです。

これまで文化庁の芸術団体支援の理屈づけは、「優れた芸術の創造」が主目的で、「享受者の拡大」は、別の施策で行うものと切り離されてきました。どの団体の企画が優れているかが甲乙つけがたいとなると、芸術団体はたくさんあるのだし、いろいろなところに支援した方がいいのではないかという「ばらまき」になってしまうというらみがありました。そして、子どもを対象にした巡回公演などは別枠で決められ、地域文化支援も、トップクラスの芸術団体助成とは別ものとされてきました。しかし、享受者の拡大は、実際には優れた作品を創りだすところが観客・聴衆を惹きつけるわけですから、芸術性の高さの実現と享受者を広げる働きかけをリンクさせて助成制度に組み込んでいった方がよい場合が多いでしょう。

もちろん、享受機会の拡大まで目的にせず、ともかく芸術表現を実現させたいという集団を助成する枠組みや、実験的創造を応援する助成枠も、多様性を追求するには必要です。だから、享受者拡大とリンクしない芸術団体助成があってもおかしくはないです。ただし、「若い人」だけがその対象という考え方は、芸術関係ではもう少し柔軟に考えた方がよさそうです。芸術家個人の育成にしても、伝統芸能の世界では、四十、五十は洟垂《はなた》れ小僧といわれますし、分野によって若手の基準は異なります。また研修の機会は、キャリアの節目ごとに必要になるものですし、実験性の高い企画の実現は、芸術家が若い時だけ支援が必要というものではなく、ベテランになっても新しいことにチャレンジを続ける芸術家は少なくありません。

そして、芸術団体への助成制度だけを改善しても、先に述べたような文化政策の基本理念の実現は難しいということも事実です。例えば、現に地域差がある以上、既に生えている木から対象を選ぶのではなく、開墾《かいこん》や移植が必要かもしれません。基本法以降、文化行政の発想の転換が求められていたにもかかわらず、どちらかというと従来の施策を踏襲し、微調整で済ませられてきたように思います。二〇二〇年代以降の文化政策の手法は、「状況に応じて変える」ことを基本に、芸術性を高めると同時に享受する観客層も大きく広がるよう、大胆な改革をすべきでしょう。

コラム⑪　イギリスのアーツ・カウンシルの変遷

●つかず離れずの距離

イギリスのアーツ・カウンシル(芸術評議会)は、「アームズレングス」の原則を世界で最初に確立した、助成金を分配する専門組織として知られています。アームズレングスとは、政府とは腕ひとつ分離れた距離、つかず離れずの距離を保ちながら、つまり芸術助成への政治家の介入を防ぎながら、行政機関が直接行うのではなく専門家の組織によって国家予算を分配することです。専門組織による芸術政策の推進は、イギリスの文化政策の特徴のひとつで、アーツ・カウンシルだけでなく、工芸やデザイン、映画など分野を特定した場合も、アームズレングスの原則に則って、カウンシルを通じて財政的支援やアドバイスなどがなされ、省庁の官僚は直接、施策を手がけないのです。

英国芸術評議会の前身は、ＣＥＭＡ(Council for the Encouragement of Music and the Arts)といい、一九四〇年、戦時中に、慰問のために作られた組織でした。それが第二次世界大戦後、一九四六年八月に、アーツ・カウンシル・オブ・グレート・ブリテン(ＡＣＧＢ)と名前を変え、芸術の実践、理解、知識を広げ、よりアクセスしやすくすることを主目的に、ロイヤル・チャーターを与えられて発足しました。ロイヤル・チャーターとは、王室が認める特殊法人の設立許可のようなものです。初代の会長は、経済学で有名なケインズです。彼のような人物が会長を務めることで、国家予算のうち、大蔵省から直接、芸術助成の予算を獲得して、政治家の介入を得ることなく芸術助成を行う機関としての基礎がつくられたのです(一九六五年からは文化教育を司る省から予算を受けるように変わりました)。当初、ケインズは、戦後復興の一時的な組織と考えていたようですが、ケインズの没後も、このような芸術助成が有益だという認識が広まり、継続されてきました。

ＡＣＧＢの歴史を辿ると、イギリスの文化政策の変遷の大筋が見えてきます。最初の十年くらいは戦後復興期で、ＡＣＧＢによる芸術の直接配給の時代といっていいと思います。優れた舞台芸術の巡回公演、展覧会の巡回展などが推進され、その受け入れ先として各地域に芸術事業を行う事業主体が育っていきました。一九五五年から次の十年くらいは、直接配給ではなく、各地の企画や団体を援助するという方向に転換されます。この間ももちろん芸術助成は行われていましたが、初期の助成額は比較的少なく、ＡＣＧＢから助成を得られるというのは、ある種の名誉と考えられ、財政的支援もさることながら種々のアドバイス、コンサルティングが重要だった時期でした。

初代芸術大臣(ジェニー・リー、一九六四年に就任)が活躍していた一九六七年に、ＡＣＧＢのロイヤル・チャーターが見直され、英国中の芸術へのアクセスを向上させるために国や地方政府との連携を図ることも盛り込まれました。この頃は、十のリージョナル・アーツ・アソシエーション(地域の芸術協会)とのネットワーク形成や、芸術拠点施設の整備、フェスティバルを手がける部門が設置されたのが特徴でした。一九六七年に「芸術のための政策」という芸術白書が出され、以後、芸術助成は拡大していきます。一九七一年当時すでに、ＡＣＧＢや自治体から助成を受ける非営利の芸術団体は千二百くらいありました。そして七〇年代は、助成金の急増期にあたります。この時期にアーツ・マネジメントの必要性が重視され、芸術団体の運営にあたる人材の専門性が強く求められるようになったのは既述のとおりです。また、伝統的な芸術ばかりが助成対象分野になってきたことへの批判や議論が盛んに行われたのもこの時期です。

一九八〇年代は、サッチャー政権のもと、政治的な圧力が芸術界にかかった時期で、芸術といえども民間活力を活かせという方針のもと、マーケティング的なアプローチや企業スポンサーの導入が推奨されました。誰でも芸術にアクセスできるようにと、教育普及プログラムや少数派の文化を尊重することが重視されるようになったのはこの頃です。

●芸術政策から社会全体を意識した文化政策へ

一九九〇年代は、文化政策の見直し期とでもいうべき動きが顕著になります。最初のきっかけは、九一年に行われた「National Arts and Media Strategy」(芸術とメディアの国家戦略)の展開で、ACGBが音頭をとって、芸術関係者、関係団体の間で、広範囲な政策論議が展開されました。

その結果は、九三年に「創造的未来」(*A Creative Future*)という報告書として発表され、「創造性を重視した社会づくり」ということが大テーマとして掲げられ、それまでの芸術政策から、より広範な文化政策へと転換が図られました。そして政策目標の明確化、評価システムの確立が目指され、文化的多様性の尊重、「芸術と教育」の重視、文化芸術産業・観光の振興といった政策の方向性も盛んに議論されるようになります。一九九二年には省庁改革があり、文化行政を所管する省(国家遺産省)が置かれ、芸術だけでなく、図書館、博物館、文化遺産、メディア、スポーツ、観光を初めて統合した省になりました。と同時に地方分権化の論議も盛んになり、まずACGBの分割が目指されます。

スコットランドとウェールズには、ACGBの傘の下にスコティッシュ・アーツ・カウンシルとウェルシュ・アーツ・カウンシルがありましたが、それぞれ別の独立した組織となりました。そしてACGBは、イギリス全土を統括していた組織から、イングランド地方に限定されたアーツ・カウンシル・オブ・

イングランドになり、ロイヤル・チャーターによる組織から、通常の登録チャリティ(非営利公益組織)に変わったのです。北アイルランドのアーツ・カウンシルは六二年から独立した組織として設立されていましたから、四つの組織が国からの予算と宝くじの収益からの資金を分配する体制となりました。一九九四年のことです(宝くじの収益を文化支援にまわす制度のための法律は一九九三年に成立)。宝くじ基金からの文化支援は、当初は、建物の改装、新設など、ハードにまわす資金源とされ、その後、小規模なコミュニティの企画などにもまわるようになったり、オリンピック対応になったり、重点対象は時々で変化しています。

一九九七年の政権交代後、イギリスの行政全体の改革が進み、文化省の名称が変わり、アーツ・カウンシル以外の文化関係のカウンシルが合併統合され、さらに公的サービスのあり方や支出が適正かをチェックする体制が強化されるなど、文化の分野も政治の変化の波を受けています。二〇〇二年には、それまで各地にあったリージョナル・アーツ・ボードという地方組織が、アーツ・カウンシル・オブ・イングランドと一体化した組織として再編成され、またアーツ・カウンシルは、翌年アーツ・カウンシル・イングランド(ACE)に名前を変えました。名前の変化は僅かですが、大きな組織再編制で、地方分権化が強化され整理された動きです。

九〇年代後半からゼロ年代は、複数の省にまたがる大掛かりな施策の推進が増加しました。そのひとつが二〇〇二年に始まった「クリエイティブ・パートナーシップス」という大型施策です。これは、子どもたちの創造性を伸ばし、どんな子にも学習へのやる気を喚起していくため、文化を司る省だけでなく教育雇用省とも共同で進めたもので、アーツ・カウンシルが窓口になって展開して注目されました。ほかにもイギリスではクリエイティブ産業の発展を目指した政策がとられてきました。文化産業の育成・発展がイギリスの経済を支えるというように、文化政策が経済政策の一環に組み込まれていったのです。

このような政策は当初は芸術関係者にも受けがよかったかもしれませんが、文化政策を他の政策目的に利用する「文化の道具化」(Instrumentalization of Culture)を促進する動きとして議論を呼びました。当時の労働党政権は、ニュー・パブリック・マネジメントの行政改革を推し進めており、政府の効率性を高め、市民サービスの質を向上させるという方針のもと、政府各部局の見直しを進めていました。ACEに資金を提供する文化・メディア・スポーツ省(DCMS。二〇一七年よりデジタル・文化・メディア・スポーツ省)も見直し対象で、ACEも組織変革や芸術団体への助成制度の見直しを続けねばなりませんでした。二〇〇二年の頃はACEの助成先は七五%が継続的支援を受ける団体で約一三〇〇団体ありましたが、DCMS見直しの結果、歳出カットが明らかになってから、ACEは支援先の絞り込みに着手しました。二〇〇七年から二〇〇八年にかけて、継続的助成団体の多くが助成を受けられなかったり大幅減額されるという事態に直面し、芸術界の猛反発を受けています。その後、助成先は「ナショナル・ポートフォリオ団体」と呼称されるようになり、数は三分の二ほどまでに絞り込まれ、助成ではなく投資という言い方がなされるようになりました。それまで必ず大きな支援を受けてきたロイヤル・オペラ・ハウスやロイヤル・ナショナル・シアターなども、三年ごとに助成申請をするように統一されたのでした。

二〇一〇年、労働党から保守党・自由党連立政権に政権が交代しました。二〇一二年のロンドン・オリンピック・パラリンピックを前に、英国全土で多彩なロンドン五輪文化プログラムが展開される時期にあって、政権交代で文化予算が急激に縮小されることはありませんでしたが、五輪後のDCMSの歳出は減額されています。

二〇一〇年十一月に、ACEは初めて十年戦略を公表しました。これがロンドン五輪の文化プログラムを支えたといいます。その後、二〇一三年に、十年戦略は芸術団体、美術館・博物館、図書館を対象範囲として「あらゆる人に素晴らしい芸術文化を」(*Great Art and Culture for Everyone*)という改訂版に変えられています。そして二〇二〇年には、次の十年戦略「創造しよう」(*Let's Create*)が発表され、創造性と多様性、芸術文化の持続性、芸術文化の価値を高めることに焦点をあてています。

アームズレングスといっても、実はそのときどきの政権の方針と無関係ではなく、腕の長さは変わるともいわれています。しかし、常に政策課題に対して専門性を発揮してきた組織という点では、やはり学ぶべきことは多々あると思われます。ただし、ＡＣＥの度重なる組織改革の道筋については、意図通りに進んだのか、意図が適切だったのか、批判的な見方もあるようで、英国のアーツ・カウンシルが実施してきたことを無批判にお手本扱いすることなく、冷静に参考とする姿勢は堅持したいものです。

138

第四章　隣の芝生、自分の庭

「日本はダメよね」なのか？

イギリスに留学していた頃、私もイギリス演劇のすごさには、しょっちゅう感嘆していました。確かに俳優、スタッフともに層が厚く、傑作の質は高いです。日本には「海外の優れたところを採り入れよう」という人は多いですし、実際、イギリス帰りの演劇人が日本の演劇界にもたらしたことは多々あります。そして私も帰国してすぐに「何か日本でも役に立ちそうなことはなかったの？」というような出迎えにあいました。でも、数日間の視察なら、「これは日本に利用できそうだ」という思いつきでことを進めることもできるかもしれませんが、彼の地で暮らしながら、いろいろな角度から少し深入りしながら舞台芸術を眺めてみると、ことはそう簡単ではないのです。

ちょっとの滞在でキャッチできることは、隣の家の芝生を垣根《かきね》のあたりから眺めるのと同じでしょう。隣の家の庭に実際に立って芝を踏みしめながら歩いてみたら、けっして青くはなく、日本庭園の方がきれいと思うことだってあるのです。いいえ、そもそも同じモノサシで比べるものではないのです。イギリスの芝は冬場でも青々としていて、冬場は褐色になってしまう日本の芝とは違います。土壌も気候も違うから品種も違うのだそうです。芸術や娯楽だって同じこと。イギリス品種の種を持って帰って日本で蒔《ま》いても同じように育ちはしないでしょう（最近は冬場も緑色の芝が、日本でも増えてきた印象ですが……）。成り立ちが違う、社会が違う。日本の芸術には、日本の芸術の成り立ちがあり、支えてきた人々の思いがあります。どっちがいい悪いと単純に決められることではなく、まして欧米が進んでいて日本が「遅れている」という見方には違和感があります。

まあ、隣の芝生は青いもので、憧れを持つのは悪いことではないでしょう。でも、単純に「進んでいる」

「遅れている」ではなく、憧れの気持ちの理由を考え、相手の状況と自分たちの置かれている状況の比較分析をちゃんとするということが必要だと思います。

で、日本の演劇の支えられ方を見ようとすると、もう少し視野を広げて、日本の芸能全般に共通する特徴を知らないではいられません。

支流を集める大河と、支流が広がる平原

今日、芸術を分野別に考えるとき、美術・工芸、演劇、音楽、舞踊、映画といったカテゴリーに分けるのが一般的です。

イギリスでは、「オペラ」「バレエ」「演劇」などの舞台芸術は、伝統芸術、遺産芸術(Heritage Arts)と考えられています。舞台芸術は、演じられるそばから消えていく時間芸術ですから、そのような芸術を上演し続けるオペラ・ハウスや劇場があり、それらを演じる技能をもった俳優や音楽家たちが活動し続けないと継承されません。日本でも「無形文化財」という呼び方がありますが、遺産芸術という言葉には、無形でも、伝えられてきた芸術という意味合いが込められているのだと思います。

しかし、その伝え方が異なります。ヨーロッパの「伝統的な」芸術は、時代とともに様式や演出方法などは、常に変わってきました。かなり奇抜な演出のモーツァルトやワーグナーのオペラが上演され、シェイクスピア作品も、作者が生きていたらびっくりするような演出の現代的な作品として生まれ変わり続けています。表現形式の大枠だけが継承され、様式の細部にはこだわらないから、見た目にはガラリと変わってしまうわけです。根底にある普遍性は揺るがないとしても、です。

一方、日本では「伝統」の受け止められ方が異なっています。表現様式が異なると全く別の芸能とされます。現在、美術・工芸、演劇、音楽、舞踊といった分類は一般的ですが、そもそも「芸術」というくくり方自体比較的新しい言葉で、「演劇」、「音楽」というカテゴリーも明治以降の西洋文化の移入後に、西洋流に合わせて用いられるようになったのです。今日、能・狂言、文楽、歌舞伎は、日本の「伝統演劇」と分類されますが、こういう分類は、西洋の「演劇」が入ってきた後に貼られたラベルですし、音楽も、「音楽」というくくり方が広がったのは明治以降のこと。伝統的な邦楽は、長唄、清元、常磐津というように、成立の歴史が異なるものが、様式が確立された時代の表現方法をそれぞれに守りながら受け継がれてきました。そしてそれら異なる芸能が並存してきたのが日本の特徴です。伝統を守る、流儀を守るということは、その道以外余計なことはしないでまっすぐ純粋に様式を守ることと考えられてきました。

つまり、西洋の芸術が、違いを飲み込んで太い主流となる芸術の流れを形成して受け継がれていくのに対し、日本の場合は、流れがいくつにも分かれて、それぞれが違いを際立たせて並存していく形で継承されてきたのです。弟子が師匠とは異なった魅力を持つ表現様式を編み出した場合、分派して新しい流儀が起こるのです。そうやって細かく分かれた芸能の分野が増えていって、それが「イエ」制度と結びついて、流儀を伝える家元制度に支えられて存続してきました。芸能を伝える主《あるじ》だけが目立ち、弟子や奥さん、番頭さんと呼ばれるような人々が影で支えてきました。影の振る舞い方は、その流儀、担い手によって異なり、「職業」として認識されることもあまりなかったのではないかと思います。

西洋の舞台芸術が「劇場」というシステムの中で、いろいろな才能を貪欲に取り込んで続いてきたのに対し、日本の芸能は、分派して多くの流れが共存し、それらを伝える流儀が次に主の座を受け継ぐ後継者を育て「制度」を形作ってきたといえるでしょう。川の流れのように脈々と受け継がれてきた点では同じですが、西洋の芸術の流れが支流をのみこんで太い川になっているのに対し、日本の芸能の流れは支流に分かれて広がっていきます。俯瞰してみれば、流域面積も広く豊かな地平が見えますが、ひとつひとつの流れは大河のようにはなりにくいのです。日本の芸能は、大河の流れ方を把握すればほぼ事が足りる西洋とは事情が違います。

だから、日本の芸能の制度史について、個々の芸能ごとの研究はあっても、横断的、包括的に扱ったような研究にはなかなか出会えません。伝統芸能に携わる当事者には、別に秘密にしようという意識はなくとも、自分の流儀のことは分かっても広い流域面積全体を見回してああだ、こうだといってみる立場にはないと思うから、全体のことはわからないといいます。そして何よりも「芸」について語ることはあっても、その「芸」は日頃の鍛錬、修行の上に成り立っていると考えていますから、お金に換算して論じるべきではないという意識が根底にはあります。日本の芸能の公演は、必ずしもすべてが「興行」として考えられていません。日頃の修練の成果を発表する機会だから、人知れず稽古に励み、持ち出しが当たり前ということになります。いくら持ち出しているかなどということは、わざわざ公表するようなものではない「わたくしごと」です。やりくりをする番頭さんか奥様の胸の内だけにしまわれて、外の人間があれこれ聞き出す類の話題ではないと考えられてきました。

「たしなむ」文化

伝統芸能は本書の主題ではありませんが、俯瞰してみてみると、現代演劇やバレエ、コンテンポラリー・ダンスといった西洋から移入されてきた舞台芸術の支えられ方も、日本の場合、伝統芸能と同じような支えられ方で日本の社会に根を下ろしたのではないかと思うのです。子どもの頃から何らかの習い事をして、芸事を

「嗜《たしな》む」という暮らしの中に、お茶、お花、お箏《こと》などと肩を並べ、お稽古ごととして入り込んできたのです。さまざまな芸を嗜んでみようという層の厚さとともに、西洋起源の舞台芸術を習得していくプロセスにも、普遍的な日本人の心性として、芸道を追究していこうという姿勢が見られると思うのです。

日本の芸能は、どのようなジャンルであれ、様式、流儀を守ろうとしてきた個人、芸事を嗜み自己研鑽を積もうとする個人によって支えられてきたといえそうです。興行として大当たりをとることよりも、日ごろの修練の成果を晴れの舞台で披露し、会心の演技、演奏として花開かせることを目指すという姿勢が芯にありました。

だから、演劇もダンスも集団創造が必要な表現形式ですが、それも「わたくしごと」であって、企てた人の責任のみで支えられるものという考え方がずっと主流だったのではないでしょうか。劇団もバレエ団も、主宰者が主導権を持つとともに経済的負担もほとんど一人で負っているという例が少なくありません。実際、創立者は裕福な家庭の出身であったり、近親者に資産家がいたりして支えてきました。また、遺産を舞台創造に費やしてきたという話も聞いたことがあります。でも、そういった資金的な支えのことはあまり前面には出てこず、お金のことを持ち出すのは「はしたないこと」と考えられがちでした。組織の経営というより、個人的なやりくりで支えられてきたといえます。

「日本の伝統」というステレオタイプ

日本の芸術を考えるとき、もうひとつ重要なのは、「日本の伝統」というと明治維新前から日本にあった文化で、明治期以降に西洋から移入した「新しい」ものと区別する二分法の考え方が広がっているという点です。

明治政府は、伝統芸能の多くを「国家に益《えき》なき遊芸」として退け、また、風俗矯正のため取り締まりの対象にもしました。一方、西洋音楽と美術を積極的に採り入れたため、それ以前の伝統芸能は押しやられ、西洋優位の価値観が広まりました。でも伝統芸能に携わってきた側からは、伝統の再発見、古いものはいいという伝統崇拝も主張されます。明治期以降に広まった西洋ルーツの芸術とそれ以前の芸能は、形のうえでは融合せず、別のものとして共存して続いています。

しかし、西洋化で「様式」「形式」に変化はあっても、人々の美意識や表現上の習慣や感覚がそうそうガラリと変わるわけはなく、芸事一般に対する考え方もまた、それ以前の基盤のうえに積み重ねられてきました。実際、私が見た英米の演劇と日本の現代演劇を比べると、かなり違うといわざるを得ません。日本の現代演劇は、源は西洋かもしれませんが、それ以前の「芝居」や「語り」の芸能が底流にあって、ヨーロッパで「演劇」と呼ばれているものと比べると、日本的な特徴がたくさん含まれています。彼の地の演劇と見比べた目からしてみると、今日、日本で上演されている演劇の大部分は決して「外来もの」ではなく、日本の社会を映し出す表現形式として、変化し分化して発展してきたものだと確信します。そして、伝統芸能が異なる様式の確立ごとに分派してきたように、現代演劇の中でも、劇団が分裂し、新しい集団が出来て表現形式の多様化と分派が繰り返し繰り返し行われ、それぞれがそれぞれの流儀で活動をして、その活動形態が、少なからず表現形式にも関係しているという状況なのではないかと思います。

英米では「芸術の多様性」ということを、意識して実現しなければならない課題としてあげますが、日本は、表現形式のことだけを言えば、すでに百花《ひゃっか》繚乱《りょうらん》というくらい、多様な芸能が共存しているのです。演劇だけを眺めてみても、何と多様なことか！

ちなみに移民の国アメリカは、ルーツは何処であろうとも、現時点でアメリカで演奏されている音楽はすべてアメリカ音楽と考えます。そういう見方と比較すると、「外来文化」とそうでないものを区別したがるのは、とても日本的な見方です。明治以前、以後という単純な区分けは、いろいろなことを見落とさせます。実際、現在私たちが鑑賞することができる伝統芸能も、よくよく調べてみると今のような形となったのは、案外明治期だったり、戦後だったりします。さらにいうと、表現形式の新しい芸術は革新的だけれども、古くからある芸術表現は保守的だというステレオタイプの捉え方も、芸術本来の力を見誤らせます。また、表現形式やルーツで形式的に分類する慣行が、担い手の芸術家たちを分断して、芸術の立場を弱くしてきた側面があるのではないかと感じています。芸術の解釈はともかく、何が継承され何が変化してきたのか、日本の芸術の支えられ方を、形式的な区分にこだわらずにいま一度客観的に捉え直してみる必要があるのではないかと思います。

アマチュア文化のすごい国

私がイギリスに留学していた頃、「インターナショナル・アーツ・マネージャー」という雑誌の編集長から、日本の舞台芸術について何か書いてくれないかといわれ、日本の状況を説明したことがありました。日本には公立文化施設は二〇〇〇館以上あって、それでも土日の貸出は抽選になることが多いなどと話したら、とっても珍しがられました。地域にある劇場やアート・センターでアマチュアが発表会を持つことなんて、イギリスでは(少なくとも九〇年代の初頭は)、ほとんど考えられなかったのです。また、私が最初にイギリスの地域劇場調査に訪れたとき、劇場を貸し出す相手の集団がプロかアマチュアかの区別はどうつけているのかという質問をすると、劇場の人たちは一様に怪訝《けげん》な顔をして、「アマチュアグループが劇場なんか使うわけないじゃないの」

という反応でした。そうなんです。イギリスの劇場は、プロフェッショナルな俳優や歌手が舞台に立つ場なので、日本の劇団が、公立文化施設を使う場合はアマチュアのグループといっしょに抽選をしなければならないこともあるなどと言うと、イギリス人には不思議としか思えないわけです。

イギリスでは「機会均等の原則」は、お客さんとして誰もが劇場・ホールに「鑑賞に」来られるようにということで考えられていますが、日本の公立文化施設では、もっぱら「機会均等」は「使用する人々」を平等に扱うことと考えられてきたからだと説明すると、かの編集長には新鮮な驚きで「そいつは、おもしろい！」ってことになり、ようやく小さな島国の日本に二〇〇〇以上ホールがある謎がとけた、というのです。

プロの興行会社もアマチュア劇団も、同じ「わたくし」的活動として同列に扱われ、発表の場として上演施設が捉えられてきたのが、日本の社会。それに対して、地域の人々に対して平等に開かれた場所として劇場を考え、人々にいろいろな芸術に触れてもらえるように劇場の責任者がプログラムを決めていくのがイギリスの非営利の劇場。日英、同じように舞台のある劇場建築の形はしていても、劇場が社会の中で果たしてきた機能が違うし、芸能の上演のされ方が違っていたのです。

芝居見物が大衆に支えられてきた歌舞伎などを除いて、日本の芸事は、庶民が嗜む芸として浸透してきた歴史があります。お稽古ごとのおさらい会というのが度々開かれています。会の最初の方はお稽古を始めたばかりの子どもや初心者でも、最後にはお師匠さんの模範演奏や舞踊があって、同じ会場で修練のレベルの違う人たちがそれぞれの到達点を示すという会がもたれてきました。一般の人が芸事を嗜み、アマチュア活動が盛んな日本では、そういう人たちの発表の場として公立文化施設が使われてきたことは、ごく自然なことです。芸の到達度がどうであれ、ひとつの演目を自分のものにして公衆に披露《ひろう》することを目標に日々の稽古に励むというのは、入門したての人から芸歴五〇年をこえるような大ベテランまで、芸に向かう姿勢としては同じなのです。

日本の公立文化施設が各種発表の場として活用されるのは、このように、伝統的な芸能はもちろん、ピアノなどの器楽演奏やバレエなどダンス系、西洋ルーツのものも、おさらい会、発表会がたくさんあるので、当然といえば当然のことです。おさらい会にかかる費用は、お稽古ごとをしている人たちが負担するのが普通ですから、日本舞踊や邦楽の方々が舞台に立つときは、出演料を受け取るのではなく、かかる費用を支払って発表するということが一般的なのです。このあたりからも、やりたい人が自ら費用を負担するのが当たり前と考えられ、日本で公的な芸術助成制度がなかなか拡充されてこなかった背景といえるでしょう。

もちろん、プロフェッショナルな優れた舞台芸術を普及させるべきという立場からは、すべてのパフォーミング・アーツをお稽古ごとの発表会と一緒くたにされては困るということにはなるのですが、公立文化施設が地域住民の発表会にしか使われていないと嘆く前に、庶民が自ら芸事を嗜むというこの国の文化の裾野の広さを、ちゃんと再評価すべきなのではないかと思います。プロの舞台芸術を切符を買って鑑賞するということでしか親しんでこなかったイギリスの雑誌の編集長の驚きの眼差しを思い起こすと、自ら芸事を習って発表会までやる普通の人々が大勢いるというのは、視点を変えるとスゴイことなのです。

コラム⑫　プロの定義、イギリスの場合

●イギリス演劇のプロの三つのカテゴリー

イギリスには演劇などの舞台芸術をつくるカンパニーを束ねる協会組織が三種類あります。そしてこの三つの組織のいずれかに加盟して、そこが定める契約条件を守っているのがプロフェッショナルの公演というように明確に区別されています。ひとつは、ウエストエンドの商業劇場をはじめ、ロンドンの主要な劇場がつくるソサエティ・オブ・ロンドン・シアター＝SOLTです。以前は、ソサエティ・オブ・ウエストエンド・シアター＝SWETといっていましたが、一九九四年一月から名称が変更され、ロンドン市内の主だった非営利の劇場も加わるようになりました。もうひとつは、UK演劇協会(通称・UKシアター。地域劇場の連合体であるシアトリカル・マネジメント・アソシエイション＝TMAから二〇一三年に名称変更)。そして、劇場を持たない、小規模から中規模のカンパニーの連合体がインディペンデント・シアター・カウンシル＝ITCです。

SOLTは、いわゆるウエストエンドの商業劇場だけでなく、助成金を受けて運営される非営利のロイヤル・ナショナル・シアター、ロイヤル・コートシアターなど主要な劇場が加盟しています。ロンドンで観劇してみたいという人がロンドンのあちこちで、そしてオンラインでも入手できるフリーの劇場案内や、当日券を半額で売っているチケットブースの運営などは、このSOLTが行っています。「ローレンス・オリビエ賞」という演劇賞の選定と運営もSOLTの仕事です。そのほか最近では、イギリスの劇場で使える劇場金券の発売も行っていて、劇場を訪れる観客の増加や、サービス充実に向けたさまざまな働

きかけを行っています。

UKシアターは実はSOLTより歴史は古く、一八九四年に組織されており、当初はロンドン内外のシアター・マネージャーの組織として発足しました。二つの世界大戦を含むその長い歴史を振り返るとイギリスの演劇をとりまくいろいろな問題に劇場関係者がどう取組んできたかが窺《うかが》われます。それは長い話になるので割愛しますが、ローマは一日にして成らずというか、イギリス演劇の土台も歴史の中で築き上げられてきたことだけは確かです。ウエストエンドを中心とするSOLTはUKシアターの前身のTMAから分かれてロンドンの劇場の問題に特化するようになったのに対し、UKシアターは現在、主としてロンドン以外の地方のリージョナルシアター（プロデュース機能を持っている劇場だけでなく、ツアーを受け入れ上演だけをする場合の劇場・ホールも含めて）などの連合体としてさまざまなサービスを果たしています。劇場や劇場のマネージャーたちに対して、マネジメント上のコンサルティングや、SOLTと同様にユニオンとの契約交渉をするほか、業界団体として政策提言やマーケティング調査をしたりしています。

ＩＴＣは、イギリス中の小規模から中規模の非営利の劇団が加盟しています。私は留学中、ＩＴＣで実習をしたことがありましたが、最初に手掛けた仕事は、メンバー・カンパニーのデータベース更新入力作業でした。九二年当時は三五〇余でしたが、二〇一一年時点では七百くらいが加盟していて、その四分の一が子どもたちを対象とした作品を提供し教育に関わる活動をしており、ＩＴＣのメンバー劇団全部で、年間二百万人の児童青少年に鑑賞や参加機会を提供していました。メンバー・カンパニーの会費は、年間の予算規模で段階的に定められていて、各カンパニーは年間予算がいくらか、明確に記入してきていたのに感心した覚えがあります。最近、ＩＴＣはより小規模の、カンパニーを形成しないで個人で活動する実践者も加盟できるようにしました。しかし加入団体数はコロナの影響を受けて大きく減少し、二〇二三年現在で個人と団体合わせて四五〇くらいのようです。

●プロには掟がある

SOLT、UKシアター、ITCは、一般の人にはとんと馴染みがなく、劇場マップの発行元くらいにしか思われていないでしょうが、俳優組合や舞台技術者の組合など、エンタテイメント界の各ユニオンと契約条件の交渉主体となっているので、この三つの組織が行う契約交渉がイギリス演劇界の土台そのものです。つまり、労働条件や賃金の最低額などを数年に一回交渉して決め、加盟している劇場や劇団は、それぞれの最新の契約条件を満たしていることが求められるのです。満たしていないとフェアじゃない、プロとして掟《おきて》破り、ということになるので、この三つの組織が定める基準をクリアしていることが、プロの演劇公演の条件なのです。ITCにいた当時、小冊子になっている契約条件を見せてもらいましたが、週あたりいくらという最低賃金だけでなく、労働条件について細かい規定があります。午前と午後、もしくは午後と夜間の仕事の間には一時間の休憩が必要だとか、三時間仕事が続いたら十五分は休まなければならないとか。週給の対象は、当然リハーサル期間も移動にかかる旅程も含まれます。本番だけでなく、普及のためのワークショップへの協力なども含まれます。

日本の演劇人からみたら、驚きの報酬体系と条件規定ですが、これはいきなり実現されたことではありません。イギリスの演劇をはじめとするエンタテイメントビジネスの担い手たちが、根気よく交渉を重ね勝ち取ったり妥協したりして整えてきた環境です。イギリス演劇をプロかアマか、こうやって外形的に区別できるようになっている背景には、俳優やスタッフがユニオンに入っていて、原則的にそこに入っている人しかプロの舞台に関われないというしくみがあり、その点も日本とは大きく違います。ちなみにアメリカ・ニューヨークの場合は、ブロードウェイの商業劇場(オン・ブロードウェイ)と、オフ・ブロードウェイと、オフ・オフ・ブロードウェイというように、劇場の座席数と立地で三つに区分されていますが、オン・ブロードウェイとオフ・ブロードウェイについては、やはり組合と協会による契約の最低限が定期的に交渉で定められていて、そこをクリアしているかどうかでプロが定義されます。出演者の技能でプロ・アマを区別するのではなく、「契約」という客観的なところで決められる尺度がある点では同じです。

そして俳優や演出家といった個々人についていえば、プロの契約の最低条件に満たない条件でも公演する場合はあります。最近は、そういうフリンジ(=周縁)の公演が増えているようです。フリンジの劇団は、マネジメント条件はプロに満たなくても、そこに出演している人たちは演劇学校で専門教育を受けており、ユニオンにも入っている人たちだったりします。全く専門のトレーニングを受けていない俳優が出ることは、まず考えられません。

踊る阿呆に見る阿呆

自ら嗜む文化が広くあり、庶民も芸事を嗜んできたといっても、そういう習慣は、ある程度経済的なゆとりのある家に限られてきたのも事実。昔から貧富の差が確実に文化への親しみ方に影響してきたことは否めません。そして「踊る阿呆に見る阿呆、同じ阿呆なら……」と囃《はや》す文句があったとしても、自ら踊ったり演奏したりする人より鑑賞する人の方が多いという傾向は知っておかなければなりません。

社会生活基本調査という、国民の一日の生活時間の配分と一年間の主な活動状況について五年毎に調査している政府統計があります。自ら演劇を行う人の統計はないのですが、例えば楽器の演奏の行動者率（令和三年調査、男女総数、十歳以上）は一〇・二％、コーラス・声楽は一・七％、邦舞・おどり一・〇％、洋舞・ダンスは一・一％となっています。一方、鑑賞の行動者率をみてみると、一年間にナマの演芸・演劇・舞踊の鑑賞を行った人（TV、DVDは除く）は、調査対象の六・七％で、音楽会によるクラシック音楽鑑賞が三・九％、音楽会によるポピュラー音楽・歌謡曲鑑賞が五・九％です。映画（TV、DVDは除く）が二九・八％であるのに比べると生の舞台芸術の鑑賞の行動者率は低いですが、自ら歌ったり踊ったりするよりは鑑賞の方が多く行われていることがわかります。楽器の演奏については、分野を限定していないので、クラシック音楽、ポピュラー音楽のコンサートそれぞれに行った人より、演奏を体験した人の行動者率の方が高くなっています。ただし、令和三年調査は、コロナ禍で「三密」を避けるように人々の行動変容が求められていた時期の行動についての結果なので、鑑賞に関する行動者率は、平成二十八年、平成二十三年と比べると、半減以下と、著しく低下していることにご注意ください[58]（P.158図2参照）。

戦後は、メディアの発達によって大衆文化が広がり、多様な音楽が生活の中に浸透してきました。音楽が安価で日常的に楽しめるようになったといっても、全国平均では自分で演奏する機会が一年に一日でもあったという人は十人に一人、生の演奏会に行く人は、それよりやや多いくらいという程度でした。コロナ禍前は、もっともカラオケは平成二十八年調査では三〇・七％、三人に一人くらいの割合で「趣味・娯楽」のなかでも行動者率は高い方となっていますから、ポピュラー音楽では、コンサートに行くより自ら歌う方が身近な娯楽となっているといえそうです。

社会生活基本調査で、もうひとつ注目しておいてほしいことは、鑑賞行動の地域差です（P.159～P.162表1参照）。一年間にナマの演芸・演劇・舞踊の鑑賞を行った人（TV、DVDは除く）の行動者率は全国の総数では令和三年調査では六・七％でしたが、都道府県別にみると東京は一二・六％と倍近い数字です。京都府八・八％、三位が大阪府の八・二％と続きます。クラシック音楽コンサート、ポピュラー音楽コンサートでも一位は東京都です。コロナ禍前の平成二十八年調査と令和三年調査を比べてみると、東京都以外の道府県の順位の入れ替わりがかなりありますが、人口百万人以上の都市を含む府県が上位にきていることに変わりはありません。大都市で鑑賞の行動者率が高いのは、それだけ多くの舞台公演が提供されているからと推測されますが、それならば、地域でも公演が増えれば鑑賞の行動者率はもっと上昇する余地があると考えられそうです。

「八方美人」の公立文化施設

文化的な発表会が多く行われるから、各地に公立文化施設がたくさんあって当然……かもしれませんが、どの程度、公立文化施設整備が必要なのかは、簡単に答えられる問ではありません。

公立文化施設をつくる計画が浮上すると、設置者である自治体は、利用者になる人々の意見を反映させて使い勝手をよくしようと、たいていが地元の文化協会などにヒアリングを行ってきました。あるいは、専門家に聞きましょうと、舞台芸術のエキスパートにも意見を求めてきました。施設を借りて発表したり、借りて鑑賞の機会をつくる文化団体などは、安価で使えるようにしてほしいとか、自分たちのグループはこういうジャンルだから最低でも何人くらいの座席数が必要だとか、これこれの設備を備えてほしいとか、それぞれの立場で希望を述べてきたのだと思います。専門家は、こういう演出効果ができるようにするためには、こういう機材がいいとか、いろいろ言ってきたのだと思います。そういう希望はすべては反映させられなかったでしょうが、公立文化施設への批判についてのコラム⑤で述べたように、いろいろな批判に応じて工夫が凝らされてきたのは事実です。使い勝手はよくするにこしたことはありません。が、いろいろな要望に合わせて「八方美人」になろうとすると、問題は、実現しようとしたらコストがかかることです。

公立文化施設は、建設するのに巨額の税金が投入されていることはもちろんですが、維持費にもお金がかかる代物です。地域住民の発表のために使うという場合、コンピューター制御のすごい舞台機構が必要でしょうか。専門の舞台技術スタッフが何人も付き添って管理しなければ使えないような施設を、ピアノの発表会に使用するのは合理的ではありません。素人でも安全に使えて運営にお金をあまりかけなくてもよい集会施設の方が、維持費が低く使用者の負担が小さくて済むでしょう。もちろん、贅沢をいうときりがありません。アマ

（58）令和三年社会生活基本調査（総務省統計局）では、二〇二〇年十月二〇日から二〇二一年一〇月一九日までの一年間の行動について回答を求めています。全国総数だけでなく、都道府県別、男女別、年齢別、就業状況やライフステージ別の数字も公表されています。

チュア合唱団やバレエ教室の発表会に使う施設が、プロ仕様のすごい劇場やコンサートホールだったら、「ハレの日」の高揚感も一段と増すというものです。立派なホールで照明を浴びて大勢の人々の喝さいの中で歌うカラオケ大会は、カラオケボックスで歌うのとは、かなり違う体験に違いありません。でも、気分のよい発表を実現するための費用は、誰がどう負担していくのかを考えたら、「公立なんだから安く使わせてくれて当然」と思うのは、どうなんでしょうか。

もっぱら素人の発表の場に使うのであれば、高機能の設備は考えずに、人件費がかからず維持費も極力抑えられる施設でよいはずですが、たまに本格的なプロの公演もできるようにしておこうとするから、難しい問題が生じます。

日本の舞台芸術、芸能は多種多様にあります。どの分野を想定するのか、どのくらいの頻度でプロが使うのか、どこまで本格的な舞台機構、機材を備えておくべきなのか、専門性の程度はどこまで必要かは難しい判断を要します。ある程度の反響があった方がよいクラシック系コンサートと、発言者の声が反響しない方がよい集会や演劇、電気的に拡声するポピュラー系コンサートを同じ空間でやろうとすると、技術的に対応することも不可能ではありませんが、それだけ費用がかかります。また、一度に収容できる人数が二〇〇人なのか八〇〇人なのか二〇〇〇人なのか、地域のニーズによっても異なります。機能や収容人数によって維持費は変わってきますが、そういった運営面のコストはあまり問題にされないまま(地域住民に説明されないまま)、高度経済成長期以降、道路をつくる公共事業と同じように建設業への財政支出が景気をよくするからと、各地に立派な施設が建てられてしまいました。素人の発表会も、プロフェッショナルの洗練された芸術も、同じ「民間」と一緒くたに考えられ、地域の人たちが借りて使うという公立文化施設が多数建設されてきました。そして使用料を安く抑えておけば地域住民が利用しやすく文化振興策であるという単純な説明で維持されてきたのだと思います。経済が右肩上がりの時代は、それでもよかったかもしれませんが、人口減少局面で税収が減っていくというときに、維持コストは問題です。いったん建設されてしまった文化施設をどうしていくべきなのでしょうか？

上演施設は、建設後二十年、三十年たつと、大幅なリニューアルが必要となりますが、リニューアル期を迎えた施設をどうするのかは、本当に悩ましい問題です。経済が右肩上がりではなくなってしまったから、もう廃館にしようというのは簡単です。でも、一度地域に定着した文化施設が使えなくなると、影響は大です。公立文化施設が閉館になり、近くに代替施設がなければ、発表会も鑑賞もできなくなります。生の舞台芸術に触れて豊かさを味わおうという人たちを一挙にゼロにしてしまいかねないのです。「多目的ホールは無目的ホール」と批判されたような何でもアリの文化施設でも、地域に文化的参加の機会をもたらしてきたには違いないのですから、影響は少なくありません。

日本の全国各地に都道府県、市区町村によって建てられたさまざまな公立文化施設――。もっぱら地域住民が借りて使うという形で運営されてきた地域の公立文化施設を、これからどうしていくか、これは日本の歴史と実状を踏まえて考えていかなければならない大問題です。欧米の劇場と建築としての分類は同じ「劇場」であっても、運営のされ方、地域での使われ方が異なってきたのですから、欧米の「劇場」を真似てみれば、同じように舞台芸術が盛んになるとは考えにくいでしょう。アマチュアの合唱団や吹奏楽団からピアノ、バレエ、踊りの発表会など、地域のさまざまなグループが使いたい集会施設としての需要が現にある以上、発表の場に使える場所は、何らかのものが必要なのです。全国に数多く設置された公立文化施設……これが、日本の文化状況の特徴のひとつであることは間違いありません。次章以降では、この公立文化施設の整備の課題、劇場法制定の後の動きも含めて、文化政策の観点から、これからの演劇を考えていきましょう。

図 2. 行動者率　経年変化グラフ

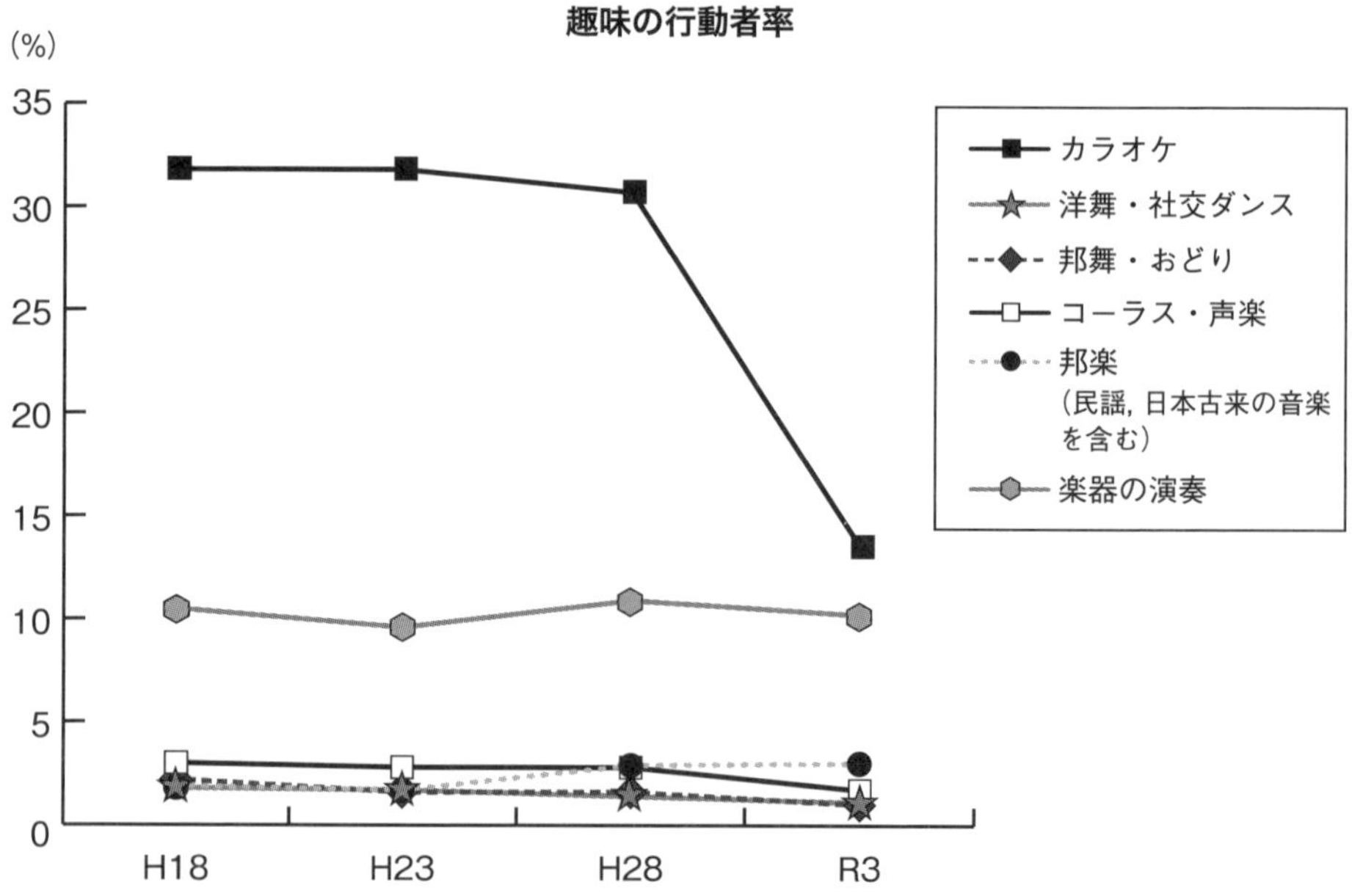

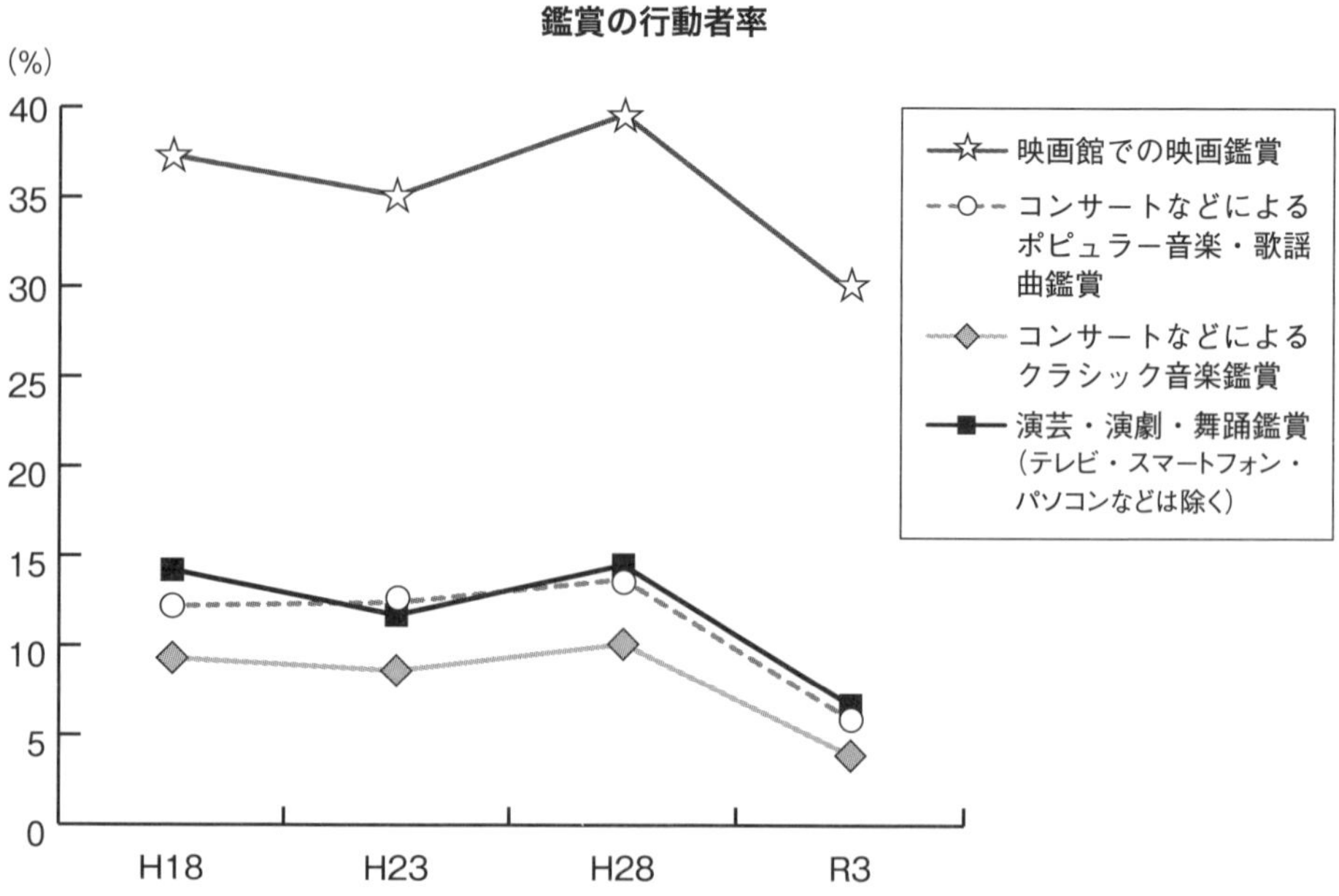

平成 18 年から令和 3 年社会生活基本調査　趣味娯楽の行動者率（男女総数・10 歳以上）調査結果より作成

表 1. 社会生活基本調査　行動者率　都道府県 R3H28 比較表

演芸・演劇・舞踊鑑賞（テレビ・スマートフォン・パソコンなどは除く）　（単位＝%）

R3（2021）						H28（2016）					
総数		男性		女性		総数		男性		女性	
全国	6.7	全国	4.9	全国	8.4	全国	14.5	全国	9.7	全国	19.1
東京都	12.6	東京都	8.6	東京都	16.4	東京都	22.2	東京都	14.4	東京都	29.8
京都府	8.8	京都府	7.0	大阪府	10.6	京都府	17.0	滋賀県	12.9	神奈川県	23.0
大阪府	8.2	埼玉県	5.6	京都府	10.4	神奈川県	16.8	大阪府	11.7	京都府	22.0
神奈川県	7.8	神奈川県	5.6	神奈川県	10.0	大阪府	16.7	京都府	11.6	大阪府	21.4
埼玉県	7.6	福岡県	5.6	埼玉県	9.6	兵庫県	16.0	兵庫県	11.0	千葉県	21.3
福岡県	7.1	大阪府	5.5	愛知県	9.4	千葉県	15.9	埼玉県	10.7	埼玉県	20.5
愛知県	6.8	宮城県	5.2	福岡県	8.5	奈良県	15.8	神奈川県	10.7	兵庫県	20.5
奈良県	6.7	奈良県	5.0	兵庫県	8.2	埼玉県	15.6	富山県	10.7	奈良県	20.4
宮城県	6.4	熊本県	4.7	奈良県	8.2	愛知県	15.2	奈良県	10.6	愛知県	20.3
兵庫県	6.4	長野県	4.6	千葉県	8.1	滋賀県	15.1	千葉県	10.5	石川県	19.1
千葉県	6.3	千葉県	4.5	富山県	7.8	石川県	14.4	愛知県	10.1	福岡県	18.5
長野県	5.9	兵庫県	4.5	宮城県	7.6	富山県	14.3	石川県	9.4	宮城県	17.8
富山県	5.8	愛知県	4.3	広島県	7.2	宮城県	13.2	長野県	8.9	富山県	17.8
石川県	5.6	三重県	4.3	佐賀県	7.2	福岡県	13.0	沖縄県	8.9	滋賀県	17.2
広島県	5.5	石川県	4.2	長野県	7.1	長野県	12.9	岡山県	8.8	群馬県	16.9
山梨県	5.4	北海道	4.1	石川県	7.0	群馬県	12.8	岩手県	8.6	長野県	16.7
佐賀県	5.4	山梨県	4.1	山梨県	6.7	岩手県	12.7	群馬県	8.6	岩手県	16.6
熊本県	5.4	大分県	4.1	岐阜県	6.7	沖縄県	12.5	宮城県	8.5	広島県	16.5
大分県	5.4	鳥取県	4.0	静岡県	6.7	岡山県	12.4	秋田県	8.3	三重県	16.2
岐阜県	5.2	福井県	3.9	大分県	6.6	広島県	12.4	福島県	8.3	山梨県	16.0
滋賀県	5.2	岩手県	3.8	滋賀県	6.5	三重県	12.2	岐阜県	8.3	香川県	15.9
静岡県	5.1	秋田県	3.8	熊本県	6.1	山形県	12.1	鳥取県	8.2	沖縄県	15.9
三重県	5.1	滋賀県	3.8	三重県	5.8	岐阜県	12.1	山形県	8.1	山形県	15.8
福井県	4.8	広島県	3.8	福井県	5.6	秋田県	11.8	広島県	8.1	茨城県	15.8
北海道	4.6	山形県	3.7	島根県	5.6	山梨県	11.8	北海道	8.0	岐阜県	15.7
島根県	4.6	新潟県	3.7	宮崎県	5.6	茨城県	11.5	三重県	7.9	静岡県	15.7
岩手県	4.5	富山県	3.7	新潟県	5.3	静岡県	11.4	島根県	7.7	岡山県	15.7
山形県	4.5	岐阜県	3.6	山形県	5.2	鳥取県	11.4	徳島県	7.5	佐賀県	15.6
新潟県	4.5	岡山県	3.6	北海道	5.1	香川県	11.4	鹿児島県	7.5	秋田県	14.9
秋田県	4.4	静岡県	3.5	岩手県	5.1	佐賀県	11.2	熊本県	7.4	和歌山県	14.9
鳥取県	4.4	島根県	3.5	茨城県	5.1	島根県	11.0	山梨県	7.3	大分県	14.8
岡山県	4.3	佐賀県	3.5	群馬県	5.1	大分県	11.0	茨城県	7.2	鳥取県	14.2
群馬県	4.2	群馬県	3.3	愛媛県	5.1	北海道	10.8	宮崎県	7.0	福井県	14.1
香川県	4.2	香川県	3.3	秋田県	5.0	熊本県	10.8	栃木県	6.9	栃木県	14.0
宮崎県	4.2	徳島県	3.2	山口県	5.0	福島県	10.7	静岡県	6.9	島根県	14.0
徳島県	4.0	栃木県	3.1	香川県	5.0	和歌山県	10.7	福岡県	6.9	山口県	14.0
鹿児島県	4.0	福島県	3.0	岡山県	4.9	福井県	10.6	福井県	6.8	熊本県	14.0
栃木県	3.9	和歌山県	3.0	鹿児島県	4.9	徳島県	10.6	大分県	6.8	長崎県	13.6
愛媛県	3.9	鹿児島県	2.9	栃木県	4.7	栃木県	10.5	長崎県	6.7	新潟県	13.4
茨城県	3.8	高知県	2.8	鳥取県	4.7	山口県	10.4	香川県	6.6	徳島県	13.4
和歌山県	3.8	青森県	2.7	徳島県	4.7	長崎県	10.4	山口県	6.5	北海道	13.2
山口県	3.7	長崎県	2.7	和歌山県	4.5	鹿児島県	10.4	愛媛県	6.4	福島県	13.1
長崎県	3.6	宮崎県	2.7	長崎県	4.4	宮崎県	10.2	佐賀県	6.3	宮崎県	13.0
福島県	3.5	沖縄県	2.7	高知県	4.2	新潟県	9.9	新潟県	6.2	鹿児島県	12.9
高知県	3.5	愛媛県	2.6	沖縄県	4.2	愛媛県	9.7	青森県	6.1	愛媛県	12.8
沖縄県	3.5	茨城県	2.5	福島県	4.1	青森県	9.2	和歌山県	6.0	高知県	12.1
青森県	3.2	山口県	2.3	青森県	3.7	高知県	8.4	高知県	4.2	青森県	12.0

楽器の演奏

（単位＝%）

R3（2021）						H28（2016）					
総数		男性		女性		総数		男性		女性	
全国	10.2	全国	8.4	全国	11.9	全国	10.9	全国	8.7	全国	13.0
東京都	14.5	東京都	12.5	東京都	16.4	東京都	14.3	東京都	12.5	神奈川県	17.4
神奈川県	12.1	神奈川県	10.7	神奈川県	13.6	神奈川県	13.8	沖縄県	10.6	東京都	16.2
京都府	11.4	京都府	10.1	愛知県	13.6	滋賀県	12.7	神奈川県	10.3	滋賀県	16.1
埼玉県	11.2	埼玉県	9.3	埼玉県	13.2	京都府	12.4	京都府	10.0	愛知県	14.8
愛知県	11.2	北海道	9.2	奈良県	13.1	愛知県	12.0	埼玉県	9.6	兵庫県	14.8
奈良県	10.4	愛知県	8.8	千葉県	12.7	兵庫県	12.0	千葉県	9.4	京都府	14.6
滋賀県	10.3	宮城県	8.7	京都府	12.7	千葉県	11.8	愛知県	9.2	千葉県	14.2
沖縄県	10.2	沖縄県	8.7	滋賀県	12.2	埼玉県	11.7	滋賀県	9.2	埼玉県	13.8
兵庫県	10.1	大阪府	8.5	兵庫県	12.0	沖縄県	10.7	兵庫県	9.0	富山県	13.1
大阪府	10.0	滋賀県	8.4	長野県	11.9	宮城県	10.6	北海道	8.5	長野県	13.1
千葉県	9.9	静岡県	8.3	山梨県	11.8	広島県	10.6	岡山県	8.5	奈良県	13.0
宮城県	9.8	兵庫県	8.0	沖縄県	11.6	栃木県	10.5	熊本県	8.5	山口県	13.0
長野県	9.7	鳥取県	7.8	大阪府	11.5	富山県	10.5	宮城県	8.4	栃木県	12.8
静岡県	9.7	岡山県	7.7	広島県	11.3	長野県	10.4	広島県	8.3	岐阜県	12.8
山梨県	9.6	高知県	7.7	鹿児島県	11.2	岡山県	10.3	茨城県	8.2	広島県	12.8
北海道	9.5	群馬県	7.6	宮城県	11.0	岐阜県	10.2	栃木県	8.2	宮城県	12.7
岡山県	9.2	山梨県	7.4	福井県	11.0	群馬県	10.1	山形県	7.9	群馬県	12.6
鳥取県	9.1	長野県	7.4	静岡県	11.0	静岡県	10.0	徳島県	7.9	静岡県	12.3
広島県	9.0	島根県	7.4	茨城県	10.9	大阪府	10.0	福岡県	7.8	大分県	12.2
山口県	9.0	奈良県	7.3	岐阜県	10.7	奈良県	10.0	群馬県	7.7	三重県	12.1
鹿児島県	8.9	和歌山県	7.3	岡山県	10.7	三重県	9.9	富山県	7.7	大阪府	12.1
福井県	8.8	山口県	7.3	栃木県	10.6	熊本県	9.8	静岡県	7.7	岡山県	11.9
群馬県	8.7	千葉県	7.0	山口県	10.5	福岡県	9.7	三重県	7.7	香川県	11.8
富山県	8.6	新潟県	6.8	富山県	10.4	島根県	9.6	大阪府	7.7	島根県	11.5
高知県	8.6	富山県	6.8	石川県	10.4	大分県	9.6	島根県	7.6	福岡県	11.5
福岡県	8.6	三重県	6.8	香川県	10.4	山口県	9.5	長野県	7.5	鹿児島県	11.5
茨城県	8.5	熊本県	6.8	福岡県	10.4	徳島県	9.5	岐阜県	7.5	福井県	11.2
栃木県	8.5	福岡県	6.7	佐賀県	10.4	香川県	9.5	石川県	7.4	石川県	11.1
石川県	8.5	福井県	6.6	鳥取県	10.2	茨城県	9.3	鳥取県	7.4	徳島県	11.1
岐阜県	8.5	石川県	6.5	宮崎県	10.2	石川県	9.3	新潟県	7.2	鳥取県	11.0
熊本県	8.5	広島県	6.5	熊本県	10.1	鳥取県	9.3	佐賀県	7.2	熊本県	10.9
宮崎県	8.5	宮崎県	6.5	群馬県	9.8	北海道	9.1	宮崎県	7.2	沖縄県	10.9
島根県	8.4	栃木県	6.4	三重県	9.8	宮崎県	9.0	香川県	7.0	和歌山県	10.8
三重県	8.3	鹿児島県	6.4	徳島県	9.8	鹿児島県	9.0	岩手県	6.8	宮崎県	10.6
和歌山県	8.3	岐阜県	6.2	北海道	9.7	福井県	8.9	和歌山県	6.8	佐賀県	10.5
香川県	8.2	福島県	6.1	愛媛県	9.7	和歌山県	8.9	大分県	6.7	茨城県	10.3
新潟県	8.0	茨城県	6.1	高知県	9.5	佐賀県	8.9	奈良県	6.6	山梨県	10.3
佐賀県	7.8	秋田県	6.0	島根県	9.3	山形県	8.8	福島県	6.5	愛媛県	10.1
徳島県	7.7	香川県	5.9	山形県	9.2	新潟県	8.5	秋田県	6.4	岩手県	10.0
山形県	7.5	山形県	5.7	岩手県	9.1	岩手県	8.4	福井県	6.4	新潟県	9.8
愛媛県	7.4	徳島県	5.5	新潟県	9.1	山梨県	8.3	愛媛県	6.3	北海道	9.7
福島県	7.3	大分県	5.4	和歌山県	9.1	愛媛県	8.3	鹿児島県	6.2	山形県	9.7
岩手県	7.1	岩手県	5.0	長崎県	8.9	秋田県	8.1	山梨県	6.1	秋田県	9.6
長崎県	7.1	長崎県	5.0	福島県	8.4	福島県	7.6	青森県	5.7	青森県	9.0
秋田県	6.9	青森県	4.9	大分県	8.0	高知県	7.5	高知県	5.7	高知県	9.0
大分県	6.7	愛媛県	4.9	秋田県	7.6	青森県	7.4	山口県	5.6	長崎県	9.0
青森県	5.5	佐賀県	4.9	青森県	6.1	長崎県	7.3	長崎県	5.3	福島県	8.8

コンサートなどによるクラシック音楽鑑賞　(単位＝%)

R3（2021）						H28（2016）					
総数		男性		女性		総数		男性		女性	
全国	3.9	全国	3.0	全国	4.8	全国	10.1	全国	7.3	全国	12.9
東京都	6.2	東京都	4.7	東京都	7.6	東京都	14.6	東京都	10.6	東京都	18.5
神奈川県	4.8	神奈川県	3.6	神奈川県	6.0	神奈川県	13.8	神奈川県	9.6	神奈川県	18.1
福井県	4.6	福井県	3.6	京都府	5.9	長野県	12.6	長野県	8.9	長野県	16.3
兵庫県	4.5	岡山県	3.6	山形県	5.5	埼玉県	11.3	京都府	8.6	埼玉県	14.6
京都府	4.4	大阪府	3.4	福井県	5.5	兵庫県	11.1	兵庫県	8.2	奈良県	14.0
埼玉県	4.2	兵庫県	3.4	兵庫県	5.5	千葉県	10.9	埼玉県	8.0	千葉県	13.8
富山県	4.2	埼玉県	3.3	石川県	5.4	京都府	10.6	富山県	8.0	兵庫県	13.7
石川県	4.2	群馬県	3.2	長野県	5.4	奈良県	10.4	千葉県	7.9	石川県	13.1
山形県	4.1	富山県	3.2	富山県	5.3	石川県	10.2	滋賀県	7.6	愛知県	12.6
山梨県	4.1	山梨県	3.1	宮崎県	5.3	富山県	9.9	大阪府	7.6	京都府	12.4
長野県	4.1	北海道	3.0	埼玉県	5.1	山梨県	9.8	山梨県	7.4	福井県	12.3
群馬県	4.0	宮城県	3.0	山梨県	5.0	滋賀県	9.8	石川県	7.2	宮城県	12.2
北海道	3.9	千葉県	3.0	愛知県	5.0	大阪府	9.6	岡山県	7.0	福岡県	12.2
愛知県	3.9	石川県	3.0	佐賀県	5.0	福井県	9.5	北海道	6.6	山梨県	12.1
宮崎県	3.9	静岡県	3.0	岩手県	4.9	愛知県	9.5	茨城県	6.6	滋賀県	12.0
岩手県	3.8	愛知県	2.9	広島県	4.8	宮城県	9.4	宮城県	6.5	広島県	11.9
宮城県	3.8	京都府	2.9	北海道	4.7	福岡県	9.3	福井県	6.5	富山県	11.8
静岡県	3.8	岩手県	2.7	群馬県	4.7	茨城県	8.8	愛知県	6.5	栃木県	11.7
大阪府	3.8	山形県	2.7	静岡県	4.6	北海道	8.7	山形県	6.4	大阪府	11.5
広島県	3.8	広島県	2.7	宮城県	4.4	広島県	8.7	静岡県	6.4	茨城県	10.9
佐賀県	3.7	福岡県	2.7	大分県	4.4	群馬県	8.6	奈良県	6.4	山口県	10.9
岡山県	3.6	長野県	2.6	島根県	4.3	静岡県	8.5	群馬県	6.3	群馬県	10.7
大分県	3.6	大分県	2.6	福岡県	4.2	鳥取県	8.5	福岡県	6.1	鳥取県	10.7
福岡県	3.5	香川県	2.5	大阪府	4.1	山形県	8.3	宮崎県	6.1	香川県	10.7
秋田県	3.3	秋田県	2.4	秋田県	4.0	栃木県	8.3	岐阜県	6.0	北海道	10.5
千葉県	3.3	奈良県	2.4	奈良県	4.0	岐阜県	8.2	鳥取県	6.0	静岡県	10.5
奈良県	3.2	栃木県	2.3	香川県	3.9	山口県	8.2	沖縄県	6.0	大分県	10.5
島根県	3.2	岐阜県	2.3	滋賀県	3.8	大分県	8.0	鹿児島県	5.7	岐阜県	10.3
香川県	3.2	滋賀県	2.3	茨城県	3.7	宮崎県	8.0	福島県	5.6	三重県	10.3
滋賀県	3.1	宮崎県	2.3	新潟県	3.7	福島県	7.9	熊本県	5.6	福島県	10.2
茨城県	2.9	鳥取県	2.2	岡山県	3.7	三重県	7.9	三重県	5.4	新潟県	10.2
新潟県	2.9	佐賀県	2.2	千葉県	3.6	岡山県	7.9	徳島県	5.4	山形県	10.1
岐阜県	2.9	熊本県	2.2	熊本県	3.6	鹿児島県	7.9	愛媛県	5.4	長崎県	10.0
熊本県	2.9	新潟県	2.1	岐阜県	3.4	香川県	7.8	秋田県	5.3	徳島県	9.9
和歌山県	2.8	和歌山県	2.1	和歌山県	3.4	熊本県	7.8	島根県	5.3	熊本県	9.9
鳥取県	2.8	福島県	2.0	鳥取県	3.4	新潟県	7.7	広島県	5.3	鹿児島県	9.9
栃木県	2.7	茨城県	2.0	鹿児島県	3.4	徳島県	7.7	山口県	5.2	和歌山県	9.7
長崎県	2.7	三重県	2.0	山口県	3.3	島根県	7.6	大分県	5.2	島根県	9.7
山口県	2.6	島根県	2.0	長崎県	3.3	愛媛県	7.6	岩手県	5.1	岩手県	9.6
鹿児島県	2.6	長崎県	2.0	栃木県	3.2	長崎県	7.5	新潟県	5.1	愛媛県	9.6
福島県	2.5	愛媛県	1.9	福島県	3.0	岩手県	7.4	栃木県	4.8	宮崎県	9.6
三重県	2.4	山口県	1.8	三重県	2.7	秋田県	7.4	佐賀県	4.8	秋田県	9.2
沖縄県	2.3	鹿児島県	1.8	高知県	2.7	沖縄県	7.3	香川県	4.6	高知県	9.0
愛媛県	2.2	沖縄県	1.8	沖縄県	2.7	和歌山県	7.2	長崎県	4.6	佐賀県	8.9
高知県	2.2	高知県	1.7	徳島県	2.6	佐賀県	6.9	和歌山県	4.5	岡山県	8.8
徳島県	2.0	徳島県	1.4	青森県	2.4	青森県	6.6	青森県	4.4	青森県	8.6
青森県	1.9	青森県	1.3	愛媛県	2.4	高知県	6.5	高知県	3.7	沖縄県	8.6

コンサートなどによるポピュラー音楽・歌謡曲鑑賞

（単位＝%）

R3（2021）						H28（2016）					
総数		男性		女性		総数		男性		女性	
全国	5.9	全国	4.5	全国	7.2	全国	13.7	全国	9.9	全国	17.3
東京都	8.3	東京都	6.9	神奈川県	9.9	東京都	18.0	東京都	14.0	東京都	21.8
神奈川県	7.9	京都府	6.0	東京都	9.6	神奈川県	16.7	神奈川県	11.7	神奈川県	21.7
大阪府	7.7	神奈川県	5.9	大阪府	9.4	埼玉県	15.6	京都府	11.7	埼玉県	19.8
京都府	7.6	大阪府	5.7	愛知県	9.3	京都府	15.2	埼玉県	11.4	千葉県	19.4
愛知県	6.7	千葉県	5.4	京都府	9.1	兵庫県	15.0	宮城県	11.0	兵庫県	19.1
埼玉県	6.4	福岡県	4.7	埼玉県	8.1	千葉県	14.9	富山県	10.5	京都府	18.4
千葉県	6.3	埼玉県	4.6	奈良県	7.9	奈良県	14.4	兵庫県	10.5	長野県	18.3
奈良県	6.1	兵庫県	4.5	福岡県	7.3	宮城県	14.0	千葉県	10.4	奈良県	18.1
福岡県	6.1	北海道	4.4	千葉県	7.1	滋賀県	13.7	奈良県	10.3	滋賀県	17.9
兵庫県	5.9	宮城県	4.4	兵庫県	7.1	長野県	13.6	岡山県	9.9	大阪府	17.7
北海道	5.6	新潟県	4.4	三重県	7.0	大阪府	13.6	北海道	9.8	愛知県	17.5
宮城県	5.5	愛知県	4.2	北海道	6.6	富山県	13.5	福島県	9.7	茨城県	17.3
三重県	5.5	奈良県	4.1	宮城県	6.6	茨城県	13.3	静岡県	9.4	宮城県	16.9
山梨県	5.3	石川県	4.0	山梨県	6.6	静岡県	13.1	滋賀県	9.4	石川県	16.8
広島県	5.3	福井県	4.0	広島県	6.6	愛知県	13.0	茨城県	9.3	三重県	16.7
石川県	5.2	山梨県	4.0	長野県	6.4	三重県	12.8	群馬県	9.3	静岡県	16.6
新潟県	5.1	三重県	4.0	石川県	6.3	福井県	12.7	福井県	9.3	富山県	16.3
長野県	5.1	熊本県	3.9	熊本県	6.2	北海道	12.6	大阪府	9.3	福井県	16.0
熊本県	5.1	広島県	3.8	福井県	6.0	山形県	12.5	福岡県	9.2	広島県	16.0
福井県	5.0	長野県	3.7	岩手県	5.9	福岡県	12.5	山形県	8.9	山形県	15.9
富山県	4.6	香川県	3.6	新潟県	5.8	広島県	12.4	三重県	8.7	香川県	15.8
岩手県	4.5	大分県	3.5	岐阜県	5.8	福島県	12.3	長野県	8.6	和歌山県	15.5
群馬県	4.5	富山県	3.4	鹿児島県	5.8	群馬県	12.3	広島県	8.6	福岡県	15.5
静岡県	4.5	秋田県	3.3	富山県	5.7	石川県	12.1	秋田県	8.5	山梨県	15.4
佐賀県	4.4	山形県	3.3	静岡県	5.7	和歌山県	11.8	愛知県	8.5	群馬県	15.3
大分県	4.4	群馬県	3.3	群馬県	5.6	岡山県	11.8	岩手県	8.3	新潟県	15.3
山形県	4.3	静岡県	3.2	佐賀県	5.5	新潟県	11.7	栃木県	8.1	大分県	15.2
滋賀県	4.3	滋賀県	3.2	滋賀県	5.4	山梨県	11.7	岐阜県	8.0	北海道	15.1
高知県	4.3	岡山県	3.2	高知県	5.4	香川県	11.7	新潟県	7.9	山口県	15.1
鹿児島県	4.3	佐賀県	3.2	山形県	5.3	大分県	11.6	山梨県	7.9	佐賀県	15.0
岐阜県	4.2	青森県	3.1	大分県	5.3	栃木県	11.3	鳥取県	7.8	福島県	14.9
岡山県	4.1	島根県	3.1	宮崎県	5.3	岐阜県	11.3	和歌山県	7.7	栃木県	14.5
栃木県	3.9	和歌山県	3.0	栃木県	5.2	山口県	11.2	島根県	7.7	岐阜県	14.3
宮崎県	3.9	高知県	3.0	岡山県	4.9	佐賀県	11.2	徳島県	7.7	岩手県	13.8
和歌山県	3.8	岩手県	2.9	和歌山県	4.5	岩手県	11.1	愛媛県	7.6	長崎県	13.6
香川県	3.8	栃木県	2.7	鳥取県	4.5	秋田県	10.7	大分県	7.6	岡山県	13.5
島根県	3.7	愛媛県	2.7	長崎県	4.5	鳥取県	10.4	鹿児島県	7.5	愛媛県	12.8
秋田県	3.6	福島県	2.6	茨城県	4.4	愛媛県	10.3	熊本県	7.4	高知県	12.8
福島県	3.5	山口県	2.6	福島県	4.3	長崎県	10.3	香川県	7.3	秋田県	12.7
長崎県	3.5	鹿児島県	2.6	島根県	4.2	鹿児島県	10.2	石川県	7.2	鳥取県	12.7
青森県	3.4	長崎県	2.5	山口県	4.2	宮崎県	10.1	宮崎県	7.2	宮崎県	12.6
鳥取県	3.4	岐阜県	2.4	秋田県	3.9	徳島県	10.0	沖縄県	7.1	鹿児島県	12.5
山口県	3.4	宮崎県	2.3	徳島県	3.9	島根県	9.9	山口県	7.0	青森県	12.2
愛媛県	3.3	鳥取県	2.1	香川県	3.9	高知県	9.7	佐賀県	7.0	徳島県	12.1
茨城県	3.1	徳島県	2.1	愛媛県	3.9	熊本県	9.7	長崎県	6.6	島根県	12.0
徳島県	3.0	沖縄県	1.9	青森県	3.7	青森県	9.3	高知県	6.2	熊本県	11.9
沖縄県	2.4	茨城県	1.8	沖縄県	2.8	沖縄県	8.9	青森県	6.0	沖縄県	10.6

平成28年及び令和3年　社会生活基本調査　趣味娯楽の行動者率(男女総数、男性、女性10歳以上)　調査結果より作成

第五章　劇場法施行後の劇場と地域

どのような観客を増やすのか

演劇を経済的に成り立たせるのはた易くないといっても、実は演劇は、舞台芸術の中では公演で採算をとるということが比較的容易にできる分野です。

オペラやバレエは、オーケストラによる生演奏がはいって、出演者も舞台スタッフの数も多く、一ステージあたりにかかる費用が非常に大きくなります。一方公演回数はあまり多くできません。入場料収入だけで全費用をカバーすることは難しく、入場料は高額になりがちで、公的助成や企業などからの協賛金がなくては成立させられません。

それに比して演劇は、大人数がかかわる傾向の強いミュージカルでも、ひとつの作品をつくったら上演回数を重ねることが可能です。オペラ歌手やバレエのプリンシパルと違って、演劇の出演者は毎日でも出演できますから(たまに休演日は必要ですが)、観客が集まる限り同じ出演者で連続公演が可能です。そしてオペラやバレエに比べると、演劇の観客の方が多いのです。チャンスがあれば見てみたいと考えている潜在的な観客もわりといます。ですから、公演の準備期間や仕込みに費用がかかるといっても、上演を繰り返していくうちに採算点をこえて公演事業で収益をあげることが可能なのです。

もちろん、実際に観客が集められるかどうかという問題はあります。しかし仕事としていくのであれば、繰り返し上演するのだという覚悟のもとに見通しをたてなければなりません。そしてまず考える必要があるのは、どんなふうに、どんな観客を惹きつけていくのかという方針です。それによって、仕事の仕方、方向性が変わります。

商業演劇系のプロデューサーはもちろん、新劇系も小劇場系の制作も、みんなお客さんにたくさん来てほしいと願って宣伝し、広告を載せたり、新聞や雑誌で記事に採りあげられるよう記者に働きかけたり、チラシをまいたり、いろいろやってきました。最近はインターネット、ＳＮＳの活用が当たり前です。一人でも多くの人に見てほしいというのは、芝居を創る人たちの共通の願いです。

公演チケットを早く売りきる努力は、公演の経済面の責任者には当然のことと思われるでしょうが、公演主体の経営ということを考えたら、実は早く売り切ればいいというほど単純ではありません。チケット前売り開始日をチェックしてすぐ予約するような人は、すでに演劇ファン、出演者のファンとなっている観客です。そういう熱心なファンだけで完売するようでは、新しいお客さんは増えにくくなるからです。ひとつの公演だけをとってみれば成功に見えても長い目で見ると必ずしも最善ではないのです。継続的に演劇公演を続けていこうと思ったら、新規の観客を開拓することが大事なのです。公演が評判になって、これまで演劇を見たことのないような人が劇場に問い合わせても売り切れとなっていたら、せっかく興味を持ってくれた人を観客にするチャンスを逃してしまいます。

営利目的の興行ならば（それも一回きりならば）、どんなお客さんがチケットを買っていようと、営業成績さえよければ観客の顔ぶれや売れるタイミングなどは構わないかもしれません。同じ公演を何十回も見るような熱烈なファンがたくさんいることは、営業的には嬉しいことのはずです。

けれども、文化政策の理念を思い出してください。

あらゆる人が文化芸術を享受できるようにということを実現しようと思ったら、人数を集めることも大切ですが、いろいろな人が含まれているかどうかを問わなければなりません。既にファンになっている愛好者だけでなく、これまで演劇を見たことのなかったような人にも来てもらえるような、観客拡大の「のびしろ」を用意しておくことと、そういう人たちへの具体的な働きかけが重要なのです。

観客を広げる努力については、地域を広げる点では劇団と鑑賞組織が地方で展開してきた歴史的な運動もありましたし、そのほかにも、安い学生料金を設定したり、子どもたちを招待したり、シルバー割引を導入したりと、いろいろな工夫が行われてきました。でも、劇団は、自分たちの「ブランド」を印象づけて観客を自分たちの劇団の顧客にしていこうと努力はしますが、劇団が一定の芸術方針を持っているとしたら、その志向が好きな観客しか惹きつけられません。ある程度の多様性に対応できる劇団もあり得ますが、多種多様な人々のあらゆる好みすべてに対応するのは不可能です。

けれども、もし、劇場が観客を増やそうとしたら？

劇場は、場所としていつもそこにありますから、人から認知されやすいです。現に商業演劇系の劇場は、高級感や華やかさ賑やかさなどのイメージを定着させ、そういう場でひと時の贅沢を味わいたいというお客さんを掴んできました。しかし演劇は、華やかな場が似合うものばかりではありません。既に多様な演劇が存在しているわけですから、その多様な演劇に触れられる人たちを広げていくしくみが必要でしょう。

そこで登場してきたのが、いわゆる**公共劇場**です。九〇年代以降各地に開場した公共劇場は、舞台芸術が上演されるところ、専門スタッフがいて自前で作品をつくる機能を持っているところという以上に、文化政策の理念や「公共性」を意識して、芸術の享受者の広がりを創りだそうとしている社会的な装置と考えられます。「あそこに行けば、何か面白いものが見られる」という場所となるように、地域に劇場を整備しよう――二〇〇〇年代に、演劇人をはじめ舞台芸術関係者の間で〈仮称・劇場法〉の提起が関心を集めた背景には、そういう考え方がありました。そしてこれは、従来の、人気を集めて売れて成功するというショービジネス路線以外に、地域の拠点ということを意識して、観客の数だけでなく、どういう人に演劇を観てもらうかを重視する仕事の仕方があるのだという選択肢の浮上でもあるのです。

各地に公共劇場の整備を――劇場法の成立

二〇一二年六月「劇場、音楽堂等の活性化に関する法律」(通称・劇場法)が国会で成立し、翌週すぐに公布・施行されました。文化芸術振興基本法が成立して、次は劇場法の整備だと言われてから、十年以上たっていました。ようやく制定された法律の中身や直接的な効果は、どんなものだったでしょうか。

この法律の目的は「文化芸術振興基本法の基本理念にのっとり、劇場、音楽堂等の活性化を図ることにより、我が国の実演芸術の水準の向上等を通じて実演芸術の振興を図るため、劇場、音楽堂等の事業、関係者並びに国及び地方公共団体の役割、基本的施策等を定め、もって心豊かな国民生活及び活力ある地域社会の実現並びに国際社会の調和ある発展に寄与すること」となっています(第一条)。法律の名称から、劇場の整備が主目的と思う人もいるかもしれませんが、「劇場、音楽堂等の活性化を図ることにより」とあるように、劇場の整備は手段で、その先に「我が国の実演芸術の水準の向上等を通じて実演芸術の振興を図る」ことが目指されていて、さらにその先に心豊かな国民生活、活力ある地域社会などの大目的が掲げられています。

この法律には前文があります。基本法には、法制定の趣旨、理念、目的などを強調するのに前文をつけることがありますが、個別法としては珍しいそうです。法律の前文は具体的な規範ではありませんが、各条文の解釈の基準となるといわれています。この前文で、劇場とは「人々が共に生きる絆を形成するための地域の文化拠点」であり、「新しい広場」であり、「世界への窓」ともいわれており、高らかな理想が掲げられていることから、基本法のような印象を受けます。(59)

前文はステキですし、後述するように、私はこの法律は「劇場法」というより「実演芸術振興法」といった方がよいくらいというのが第一印象だったのですが、この法律ができたことで、即座に公立文化施設に何等かの基準ができたとか、新しい役職が置かれるようになったとか、誰の目から見ても明らかな制度的変化は起きませんでした。が、ひとつだけ、十六条一項に「文部科学大臣は、……劇場、音楽堂等の事業の活性化のための取組に関する指針を定めることができる」という条文があることから、国はさっそく「指針」づくりに着手し、集中的にヒアリングを実施したり、意見募集を行ったりしました[60]。そして二〇一三年三月末、「劇場、音楽堂等の事業の活性化のための取組に関する指針」が告示されました。端的にいって、設置者がこういう劇場にしたいという方針を決めて整備すればよいので、どういう劇場になるかは設置者次第で、「指針」は、その方向性の留意点の選択肢をいくつか示しているものです。

劇場法や「指針」のもう少し詳しい説明は、コラムにゆずるとして、制定直後に目に見える変化は、あまり無さそうに思われました。国は地方公共団体にも民間の劇場主にも、何の強制もしませんでした。しかし、単なる集会場ではなく「劇場」として整備したいという方針を掲げることは可能になりましたから、地方公共団体が新規に劇場を建てたり、建て替えたりする際には、こうした根拠法ができた効果はあるようです。また、現に公共劇場を標榜し、公共劇場を一層充実させていこうと、公共劇場で働いている当事者の中には、設置者との関係づくりをしていく上で「劇場法ができてよかった」と言う人々が相次いでいました。

思い返せば、「劇場法」というものが必要なのではないかという問題意識は、四半世紀以上前からありました。前章まで触れたように、公立文化施設に対しては、いろいろな批判が繰り返し向けられてきましたし、私も英国留学中から彼の国の劇場と日本とのあまりの違いに、どうしたら公立文化施設を「劇場」として整備できるのか、あれこれ考え続けてきました。文化芸術振興基本法が成立して後は、今度こそは劇場法の整備が最重要課題だと、舞台芸術関係者は繰り返し検討を重ね、要望を出してきました。[61]そうした要望を受けて、文化庁は検討会を設置し、精力的に関係者からヒアリングを行いました。[62]途中、東日本大震災が起きて、まとめの発表のタイミングは遅れましたが、その後、超党派の国会議員で構成される音楽議員連盟[63]の後押しを得て、法案は国会に上程され、審議ののち成立したのです。

こうしたプロセスの中で、公立文化施設の課題が二つ、明確になりました。ひとつは、全国に劇場機能をもつ公立文化施設はたくさんあるけれども、多目的ホールとして利用されており、「劇場」としての機能が十分に発揮されていないということ。

(59) ちなみに、劇場法の提起の旗振り役のひとりだった平田オリザは、議員立法として準備された前文草稿を、法案の取りまとめ役だった鈴木寛参議院議員(当時)に見せられ、自分が手を入れたと著書『新しい広場をつくる』(岩波書店、二〇一三)の中で述べています。

(60) ヒアリングの記録および「指針」なども、文化庁Ｗｅｂサイトにあります。http://www.bunka.go.jp/seisaku/bunka_gyosei/shokan_horei/geijutsu_bunka/gekijo_ongakudo/

(61) 日本芸能実演家団体協議会での検討、研究は一九九〇年にまでさかのぼりますが、本格的に「劇場法」の必要性を訴え始めたのは文化芸術振興基本法の成立の翌年二〇〇二年五月に、劇場活性化プロジェクトを発足させ法的基盤の必要性を主張してからで、第二次(二〇〇三年)、第三次(二〇〇三年〜〇四年)、第四次(二〇〇七〜〇八年)劇場活性化プロジェクトで検討を経て、「社会の活力と創造的な発展をつくりだす劇場法の提言」を二〇〇九年二月に発表しています。

(62) 「劇場、音楽堂等の制度的あり方に関する検討会」(二〇一〇年十二月から二〇一二年一月) http://www.bunka.go.jp/seisaku/bunkashingikai/kondankaito/engeki/

(63) 一九七七年に、超党派の衆参国会議員で構成される音楽議員連盟が結成されていましたが、二〇一三年五月に文化芸術振興議員連盟に改称されました。

もうひとつは、実演芸術団体の活動拠点が大都市圏に集中していて、相対的に地方では多彩な実演芸術に触れる機会が少ないという文化的環境の格差是正の課題があるということです。

「劇場、音楽堂等の活性化に関する法律」は、この二つの課題を解決するために定められた法律です。（コラム⑬参照）。

コラム⑬　「劇場法」にみる劇場の定義

●専門家がいなければ劇場じゃない

「劇場、音楽堂等の活性化に関する法律」で、「劇場」はどのように定義されたのでしょう?

第二条で「劇場、音楽堂等」とは、

「文化芸術に関する活動を行うための施設及びその施設の運営に係る人的体制により構成されるもののうち、その有する創意と知見をもって実演芸術の公演を企画し、又は行うこと等により、これを一般公衆に鑑賞させることを目的とするもの」

と定義されています。

何やらややこしい言い回しですが、ようするに、施設だけではなく、そこに人的体制、つまり専門家がいて、一般の人々に実演芸術を鑑賞させることを目的としているという三つのことがあわさったものを「劇場」と定義しています。ハードだけではなく、それを運営する「人」がいることが条件となったのは重要なことです。ちなみに、「劇場、音楽堂等」の「等」には、能楽堂や寄席というように、実演芸術のジャンルによっては別の名称が定着しているものもありますが、そうしたものも全部含むという意味でつけられています。

そして第十三条で、国や地方公共団体は人材の養成及び確保等を図るとして、「制作者、技術者、経営者、実演家その他」というように劇場の事業を行うのに必要な専門的能力をもった人材を列挙しています。さらに「指針」の告示と共に公表された通知では、専門的人材がどのようなことをする人か、説明も加えられていました。

ただし、これらの専門的人材が、何人くらい必要かといった数値的な目安は「指針」においても示されていません。「指針」では、劇場、音楽堂等の設置者は、その運営方針を長期的視点にたって明確にすることが求められていますが、質の高い実演芸術の公演を企画し、実施した実績が相当にあるところと、そうでないところといった具合に、事業項目などによって、それぞれの実状に応じて設置者が決めることが求められています。必要となる専門家の種類や数も、設置者が方針に応じて決めればいいのでしょうから、「鑑賞のための施設です」と設置者が言い、そのために担当者を置いていますと言いさえすれば、この法律でいう「劇場」にあたります。

なんとも、ゆるい定義ですが、これは、法的基盤がないまま「公の施設」として各地にできてしまった公立文化施設が、今、地域で果たしている役割を損なわないための知恵といっていいと思います。これは、「図書館法」(一九五〇年)や「博物館法」(一九五一年)に基づき、社会教育施設として整備が始まった図書館や博物館と事情が異なります。劇場にも、司書や学芸員のように資格のある専門職を必ず置くようにした方がよいのではないかという声も少なからずありますが、公立文化施設だけでも二千館以上あって、実状もてんでばらばらという状況で、そこで仕事をしている人々の専門性を明らかにして全国一律の資格制度を導入するとなると大変なことです。舞台技術者に求められる共通基盤を明らかにしていこうという努力は重ねられ、特に安全確保については「劇場等演出空間の運用および安全に関するガイドライン」(劇場等演出空間運用基準協議会・通称基準協)がまとめられていますが、従事するには必須の資格制度ができるところには至っていません。

実は、〈仮称・劇場法〉が検討されていた段階では、舞台作品の創造ができる劇場とそうでない劇場に分けられてしまうのではないか、法律によって劇場が階層化されるのではないかといった懸念の声が、主に中小の公立文化施設の立場から噴出していました。「劇場」ではないとされてしまったら、切り捨てられてしまうという恐れとともに法整備に反対する声もあったのですが、こうして、ゆるい定義にして劇場としての規格を明確化しなかったことで、そうした懸念は払しょくされました。

また、設置者についても、民間事業者が設置するものを排除していませんから、公立文化施設だけを対象にした法律ではありません。「図書館法」「博物館法」では、私立の場合の設置者の法人格を限定していますが、それも限定していません(その後二〇二二年の博物館法改正で、私立博物館は法人類型にかかわらず登録できるようになりましたが)。

制度的整備を求めて劇場法の必要性を主張してきた立場からすれば、期待はずれではないかという指摘があるかもしれませんが、解決すべき課題のひとつは、実演芸術に触れられる機会の地域間格差を何とかすることです。「劇場」の定義のハードルをあげて、地域で実演芸術の振興が進めにくくなるよりは、「劇場」の定義はゆるくして、その事業を充実させようという意欲があるなら応援しますよ、という法律なのです。

劇場法の中身を、もう少しみてみましょう。法案審議の過程で示された概要として、国会審議の議事録に三点が示されています。

第一に、劇場、音楽堂等の関係者並びに国及び地方公共団体の役割を明らかにし、これらの関係者等が連携協力に努めるとともに、国及び地方公共団体は、必要な助言、情報提供、財政上の措置等を講ずるよう努めるものとすること。

第二に、基本的施策として、実演芸術の振興、人材の養成、国民の関心と理解の増進、学校教育との連携等について必要な施策を講ずるものとすること。

第三に、文部科学大臣は、劇場、音楽堂等を設置し、又は運営する者が行う劇場、音楽堂等の事業の活性化のための取組に関する指針を定めることができること、などです。

こうした法的基盤ができ、「指針」が示されたことで、これまでなかなか解決しなかった課題にも、光明が見えてきました。

●「公の施設」の制約から踏みだす

従来の公立文化施設への数ある批判の中で、劇場法制定前は、どうしても法律的に超えにくいものがありました。公立文化施設は、もっぱら地域住民の利用のために設置された「公の施設」なので、特定の団体にだけ使わせるとか、芸術団体に優先的に利用させるということがなかなかできませんでした。地方自治法の「普通地方公共団体は、正当な理由がない限り、住民が公の施設を利用することを拒んではならない」「普通地方公共団体は、住民が公の施設を利用することについて、不当な差別的取り扱いをしてはならない」という条文に則ると、施設を借りたいという利用者に平等に対応せざるを得ないというわけです。

しかし、「劇場、音楽堂等」を定義する法律ができましたから、実演芸術の公演を「一般公衆に鑑賞させることを目的とする」劇場だとなれば、商品の展示場に使いたいという地元企業より実演芸術団体に優先的に利用させるとか、プロの集団が公演する時は退出時間に融通をもたせるとか、そうした貸出ルールも許容する法的根拠ができたわけです。

地方自治法の条文が及ぶ「公の施設」であっても、議会の三分の二の賛成を得て認められればよいという規定はありますので、そうやって特定団体の長期利用を認めた前例は劇場法制定前にもいくつかあります。例えば、静岡芸術劇場は、県議会で三分の二の賛成の決議を経ているので、ＳＰＡＣという県立の事業財団が占有して管理運営することが可能になっています。でも、自治体がいちいち個別の案件ごとに議会の三分の二の賛成を得なければならないのではハードルが高すぎました。公立文化施設を何でもアリの集会施設から、芸術専門の拠点にしていくためには、個別法が必要——これが、劇場法が求められた核心のひとつでした。

劇場法と劇場支援策

劇場法の成立を受けて、二〇一三年度から、文化庁は「劇場・音楽堂等活性化事業」という施策をスタートさせ、地域の劇場・音楽堂を支援する枠組みを再構築しました。[64] 文化施設を対象にした支援策は、二〇〇二年から「芸術拠点形成事業」として、二〇一〇年からは「優れた劇場・音楽堂等からの創造発信事業」という施策に変わって、対象施設数を増やし、できるだけ各都道府県に一館以上、全国的に分布するように採択するという方向性で進められていました。劇場法の検討が本格的になってから、「地域間格差の是正」を勘案して、法律の成立をまたずに施策で対応がなされていたのです。

そして劇場法ができてからは、東京以外の複数の都道府県で公演する企画に対して、出演者やスタッフの旅費交通費、運搬費などの移動にかかるコストの部分を支援する「劇場・音楽堂等間ネットワーク構築支援事業」が加わりました。この施策には、劇場からだけでなく、巡回公演を行う芸術団体も応募することができますので、巡回公演を増やしたいけれど旅費等の負担が大きくて実現できなかったという芸術団体からは歓迎されています。

こういう支援策の充実には、法的裏付けがあった方が安心です。実は、「芸術拠点形成事業」は、二〇〇九年の事業仕分けで、国が行うべきではないと言い渡されて打ち切られた経緯がありました。今は劇場法ができ、解決すべき課題が明らかにされたので、かなり解決したという結果が出ないうちに、こうした施策の文化予算がカットされる可能性は低いはずです。

もっとも、公的な劇場支援策は、私はこれで十分とはいえないと思っています。[65] コロナ禍の影響で、地域の劇場で演劇や音楽を鑑賞しようという観客・聴衆は激減し、なかなかコロナ以前の水準に戻っていません。全都道府県の劇場等が支援を得られるには至っていませんし、大都市圏とそうでない地域との格差も縮められたかどうかの確証が得られていません。むしろ、コロナ禍で拡大したのではないかと懸念されます。諸状況の変化を踏まえて、今後も見直しと再構築が必要でしょう。どういう観点、基準で劇場・音楽堂を評価し、どのような手法で助成を適用していくのかが、実際の創造現場や観客育成、住民の参加度に大きく影響するからです。法律で決められることは大きな枠組みだけで、具体的な支援の中身や評価の観点や指標については、いろいろなことを考慮して柔軟に変えていけるようなしくみが必要でしょう。これは第三章で触れた芸術団体への助成制度と同じです。

(64) 文化施設を対象にした支援策は二〇〇二年から始まっていましたが、劇場・音楽堂等が核になる複数の施策を統合してスタート。二〇一八年からは「劇場・音楽堂等機能強化推進事業」になっています。文化庁の補助金事業であることには変わりはありませんが、二〇一八年度からの名称変更と同時に、芸術文化振興基金が助成窓口を担うようになりました。

(65) 地方公共団体を対象とする「文化芸術創造拠点形成事業」を通じて、劇場等が支援を受けられる施策もあり、文化庁以外にも、一般財団法人地域創造(一九九四年に全国の地方公共団体等が出捐《えん》して設立)が地域における公立文化施設の利活用の促進を支援する事業を充実させていますが、それらを勘案してもです。

地域主体じゃないと意味がない

劇場法における「劇場」の定義については、コラム⑬で説明しましたが、その施設の設置主体が、劇場として事業をしていこうとするかどうかが要件のひとつです。公立文化施設の場合は、設置した地方公共団体の方針こそが重要です。

法律というと、国レベルできちっと基準を設けて全国に広めるものというイメージがあるかもしれませんが、地方分権の流れの中では、国が地方公共団体に強制して劇場整備を行わせることは難しいというのが昨今の状況です。劇場法では、どういう劇場、音楽堂にしていくかは、地方公共団体など設置者の選択だというわけです。実際、人口過密の東京と、地方都市や過疎地とでは、そこに住む人々の構成、活動パターンは異なりますから、そこで求められる芸術体験の中身や提供の仕方も、地域の実状を考えて工夫されることが必要でしょう。また「指針」では、実演芸術の公演を企画し、実施した実績が相当にある劇場とそうでないところとでは、質の高い事業の実施や専門的人材の育成等に関する事項などで、活性化に向けて勘案すべきことは区別して書かれています。

都道府県、市区町村がてんでばらばらに公立文化施設を建設してきた以前と、劇場法以後で違いがあるとしたら、法律の第三条で「劇場、音楽堂等の事業」として八項目が示されたことと、「指針」において、劇場の設置者や運営者が取組むべき事項として一〇項目が示されたことです。設置者、運営者は、確かに方針や事業の中身を考えやすくなったのではないでしょうか。そして「指針」で示された「安全管理等に関する項目」では、東日本大震災のときに被災地の公立文化施設が避難所となり、被災者の暮らしを支えた実績なども踏まえて、避難、救助その他の災害応急対策など非常時対応が求められています。

これまで人口の少ない地方の市町村では、地方ではアマチュアの文化活動しかないと考えられがちでした。今後も、そういう地域の公立文化施設は、一見したところ、もっぱらアマチュアの文化団体の発表の場所として使われるものという傾向に変わりはないかもしれません。さらに地域によっては、地元企業の入社式や職員研修など、大人数の集会をやろうとしたら、公立文化施設を借りるしかないというような場合もあるでしょう。劇場を名乗るからといって、実演芸術の上演以外の目的での貸し出しをしていけないわけではありません。しかし劇場法では実演芸術の水準の向上がキーワードのひとつですし、「指針」では、質の高い事業の実施が掲げられています。そして実演芸術に親しむ機会を広く提供するための普及啓発事業についてや、利用者の年齢や障がいの有無にかかわらず社会参加の機会を拡充する観点からの取組、さらに外国人等との交流の推進が奨励されるなど、貸出用の集会施設以上の機能をもつような方向性が示されています[66]。地域住民が芸術体験を得られる拠点として捉え直し、事業の進め方、広報の仕方を工夫していくことで、多目的の集会施設から一歩も二歩も踏み出すことはできるでしょう。

もっとも、「指針」があろうと、国が地域の劇場の事業を充実させるための支援施策を持っていようとも、劇場の設置者がそういった制度を活用しようとしなければ何も変わりません。地方公共団体もまた、二〇〇一年に文化芸術振興基本法において文化芸術振興についての責務を有すると規定され、劇場法でもその役割が規定されましたが、どこまで地域の文化環境づくりに積極的に取組むのか、地域の主体性こそが問われます。そ

(66) 第六章で触れますが、二〇一七年に文化芸術振興基本法が改正されてから、年齢、障がいの有無、居住地だけでなく、経済的な状況も例示して、包摂的な取組みが意識づけされるようになっています。

してそれは、地域で文化芸術を大事にしていこうと奮起する人たちが、実際にいるかどうかに関わってきます。

ちなみに、文化庁のこれまでの劇場支援施策の採択状況をみると、応募がなされていないで採択事業のない空白県があります。文化庁の劇場支援施策を利用しなくても、地元の文化芸術振興は十全になされているというのならば空白県があってもよいでしょうが、実状は、応募があって採択があった県も含めて、地域の劇場、音楽堂等の事業の企画力には、まだまだ地域差があります。各地の劇場の事業が本当に充実して、日本中どこに住む人も、実演芸術を通して豊かさを実感できるようになるには、そうした環境を整える担い手、実演芸術の創造や公演に携わる人材の育成や確保が課題のひとつです。

〈劇場、音楽堂等の事業〉
第三条　劇場、音楽堂等の事業は、おおむね次に掲げるものとする。
一　実演芸術の公演を企画し、又は行うこと。
二　実演芸術の公演又は発表を行う者の利用に供すること。
三　実演芸術に関する普及啓発を行うこと。
四　他の劇場、音楽堂等その他の関係機関等と連携した取組を行うこと。
五　実演芸術に係る国際的な交流を行うこと。
六　実演芸術に関する調査研究、資料の収集及び情報の提供を行うこと。
七　前各号に掲げる事業の実施に必要な人材の養成を行うこと。
八　前各号に掲げるもののほか、地域社会の絆の維持及び強化を図るとともに、共生社会の実現に資するための事業を行うこと。

劇場、音楽堂等の活性化に関する法律より抜粋

演劇ファンを増やす、その先に

あらゆる人々に文化芸術をという文化政策の理念が各地にどのくらい浸透していくかは、そういう働きかけをしたり、芸術体験機会を提供したりする担い手の今後の活躍にかかっていると思います。そして**公共劇場**あるいは地域の中核的劇場として整備される劇場・ホールは、もう少し各地に増えてほしいと期待しています。演劇に関わる仕事のひとつとして、公共劇場で仕事をするという選択肢ができてきたわけですが、これは、ひとりの劇作家や演出家などの芸術的志向を具体化しようというところから出発する演劇集団の仕事の仕方とは異なります。劇場の仕事は、演劇作品をつくって上演するだけではありません。公共劇場は、地域に根差す劇場として、地域づくりに関わることも使命のうちに含みこんでいます。演劇をつくる、あるいはダンスを、オペラをつくるという以上の仕事が期待されているのです。あえていうならば、作品を「つくる」ことよりも、自主制作でなくてもよいので、地域に多彩な芸術の鑑賞や参加体験の機会を「提供する」プレゼンターとしての役割の方が重要といってよいくらいだと思います。地域のさまざまな人に来てもらえるような劇場にするための仕事がど真ん中にあるといってもいいでしょう。

劇場法で列挙された劇場、音楽堂等の事業には、「普及啓発」や「地域社会の絆の維持及び強化を図るとともに、共生社会の実現に資するための事業」というのが含まれています。地域で、これまで劇場に足を踏み入れたことのないような人が訪れてみたいと思うきっかけを提供し、初めて来た人が「また来たい！」と思うように、着実に興味を持てる演目、イベントに出会えるようにし、一度楽しんだ人が仲間を増やし、楽しむ演目の幅を広げていく。そうやって参加する人が広がることで、地域コミュニティのつながりが増す……そういう好循環で観客を増やしていくことを理想としたら、地域の人々の興味やニーズは多様でしょうから、きっかけも演目もバラエティに富ませようという傾向が出てくると考えられます(地域によって程度の差はあるでしょうが)。アマチュア活動が盛んな国ですから、演劇や音楽のアマチュアグループ、各種サークルなどに活動の場を提供したり、プロの演出家が協働したりして、愛好家の活動を充実させることで劇場のほかの事業に関心を持ってもらうこともよいでしょう。さらには、関心をもってもらうきっかけに、例えば劇場前の朝市だったり、カフェの開催だったり、まちの賑わいづくりに関係する企画も含まれるかもしれません。

こんなことをいうと、「公共劇場といっても、アマチュアも芸術以外もいろいろあって、今までの多目的ホールと同じじゃないか」という人がいるかもしれません。実施される事業のリストをちょっと見ただけでは、似て見えるかもしれません。しかし、目指すところを明確にせずに、文化施設を借りたいという希望に応じるだけで雑多な利用目的が入り混じるのと、ポリシーをもって、貸出し方を工夫したり、イベントごとの趣旨を明確にしてメッセージを発信する姿勢があるのとでは、演劇や音楽などの魅力に触れることの地域への浸透度は異なってくるでしょう。

劇場が人々を惹きつける大もとは、個々の芸術家が生み出す作品であり、そこで発揮される演技者、実演家の輝きです。劇場とは、そういったものに出会えるという期待が集積する場であり、その期待を裏切らない場として地域にあるものなのだと思います。芸術に触れることを暮らしの中の習慣のひとつにする、そういう役割を、劇場は担いやすいのだと思います。劇場で芸術に触れることは、その人の個人的な楽しみであることを超えて、劇場という場で他の人々と何かを共有し、社会の一員としてつながっていると実感することでもあるからです。

劇場の事業が充実すれば、演劇ファンは増えるかもしれませんが、自治体や国の税金で支えられる公共劇場の場合は、ともかく演劇がやりたいと思って結成された演劇集団の発想だけで運営しては不十分で、「作品がよかったからよい」では終わりません。公共劇場の目指すところは、地域の人々が文化芸術を通して心の豊かさを実感し、生活の質を高められるようにすることであって、特定の劇団、特定の俳優のファンをつくりさえすればいいというのではありません。地域のできるだけ多くの人たちに「たまに劇場に行くのっていいね」と思って足を運んでもらえるように、広く認知されるようになることが目標のひとつです。

だから文化政策の理念からしても、提供する芸術の多様性ということには敏感であるべきです。公共劇場のプロデューサーや芸術監督など、名称はどうであれ、その劇場の芸術性に責任を持つ立場の人(たち)は、自分のもともとの専門分野は演劇であっても(あるいはダンスでも音楽でも古典芸能でも)、多様な演劇、多様な芸術分野のことを理解し、多彩なプログラムに対しての許容力とバランス感覚が求められることになるのではないかと思います。

それには、単に他の集団の演劇、他の芸術分野のことをあれこれ知っているということではなく、表現の様式や形式が異なっても、普遍性や革新性といった表現の本質がつかまえられるかどうかが問われます。また、それを地域の人々にどうやったら届けやすいか、そうした工夫も求められます。さらには、劇場が「世界への窓」としての役割も果たすのだとしたら、日本の文化的土壌とは異なるさまざまな文化的背景を持つ人たちとの交流、共生ということも念頭において事業を組み立てていくことも大事です。

特定の芸術志向の専属劇団や演奏集団を置くような劇場もありますが、ある分野や志向に特化した劇場・音楽堂が事業を続けていけるか否かは、その地域にほかに芸術拠点があるかどうかや、人口規模、土地柄などの諸条件も関わってきます。が、結局のところは普遍性があって、地域の人々にわが町の劇場、わが町のホールとして支持されるかどうかだと思います。そして特定の芸術志向を追求するにしても、地域の老若男女に受け入れられるよう、演目の幅の広さはある程度は必要でしょうし、地域のいろいろな人との交流のしかけについて、たくさんの工夫が必要ということでは同じだと思います。

だから、公共劇場を運営するスタッフには、公演を制作するだけでなく、劇場運営に付随するいろんな仕事、いろんなキャパシティが求められます。地域の人にあの手この手できっかけを提供して、芸術に触れる交流の広がりを面白がれる人が、公共劇場の仕事に向いているのだと思います。

実演芸術の振興と学校教育

ところで、「実演芸術」という言葉は、一般の人にはまだあまり馴染みのない言葉かもしれませんが、劇場法の二条の2で「実演により表現される音楽、舞踊、演劇、伝統芸能、演芸その他の芸術及び芸能をいう」と定義されました。日本には、本当に多様な芸能、舞台芸術がありますが、それらを総称する法律上の用語として初めて「実演芸術」という言葉が定義されたのです。

先にも触れたように、「劇場、音楽堂等の活性化に関する法律」とはいうものの、劇場、音楽堂等の活性化は手段であって、「実演芸術の振興を図るため」にさまざまなことを規定した法律です。劇場、音楽堂等の定義だけでなく、このように実演芸術の定義から始まっており、劇場、音楽堂等の設置者や運営する者だけでなく、実演芸術に関する活動を行う団体や芸術家、国及び地方公共団体、大学等が相互に連携、協力して取組むことを求めています。「連携」「協力」という言葉が多用され、劇場の役割にだけ期待がかけられているのではないことが注目されます。さらに、条文を読み進んでいくと、「劇場、音楽堂等」に関わることなので、たいていの条文に「劇場、音楽堂等」という語が含まれているのですが、第十三条「人材の養成及び確保等」、第十四条「国民の関心と理解の増進」、第十五条「学校教育との連携」では、主語は「国及び地方公共団体」で、十五条にいたっては条文中に「劇場、音楽堂等」という語も登場しません。

（学校教育との連携）
第十五条　国及び地方公共団体は、学校教育において、実演芸術を鑑賞し、又はこれに参加することができるよう、これらの機会の提供その他の必要な施策を講ずるものとする。

文化芸術振興基本法においても、第二十四条で「学校教育における文化芸術活動の充実」を掲げ、国が施策を講ずるとしているのですが、劇場法では、さらに踏み込んで、実演芸術の鑑賞、参加について、国に並んで地方公共団体も必要な施策を講ずる主体として規定されたのです。

文化芸術に触れることは、子どもたちの創造性や表現力を育み、情操教育の観点からも推奨されていますが、そうした教育的観点からだけでなく、文化政策の理念との関係で、学校教育は重要です。あらゆる人々が文化芸術活動に参加できるようにという文化政策の理念を実現しようと思ったら、子どもの頃からいろいろな文化芸術に触れる機会を提供することが、その後の個々人の選択の基盤となるからです。とりわけ義務教育の間にそうした機会を提供することは、基本的な文化環境として整えたいことです。芸術に触れる機会提供を家庭にだけ任せていたら、経済的ゆとりのない家庭や、芸術に親しむ習慣のない親の子どもたちは、恐らくそうでない家庭の子どもより芸術に触れる機会に出会えないでしょう。また、文化の継承と発展という観点からも、将来を担う子どもたちに伝えていく最初のステップとして、学校で体験できるという環境は大切です。

日本では、とりわけ第二次世界大戦後、劇団や楽団が学校を訪問して鑑賞教室を実施するという活動が広く行われてきましたが、そうした学校における芸術体験の機会は、学習指導要領で必須のものとしては位置づけられてきませんでした。あくまで、子どもたちの成長に芸術鑑賞が意味あることだと考えた教員や劇団、楽団などの芸術関係者の実践の積み重ねで広がった活動です。必須にできなかった理由は、地域によって、生《なま》の演劇や音楽に触れられる環境にない学校が多々あるからだろうと思います。少子化の進行や、二〇〇二年の学校週五日制への移行によって行事の精選の必要性に迫られるなどの理由から、学校独自に鑑賞教室を企画実施する学校は減ってきました。学校の主体性に委ねておいては、ますます触れられる機会は減っていくという危惧があります。学校での芸術体験の中身の多様化や充実の必要性もありますが、まずは鑑賞教室の実施率一〇〇パーセントを目指して、国と自治体が連携していくことが必要ではないでしょうか。劇場法は、いってみれば努力目標を掲げたもので強制力のある法律ではありませんが、国及び地方公共団体が、実演芸術に触れる機会の提供その他の必要な施策を講ずる主体として法律に明記されたことの意義は大きいと考えます。条文では国と地方公共団体が主語になっているから、劇場、音楽堂は学校教育との関係では何もしなくてもいいということではなく、劇場などが地域の学校との関係を構築し、積極的な役割を果たすことが期待されているのだと思います。劇場法が後押しとなって、状況改善が進展することを強く望みます。

コミュニケーション教育の拠点？

劇場法の制定を求めてきた演劇人のひとり、平田オリザは、劇場の整備はコミュニケーション教育拠点の整備でもあるとして、地域の劇場が演劇人などアーティストを学校に派遣して、子どもたちのコミュニケーション力を高めるようにするべきだと力説し、実際、あちこちの学校でワークショップを実践してコミュニケーション教育の普及を推進してきました。その後押しがあって、二〇一〇年から、文部科学省は文化庁と連携して「児童生徒のコミュニケーション能力の育成に資する芸術表現体験(67)」という事業をスタートさせ、学校で芸術家等が体験型の授業を行えるようにし、初年度は全国の小中高校のうち二九二校で実施されました。

劇場法には、コミュニケーション教育拠点とまでの規定は盛り込まれませんでしたが、普及啓発活動の一環として、演劇人をはじめアーティストによるワークショップを通じて、子どもたちのコミュニケーション力を伸ばそうという活動は多様に行われ始めています。子どもたちにコミュニケーション能力の育成が必要だということは、いろいろな人が主張してきているからです。

中央教育審議会では、子どもたちが人間関係の形成が不得手《ふえて》で悩んだり、そのことが不登校・中退などの問題の原因になったりしているとか、子どもたちのコミュニケーション能力、対人関係能力が未熟だといったことが指摘されてきました。経団連のアンケート調査で、新卒採用で重視したことは「コミュニケーション能力」が群を抜いて一位で、産業界からの要請としても意識されていました(68)。また、多文化共生の時代に生きる子どもたちは、多様な文化、異なる考え方を持つ人々と協働しながら、正解のない課題、経験したことのない課題を解決し、新しい価値を生み出していかなければならないという認識もあります(69)。そして新学習指導要領(70)は、そうした社会状況への対応や子どもたちの現状をふまえ、「生きる力」を育むという理念のもと、知識や技能の習得とともに思考力・判断力・表現力等や、学びに向かう力、人間性等の育成を重視するとしていま

(67) 二〇一七年度より「文化芸術による子供の育成事業」(現・「文化芸術による子供育成推進事業」)の一メニューとして「コミュニケーション能力向上事業」と名称が変更され、二〇一八年度より、文化庁に移管されました。
(68) 社団法人日本経済団体連合会(経団連)による二〇〇八年四月の調査。

す。

このように学校教育で「生きる力」を育もうとするなら、コミュニケーションのプロである演劇人などが、子どもたちと活動をすることで、子どもたちの表現力を伸ばしたり、積極性を引き出したりできるのではないか。とりわけ異なる考えの人間同士の葛藤や問題解決は演劇の根幹にあるものです。学校の授業に演劇的手法を採り入れること自体は、一部の教員の間ではかなり古くから実践されてきましたが、九〇年代の終わりくらいから、芸術関係者の間で、日本でも芸術家が授業にかかわる活動を普及させるべきではないかという機運が盛り上がるようになっていました。

ひとつには欧米諸国で芸術団体がアーティストを学校に派遣して行う教育事業の事例を見聞してきた留学や視察経験者が盛んに報告したり試行錯誤を始めたりしたのと、[71] もうひとつはＮＨＫで著名人が出身校で特別授業を行った様子を収録した『課外授業　ようこそ先輩』という番組が放送され（一九九八年〜二〇一六年四月）、芸術家自身が自分もああいう活動をしてみたいと思うようになったからだと思います。そして「生きる力」が標榜された平成一〇年（二〇〇二年）開始の学習指導要領の時から、「総合的な学習の時間」という、学校ごとに内容を決める授業枠ができ、校長先生の判断で外部講師を受け入れやすくなったことも追い風のひとつだったと思われます。

もっとも、外部講師を招いて演劇的手法をつかった活動を実践している学校はまだまだ少数です。だから「芸術家などが外部講師として授業をする」といっても、どんな内容なのか想像がつかず、教員の側からしてみると不安なようです。劇団の人が来るというと、教員の大半は学芸会の劇指導を思い浮かべるようですし、コミュニケーション教育といっても、実際に行われている活動は千差万別。芸術家がサポートできる活動は、企業人が期待するような雄弁に相手を説得する術とか、どちらかというと功利的な技術習得への要望は手に余るというか、任ではありません。実際、改めてコミュニケーション能力とは何かを考え始めたら、想起される範囲はかなり広く、芸術家だけがその向上に資する活動ができるというわけではありません。しかし芸術家は、創造性への刺激は提供できます。その根幹には、自己肯定感や他者理解、想像力といった、コミュニケーション力の基盤と重なるものが含まれているということは確かです。

演劇の力を応用する

芸術家による授業で子どもたちがいきいきと活動したのを目の当たりにした教師たちは、芸術家がもたらす影響の有効性を認めてくれますが、芸術家によって、行われている活動の中身が多種多様なので、これらを

(69) 経済協力開発機構(OECD)は、知識基盤社会を担う子どもたちの主要能力として、「多様な社会グループにおける人間関係形成能力」「自律的に行動する能力」「社会・文化的、技術的ツールを相互作用的に活用する能力」を挙げています。PISA調査といわれる学習到達度調査は、そのような考えに基づき「読解力」や「問題解決能力」などを重視しています。

(70) 昭和三十三年以降、大臣告示の形でおよそ一〇年ごとに改訂されています。一九九八・九九年の改訂時に(導入は二〇〇二年)自ら学び自ら考える力などの「生きる力」が掲げられました。現行の指導要領は二〇一七・一八年改訂のものですが、「生きる力」を引き継ぎつつ、「主体的・対話的で深い学び」などがキーワードのひとつとなっています。

(71) イギリスでは、もともと学校の授業科目に「ドラマ」(演劇)というものがあり、ドラマ教育の歴史と蓄積があったところに、二〇〇二年から展開された「クリエイティブ・パートナーシップス」という施策で、広く芸術家や建築家、さまざまな分野のデザイナーなども含めて、学校内外で子どもたちの創造性を高める教育を実施してきました。子どもたちの創造性教育を重視する動きは、イギリスだけでなく欧米、アジア諸国にも広がっていて、それらの紹介が行われてきています。

「コミュニケーション教育」というくくり方で推進していくには、課題も多いと感じています。今後、芸術家が学校教育に関わることが普遍化されていくには、教育と芸術をクロスさせるコーディネーターが各地に必要になりそうです。その担い手のひとつが地域の「公共劇場」なのではないかと平田オリザは主張していたわけです。

現状では、ＮＰＯや劇団、教育委員会が直接コーディネートしている例もありますが、確かに、地域の劇場のスタッフが地域の状況を踏まえてコーディネートしていく例が広がれば、柔軟で自由度の高い活動が期待できそうです。現にいくつかの劇場が実践を重ねています。しかし、全国的に展開できるほど人材が増やせるのかという課題はあります。日本の場合、高等教育機関での演劇の専門教育は、文学の一部として扱われるところは多くても、実践的な演劇人の養成コースは私立大学に若干あるのみで、国立の芸術大学に演劇科がありません。演劇の教育等への応用の実践者を育成する専攻は皆無に近く、専門教育の層の薄さが問題です。演劇人の育成は、劇団附属の養成所をはじめとして、もっぱら創造現場が担ってきましたが、ほとんどの演劇集団は「応用」の部分にまでは対応しきれていません。制度化されていないから専門家養成が充実しないし、専門家が少ないから制度化の見通しが立てにくいというのが問題となってきました。

欧米には、ドラマ教師の養成のための大学院レベルの専攻があり、演劇の高等教育を受け、さらにドラマ教師のトレーニングを受けた専門家が育てられている国があります。また隣国の韓国や台湾では、芸術大学の演劇科、舞台芸術科の中に演劇教育や応用演劇の専攻コースがあり、ドラマ教育を学校教育に採り入れるための専門家養成の動きは日本より早いです。しかし、二〇二一年四月、兵庫県豊岡市に、平田オリザ学長のもと県立の芸術文化観光専門職大学が開学しました。ようやく日本にも芸術文化を専門的に学べる初めての公立大学ができ、ここでも演劇の教育等への応用と実践が取組まれるようになりました。私立大学の演劇科でも、応用演劇を扱う授業は定着してきているようで、今後、専門教育を経て演劇の応用に取組みたいという人材が、いろいろな現場で実践に取組めるようになることが期待されます。

ところで、学校教育の中に入り込むのではなく、地域の公立文化施設や文化団体が企画して参加者を募集して行うようなワークショップ、演劇やダンスなどの体験的活動は、九〇年代以降、かなり普及しました。自主事業を行っている公立文化施設の担当者の間には、教育普及事業を行うべきだという考え方が、かなり浸透したのではないかと思います（P.198コラム⑭参照）。学校の授業でとなると、いろいろ制約も多くありますが、地域で希望者を募って実施するようなワークショップならば、どんな人にどんな機会にどんなふうに参加してもらうか、自由度が大きいわけです。子どもたちや市民とつくる演劇ワークショップは、プロの俳優ばかりと行う場合と目的は異なるにしても、参加者の創造性を活かしていく活動という点では同じなので、俳優や演出家のキャリアがそれなりにある人なら、ワークショップ指導の経験があまりなくても充実した演劇体験の機会を提供する力はあると思います。

教育というと学校だけを想起しがちですが、教育には学校以外に家庭や地域の役割も大です。あらゆる子どもたちに体験させたいと思ったら、義務教育の間に、特に公立の学校で扱うのが望ましいですが、全員に体験させようとするため、広く浅くに止まらざるを得ないこともあります。学校で出会ったことに興味を持った子どもが、もっともっと体験したいと望んだときに、地域や家庭がどこまで対応できるのか、それも大事なことなのです。

いずれにしても、演劇活動の中には、教育が求めることをサポートできる要素がつまっています（さらには、福祉や医療、まちづくりなどでも）。演劇は人間の生き様を生身の人間が描き出す芸術なので、人と人との関係、人の生き方にかかわることなら、接点がないわけがないのです！

学校の先生や公立文化施設の担当者などからの要望、今の時代の社会的要請というものを受け止めて、芸術の力、演劇の力を知っている演劇人が工夫して提供できることは、「コミュニケーション教育」というくくられ方に収まらず、かなり広くあるのだと思います。せっかく芸術家が教育やほかのフィールドに足を踏み入れるなら、芸術家ならではの視点、芸術家ならではのこだわり、芸術家らしさを意識すべきでしょう。演劇人は、公演以外でも、演劇の力をいろいろな形で応用していくことができます。先行例は海外だけでなく、日本にも多々あります。演劇を「応用」して仕事にする可能性は、これからもっと多方面でも開拓されていくのではないかと思います。

東京オリンピックと文化政策の変化

劇場法が施行された翌年の二〇一三年九月に、二〇二〇年に東京でオリンピック・パラリンピック競技大会が開催されることが決定しました。コロナ禍を体験した今となっては、新型コロナウィルス感染症の拡大で開催への賛否が巻き起こるなか、東京五輪は二〇二一年に延期され、多くの競技が無観客で開催されたことは周知の事実です。しかし、東京五輪が決まった当時、世界的なパンデミックが人の交流を止めることになるなんて誰が予想したでしょう！　二〇一四年三月には、文部科学大臣が「文化芸術立国中期プラン」を公表し、世界に誇る日本の文化力を活かした取組みを、日本全国津々浦々で進めるための基盤整備を計画的に行うと宣言しました。東京五輪を契機に、訪日外国人旅行者が増加し、それに伴い観光業をはじめ国内消費が伸びるといった経済効果が期待されましたし、日本文化を海外の人に知ってもらう格好の機会ということに異を唱える人はいませんでした。当面、文化政策においてオリンピックは起爆剤となると考えられました。

オリンピックはスポーツの祭典であると同時に文化の祭典でもあり、オリンピックの招致には、文化プログラムの実施が条件になっています。東京五輪招致でも、文化プログラムの開催方針が評価されたといいます。近年のオリンピックでは、開会式や閉会式で万人を驚かせるような演出が注目されてきましたが、オリンピックの文化プログラムとは、そういうものではありません。二〇一二年のロンドン五輪では、大会の四年前から大会終了までの間に英国全土で約一一七〇〇〇件の文化プログラムが実施され、約四三四〇万人が参加したといいます。この中には劇場や美術館などで通常提供される公演や展示も相当に含まれていましたが、普段、芸術にあまり触れることのないような人々も巻き込むことが意図され、英国全土、千か所以上で実施され、その中には公園や大通り、歴史的建造物や自然景勝地などの観光地で、通りがかりの人なども気軽に楽しめるような展示や参加型のプログラムが多数企画されていました。

そうした先行例が紹介されるなかでまとめられた第四次の「文化芸術の振興に関する基本的な方針」(二〇一五年五月閣議決定)には、「文化芸術資源で未来をつくる」という副題がついていて、我が国が目指す文化芸術立国の姿として、二〇二〇東京大会を契機とした文化プログラムの全国展開が描かれていました。同じ年の七月には、文化庁は「文化プログラムの実施に向けた文化庁の基本構想」を発表しています。組織委員会でも「一人でも多くの人が参画(=アクション)し、大会をきっかけにしたアクションの成果を未来に継承する(=レガシー)ためのプラン」として、スポーツのみならず、文化、教育など八つの分野での参加を奨励していました。とりわけ文化プログラムは、スポーツ以上に幅広い人々の参加が呼びかけやすいとして期待されていました。国は、日本でもロンドン五輪にならって、いえ、ロンドンに負けじと、文化芸術立国構想をぶち上げました(72)。国が直接主催するというのではなく、自治体や企業、芸術文化団体はもちろん、日本各地の劇場、音楽堂等も、オリンピック関連の文化プログラムの推進主体になることを期待しての構想です。そして五輪後にも、レガシーとして日本の文化芸術の国際発信が続いていくようにと、さまざまな文化イベントの相乗効果を期待しての五輪関連支援策が推進されていきました。二〇一九年には、国際観光旅客税を財源として、日本の美と心を国内外に発信していこうという「日本博」の事業公募も始まり、多彩な文化資源を活かしたイベントが日本各地で企画、実施されました。(73)

コロナ禍での東京五輪は、残念ながら、そうした威勢の良い期待に添う結果をもたらしはしませんでしたが、文化政策においては、二つのことと結びついて記憶にとどまるできごとだったのではないかと思います。

あらゆる人々に文化芸術を

そのひとつは、「あらゆる人々に文化芸術を」という理念が、具体的な動きとして可視化されたことだと思います。

東京五輪がお手本として参照したロンドン五輪の文化プログラムは、オリンピック精神を意識して、あらゆる人々の参加を掲げて行われていました。例えば、障がいを持った人が構成員であるダンスカンパニーの公演は、パラリンピックで障がい者がスポーツで活躍するのと同様に、芸術部門でも優れた成果を見せることができると示した事例として理解されやすいでしょう。もっとも英国では、ロンドン五輪の開催とは関係なく、ずっと以前から障がいを持った人のダンスカンパニーはありましたし、年齢や出身地、社会的階層などにかかわらず、「アーツ・フォー・オール＝あらゆる人々に芸術を」という働きかけは、芸術界には当然のこととしてありました(少なくとも九〇年代以降は)。イギリスの地域劇場では、芸術に触れる機会を持ちにくい人々に向けてアウトリーチ活動をしたり、車いすでの来場はもちろん、視覚障がいや聴覚障がいのある人も舞台を楽しめるような補助サービスを提供したりというようなことは標準的活動になっていました。それでも、劇場や美術館に行く習慣のある人は、「オール＝全員」ではなく限られているわけですが、ロンドン五輪の文化プログラムとは、「アーツ・フォー・オール＝あらゆる人々に芸術を」という芸術界が共有する理念を、オリンピックの参加の精神と重ねあわせて世の中にアピールする契機として展開されたと考えられます。少なくとも五輪用に新たに「アーツ・フォー・オール」の理念が突然でてきたわけではありません。

日本でも、公共劇場を標榜してきたところや、オーケストラのように広く支援的資金を得てきた組織では、あらゆる人々の参加を意識して事業に取組んだり、多様な観客に向けてのサービス向上を図ったりしていました。ですから、芸術関係者には五輪を契機とせずとも従来の方針どおりという人々は少なくなかったと思います。しかし「オリンピックの精神」として、誰もが参加できるようにという働きかけが盛んに行われ、そうした文化イベントが奨励されたため、障がいを持った人々がもっと文化芸術に参画、参加しやすくなるようにという動きは加速されました。そのひとつの現れが、「障害者による文化芸術活動の推進に関する法律」(二〇一八年六月公布・施行)[74]と、それに伴って取組まれるようになったバリアフリー化の推進といえるでしょう。

公立文化施設においては、障がいのある人々の文化的参加がスムーズにできるようなサポートの導入や、障がいのある人々が参画者となる芸術イベントなどの企画が従来に増して意識的に取組まれるようになりまし

(72) 訪日外国人旅行者数の当初目標は二千万人でしたが、二〇一五年に目標が早々と達成されたので、翌年に倍増の目標値が掲げられていました。実際、コロナ禍に見舞われる前の二〇一九年には、三一八八万人に到達していました。

(73) 日本博2・0として、東京五輪後も継続しています。https:www.bunka.go.jp/seisaku/nihonhaku/index.html　また、文化オリンピアードを盛り上げていくための国の方針等については、文化庁のウェブサイトに資料が残っています。https://www.bunka.go.jp/seisaku/bunka_gyosei/2020_bunkaprogram/index.html

た。公的支援でも、バリアフリーのための情報保障のサポートや、外国人対応のための多言語化にかかる費用などが通常の支援策に上乗せされるようになり、幅広い人々に参加を促すためのサポートを提供するのが当然のこととなってきました[75]。

そして、東京五輪への期待が膨らむなかで加速したもうひとつの動きは、「文化芸術立国」を目指すなかで、文化芸術は社会に大きな波及効果をもたらすという認識の広がりでしょう。とりわけ文化プログラムが誘因する観光客の増加は、交流人口の増加や移住につながり、少子高齢化に直面している地域に新たな可能性をもたらすだろうと、地方創生への起爆剤として注目されました。文化芸術が人々の創造性を育み、「心豊かな活力ある社会の形成にとって極めて重要な意義」を持つことは、文化芸術振興基本法の前文に謳われていたことですが、文化資源を活かす事業企画への支援という具体性が、理念的な言辞にとどまらず、文化の力への認識を説得力あるものにしたのだと思います。それも、芸術関係者ではなく文化芸術振興基本法など知らなかったような地域のまちづくりの担い手たちなどに広がったといえます。しかしそれは、演劇の上演や音楽の演奏会といった芸術の公演などへの期待というよりは、地域に伝わる歴史的遺産や町並みなど、地域の文化資源を広く見直そうという働きかけと強く結びついていました。地域文化を誇りに思う機運の醸成は、それに付随するであろう経済効果に言及することで説得力を持ったのだと思います。そして、このような文化芸術がもたらす社会的価値、経済的価値を軸にすえた文化政策への期待は、文化芸術振興基本法の改正へとつながります。次の章では、変わり始めた文化政策を見ていきながら、劇場や劇団など芸術団体のこれからについて考えていきましょう。

(74) 障害者による文化芸術活動の推進に関し、基本理念、基本計画の策定その他の基本となる事項を定めることにより、障害者による文化芸術活動の推進に関する施策を総合的かつ計画的に推進し、もって文化芸術活動を通じた障害者の個性と能力の発揮及び社会参加の促進を図ることを目的とした法律です。

(75) 「障害を理由とする差別の解消の推進に関する法律の一部を改正する法律」(二〇二一年六月公布、二〇二四年四月施行)により、芸術の鑑賞等に当たっての合理的配慮が、事業者に義務付けられるようになっています。

コラム⑭　ワークショップ、アウトリーチ……カタカナ語の意味

●ワークショップ流行りですが

公立文化施設のチラシ置き場に行って、市民むけ演劇ワークショップを開催します、といったチラシを見つけることは、今でこそ普通になりましたが、子どもや市民のための演劇やダンスなどのワークショップを開催する動きは九〇年代初頭にはまだ珍しいことでした。公立文化施設の事業担当者向けアーツ・マネジメント研修が繰り返される中で、芸術に親しむ人を増やし広げるには、ただ公演を企画して宣伝するだけではダメで、体験型の事業が有効という考え方が紹介され、実践例の紹介もあちこちで行われてきました。ですから、今や芸術関係者の間では、「ワークショップ」＝体験型事業というくらいの認識は一般化しています。別の言い方をすると、市民向け体験活動のことをワークショップと言って、やや狭い理解のまま浸透しているのではないかと勘繰《かんぐ》っているくらいです。

しかし、一般論として「ワークショップって何ですか?」と質問されることは、よくあります。実は、いろいろな使われ方があるので、ワークショップとはどういうものを指すのか、過不足なく説明できる人は案外多くないと思います。直訳すればワークショップとは作業場という意味ですが、誰のための、何のための作業場かという設定次第で、中身はかなり変わるからです。ワークショップとは何かを説明しようとしたら、それだけで本が書けてしまうほど多様なのですが、最近の日本の芸術関係者の間の傾向として、参加者ひとりひとりが主体性をもって、いろいろ試してみるための場にするということで理解されているのではないかと思います。少し付け加えるならば、誰かが強いリーダーシップを発揮することより、

ファシリテーター（促進する役割の人）がいて、参加者のアイデアをうまく引き出しながら、お互いがお互いを認め合う関係づくりが推奨されています。ワークショップをうまく導いていく「ファシリテーション」の技術も注目されています。

●「コミュニティ」に「アウトリーチ」するって？

もうひとつ、アウトリーチという言葉も、よく使われるようになりました。「アウト」＝外、「リーチ」＝届くこと。つまり、劇場・ホール内での事業ではなく、地域へ出かけていく「出前」事業です。具体的には、学校や福祉施設などを訪れて、放っておくと舞台芸術鑑賞に来ることができそうもない人たちのところに出かけていって、演奏を聞かせたり、芸術に触れるきっかけを提供するというものです。つまり、公演を見せるだけでなく体験型の活動を採り入れたり、訪れてくれるのを待つのではなく出かけていこうというように、できるだけ幅広い人たちに芸術に触れてもらいたいという理念が背景にあります。最近は、そういう理念を体現している事業のことを、アウトリーチ的活動と呼ぶ使い方も時々耳にします。

なぜ、こんなカタカナ語が流行ってしまうかというと、芸術を広めようという考え方が、海外の事例と一緒に、九〇年代以降、アーツ・マネジメント研修などを発信源として紹介されてきたからでしょう。財団法人地域創造や全国公立文化施設協会の刊行物のバックナンバーを眺めれば、その軌跡はよくわかると思います。

最近は、プロのアーティストの公演ではなく、市民が行う芸術活動に、プロの芸術家が協働しながら公開までもっていくプロジェクトが紹介されています。コミュニティ・ダンス、コミュニティ・アーツとして海外の例が紹介されるのですが、そうした活動の中でも、その市民というのが失業者だったり、移民や貧困層の多い地域の住民であったり、何らかの社会問題と関連づけられている場合があります。こういう活動が目指すところは、芸術へのアクセスを広げようという働きかけより一歩踏み込んで、「ソーシャル・インクルージョン」＝**社会包摂**という考え方です。放っておくと、社会の中で孤立したり疎外されたりするグループに対して、地域コミュニティの一員としてつながることのできる回路を、芸術活動への参加をきっかけに提供しようというものです。社会問題の解決法のひとつとして、芸術を応用しようという動きです。近年は、日本でも福祉や多文化共生といった地域課題との関連で、芸術を通じて社会包摂を掲げた活動を積極的にアピールする公共劇場やＮＰＯもあります。

カタカナ語であれ何であれ、芸術に触れる機会が幅広く提供されるようになり、多くの人が好ましいと認める事例が日本各地に増えるのであれば、それにケチをつける必要はありません。しかし、なぜそれが必要とされているのか、目指すところは何なのかが把握されないまま、言葉や形式だけが広がっては形骸化する危惧もあります。目的や対象となる人たちの状況を確認しないで、事業の形態だけ海外の真似をしても効果は期待できません。また、日本には日本の状況がありますから、海外で好事例であるとされることが、そのまま日本に適用できるかどうか、もう一度考える態度も必要でしょう。

一例をあげると、日本では児童青少年演劇の公演は学校巡回が主流で、地域の劇場で恒常的に上演しているということがほとんどありません（ごく僅か、人形劇専門劇場が数例ありますが）。「出前」が当たり前に定着していて、いってみれば「アウトリーチ」公演ばかりで、本拠地がないのです。考えようによっては、日本の場合、アウトリーチが必要なのではなく、本拠地の充実が優先課題なのかもしれませんよね？　また、繰り返し触れているように、日本はもともとお稽古ごとが盛んな国で、市民が発表会を自発的にたくさんやっている国です。いってみれば、「コミュニティ・アーツ」だらけです。もちろん、お稽古事やアマチュア活動はある程度の経済的余裕のあるところでないと続きませんから、社会的弱者が参加できるようにという枠組みや、地域づくり政策との関連で支援されるものとは異なります。普通に市民がしているアマチュア活動には手厚い支援は向けられていないのに、社会的弱者をピンポイントで対象にする活動は、非常にデリケートな問題を含みこむ可能性がありませんか？　言葉どおりの上っ面の意味だけで捉えずに、似たような活動が日本には既にあり、海外から紹介されることが、それとどう似ていて、どう違うのか、意識的である必要があるでしょう。目的の確認が何より肝心です。

さらにいうと、「ソーシャル・インクルージョン」＝**社会包摂**とは、多数派が少数派を包摂するという、何やら「上から目線」のような社会の捉え方の域を出ていないのではないかという批判があり、多数派こそ変化すべきで、「共生社会」あるいは「ユニバーサル化」という言葉から人々の行動変容などを求める動きがあります。こうしたことに関係した活動では、解決したい課題は福祉や地域づくりなど芸術以外の社会的な課題です。社会的課題解決の専門家や専門組織は既にあるはずなので、そうした専門家との連携や協働もなく、生半可な知識で自己流で実施していくのは感心できません。そういった活動は、社会的課題の解決策として効果があったかどうかという観点から評価されていくでしょうから、演劇や芸術といった範疇から飛び出して、別の土俵で評価されることへの覚悟も必要です。

第六章　文化政策が変わり始めた

文化芸術基本法への改正がもたらしたもの

二〇一七年六月、文化芸術振興基本法が改正されました。二〇〇一年十二月施行から、十六年近くたって初めての改正です。法改正の趣旨は二つあって、ひとつは、「文化芸術の振興にとどまらず、観光、まちづくり、国際交流、福祉、教育、産業その他の各関連分野における施策を法律の範囲に取り込むこと」。もうひとつは「文化芸術により生み出される様々な価値を文化芸術の継承、発展及び創造に活用すること」と説明されています。「文化芸術の振興にとどまらず」ということで、法律の名前から「振興」の二文字がとれ、改正点は多岐にわたっています。[76] 基本法改正の背景には、いくつかの要因がありますが、まずは法改正によって生じた具体的変化について述べていきましょう。

最も大きな変化は、改正前までは政府は「文化芸術の振興に関する基本的な方針」を定めなければならないとされていましたが、改正後は「文化芸術推進基本計画」を定めることになりました。そして、その推進のために、政府が文部科学省及び内閣府など複数の省を含む関係行政機関で構成される「文化芸術推進会議」を設置し、連絡調整を行うという体制が定められたことです。つまり、それまでの文化芸術振興基本法は、主に文化庁の施策のみを念頭に構成されていましたが、改正後は文化庁以外の省庁の施策で文化に関わる施策も含めて、文化政策の範疇として捉えられるようになったことです。

改正基本法の成立の五日後、さっそく文部科学大臣は第七条に則って文化審議会に文化芸術推進基本計画の策定に向けた諮問を行いました。文化審議会では、主に文化政策部会が検討を担っていきましたが、部会の下に文化政策部会基本計画ワーキング・グループが設置され、さらに既存の分科会や新たに設置された分野別ワーキング・グループでも検討がなされるなど、七月から翌年の二月にかけて、文化芸術団体からのヒアリングも含め、二〇回以上の審議が精力的に行われました。そうしてまとめられた文化芸術推進基本計画案の答申は、二〇一八年三月六日に閣議決定され、文化芸術推進基本計画（第1期）として公表されました。[77]

二〇〇一年に、文化芸術振興基本法の制定に向けて超党派の国会議員で構成される音楽議員連盟で検討が進められていた時は、文化芸術の振興は、国が「計画」を策定するということは馴染まないのではないかという議論があって、国は文化芸術振興に関する基本的な方針を定めるという条文にとどまっていました。その基本方針も第一次から第四次までが策定され、文化芸術の振興に関する方向性の議論が重ねられてきたところに、文化政策の範囲を、観光、まちづくり、国際交流、福祉、教育、産業その他の各関連分野における施策も射程に入れるということになり、「文化芸術に関する施策の総合的かつ計画的な推進」（第七条）を図るためとして、計画に改められたということです。

（76）条文の新旧対象表も公表されています。
http://www.bunka.go.jp/seisaku/bunka_gyosei/shokan_horei/kihon/geijutsu_shinko/index.html

（77）中長期的視点から今後の文化芸術政策の目指すべき姿（四つの目標）や、二〇一八年度から二〇二二年度までの今後五年間の文化芸術政策の基本的な方向性（六つの戦略）、文化芸術に関する基本的施策（一七〇）、この基本計画に係る評価・検証サイクルの確立等について示しています。
http://www.bunka.go.jp/koho_hodo_oshirase/hodohappyo/1402067.html

計画策定のプロセスで見えてきたこと

基本計画は、抽象的な言葉や行政用語が並んでいて、演劇をやりたい、あるいは芸術を盛んにしたいという自分とどう関係あるのか、よくわからないという反応がほとんどだったかもしれません。確かに、第一期の計画の本文だけで五十九頁もある文書は目を通すだけでも大変で、書かれていることの背景に何があり、これから何が変化していくのか、読解することは非常に難しいと感じました。私自身、期待したい部分と懸念する部分の両方があり、基本計画を歓迎すべきか否かといったような単純な評価は相応しくないと思いましたが、基本計画案の検討のプロセスを追いながら、文化政策が大きな潮流の中で変化を始めていると感じないではいられませんでした。

その潮流とは、政府が経済との関係で文化政策を捉え、経済成長戦略の中に位置付けるようになったことです。二〇一七年六月に閣議決定された「経済財政運営と改革の基本方針２０１７」(政府が示す政策の基本骨格、いわゆる骨太の方針)には、「稼ぐ文化」への期待が盛り込まれました。「新たな有望成長市場の創出・拡大」の項目に「文化芸術立国」について述べられていますし、「海外の成長市場との連携強化」の項では、「食、映画、コンテンツ、文化等の日本固有の魅力の創造・発信・展開などクールジャパン戦略」が言及されています。さらに「新しい需要の喚起」の項目で、日本遺産をはじめ、様々な文化財を観光資源として保全・活用することなどが挙げられています。そして同日閣議決定された「未来投資戦略２０１７」においても、関係省庁の連携により「文化経済戦略(仮称)」を二〇一七年中に策定するとされ、これらの方針を受けて、実際に内閣官房と文化庁によってまとめられた「文化経済戦略」が年末に公表されました。(78)

「文化経済戦略」は、基本計画と並行して検討されていたので、方向性などに矛盾はないですが、文化への戦略的投資によって文化芸術振興と経済成長の実現を目指すという文脈が際立ったものとなっています。一方、基本計画は、文化政策の範囲をもう少し幅広く捉えています。基本計画案の検討の初期の段階では、素案の中に政府の経済財政方針と呼応する「稼ぐ文化」という文字があったのですが、それには異論が出て消えました。四つの目標、六つの戦略については、語句の選び方や目標と戦略の順番は、何度も修正と入れ替えが行われ、最終的には「文化芸術の創造、継承、発展と教育」という、文化芸術振興の根幹が筆頭になることで落ち着きました。

基本計画は、実質的には半年に満たない短期間のうちに精力的に検討され、国民の意見を求めるパブリックコメントのために案が公表されたのは、二〇一七年の年末ぎりぎりでした。年末年始の休暇を含む二週間のみで意見募集は締め切られ、結果的に、パブリックコメントを経ての修正はごく微小にとどまりました。端的に言って、以後五年間に講ずべき基本的な施策に書き込まれたことは、当時の施策および予算確保が見込まれている施策が基本的な施策として四つの目標、六つの戦略のもとにリストアップされたものと考えられます。予算確保の見通しがない施策は書きこまないというのは、それまでの基本方針と同様ですが、従来とは少し違う点がありました。

まず、これまでは文化庁の施策だけでしたが、厚生労働省や農林水産省、外務省などなど、複数の省庁の施策が列挙されました。施策が羅列されているだけでは「総合的かつ計画的」というには、ちょっと難があるの

(78) 二〇一七年十二月二十七日公表。
https://www.bunka.go.jp/seisaku/bunka_gyosei/bunka_keizai/index.html

ではと思いましたが（これは、二〇二三年三月にまとめられた第2期の計画では、少し改善されていたように思います）、いずれにせよ、今後は省庁を超えた連絡調整における文化庁の手腕が問われるところと思います。これに関連して、「第6　今後の文化芸術政策を総合的に推進するための文化庁の機能強化等」という章が設けられて、文化庁の機能強化を通じて「新・文化庁」を実現すると書かれてあり、二〇一八年度から博物館行政と学校における芸術に関する教育に係る業務が、文部科学省から文化庁に移管されることが明記されました。

政策評価のフレーム

もうひとつ、基本方針から基本計画になって特徴と思われたのは、政策評価の枠組みが示されたことです。「第5　文化芸術推進基本計画（第1期）に係る評価・検証サイクルの確立等」という章があって、政策の評価と検証のサイクルを確立するために、六つの戦略を対象に、指標を用いて評価・検証し、計画の進捗状況を把握し、今後の施策の改善に反映することが明記されました。従来は、個々の施策の対象となった事業の評価は求められてきましたが、政策評価の枠組みは制度化されてきませんでした。目指すべき方向性と個々の施策が結び付けられ、政策の構造が示されたことに加え、ようやく文化政策が、指標を通じて成果を問うようになるというのです。この背景には「行政機関が行う政策の評価に関する法律」（行政評価法）が二〇〇一年に制定され、政府全体として政策の効果を測定分析し、次の政策の企画立案実施に役立て、効果的かつ効率的な行政の推進が掲げられてきたということがあります。要するに、税金が効果的に使われていることを示せという声が強くなってきた結果ですが、行政評価法は何度か改正されていて、より評価の透明性を高めることなどが求められるようになり、文化政策も例外ではないということです。

ただし、政策効果は、できる限り定量的に把握することといっても、演劇を含む実演芸術については、一部の活動の調査は行われていても、全国的にどのような公演がどれだけ誰によって行われているのかを把握する統計は整備されていません。政策の効果を示す土台が築かれていないのです。実演芸術の「供給」の状況に限らず、国民の文化享受の状況についても、第1期の計画策定の段階では、例えば子どもの文化芸術活動の参加の割合、障がい者の参加の割合などはあまり把握されてはいませんでした。こうした欠落、不備は、基本計画検討プロセスでも認識されていて、「調査研究及び客観的な根拠に基づく政策立案機能の充実等」で、文化芸術に関する国内外の情報や各種データの収集・分析、将来推計等の調査研究を基盤に、望ましい文化芸術政策を企画立案・評価できる体制が重要というような指摘が書き込まれました。

そして政策評価に相応しい指標の選び方、指標の用い方については、第2期の基本計画策定の時までの課題ではないかという議論もあり、二〇二二年度に第2期の計画が検討されるまでの四年ほどの間に、調査研究や客観的データの収集が重ねられました。その結果は、第2期の計画とともにエッセンスが関連データ集として示されるに至っています[79]。しかし残念ながら、演劇などの実演芸術の公演の状況把握は、まだ一部にとどまっています。

これに関連して、第1期の計画でもうひとつ留意点があります。基本計画の本文に続く参考資料の中に、「文化芸術政策に係るその他の主な中長期的課題について」という項で、調査研究の充実、政策立案機能の強化、義務教育期間中の鑑賞活動の現状把握の必要性などが挙げられていました。そして芸術活動への助成に関連することでは、独立行政法人日本芸術文化振興会について、文化芸術への助成をより有効に行うために機能

（79） https://www.bunka.go.jp/seisaku/bunka_gyosei/hoshin/pdf/93856401_03.pdf

強化が必要ではないかという指摘がなされていました。これらの課題はいずれも重要な指摘で、計画の本文に入っていておかしくないことがらばかりでしたが、基本計画案の議論のプロセスで指摘されはしたけれども、まだ解決のための施策化の見通しがたっておらず、具体的施策に含められなかった課題と考えられます。政策評価のサイクルをまわしていくという道筋は示されたものの、まだその土台が整っていないという認識はされているようです。日本全体の、そして地域ごとの文化芸術の状況がどうなっているのか把握するための文化統計の整備は急がれるべきでしょう。ただし政策評価に用いられる指標やその用い方については影響力も大きいので、早計な判断に陥らないよう、しっかりとした議論が必要だと思います。

地方にも変化の波？

文化芸術基本法は、地方公共団体に、国の基本計画を参酌《さんしゃく》して、その地方の実情に即した文化芸術の推進に関する地方文化芸術推進基本計画を定めることを努力義務としました。四七都道府県のうち、文化振興条例(名称はともあれ)を定めているところは、二〇二三年十二月時点で三七、政令指定都市、中核市を含む市町村で合わせると一四〇という状況です。文化政策の指針(名称はともあれ)については都道府県で四二、政令指定都市、中核市そのほかの市区町村あわせて三三五にとどまります。地方公共団体で、指針等で文化政策の枠組みが定められているところは、都道府県では、残すところあと五県になりましたが、市町村レベルではごく一部にとどまります。文化振興条例にしても、指針等にしても、いずれも基本法改正時よりは少しずつ増えていますが、まだまだという状況です。

地方文化芸術推進基本計画を定める自治体が、今後順調に増えていくのかどうかはわかりませんが、文化芸術振興にとどまらず、関連領域を含めて文化政策としていく方向性は、基本法改正五年を経て既に現れているようです。最初の文化芸術振興計画等を策定してから、改定が複数回に至っている自治体もありますし、二〇二二年調査では、文化政策計画等を策定している市区町村の六割が、文化芸術関連施策も含むと回答していました。(80)

国の文化政策の枠組みが、基本法改正を経て変化し始めたのは画期的なことだと思います。しかし、芸術関係者はもちろん、国民の大半が、文化環境がよくなったと実感できるようになるかどうかは、より住民に近いところの自治体の文化行政の充実に負う部分が大きいのではないかと思います。ですから、今後、各自治体でどのように文化政策の方向付けが行われるかが肝心だと思います。でも、行政に任せておくだけでは変化は訪れません。芸術を振興したいと考えている芸術関係者こそ、積極的にそうした動きに関わっていく必要があるのではないでしょうか。

地域の文化環境をどうしていくのかと考えるとき、文化芸術の振興で自治体が主導権を持つというのは、本来、文化芸術の自主性、表現の自由ということから考えると、ちょっと疑問を感じます。まして、国が一律に枠組みを押し付けるのも地方自治の精神に反します。けれども、市民の文化芸術活動への参加を促し、他分野の政策領域ともつながる公共政策に位置付けるということがなければ、文化芸術で地方創生などとは、自治体の関与が全くないところでは不可能と思います。土台づくりは、行政が担うべき役割だと考えます。

(80)「地方における文化行政の状況について」二〇二二年十月現在の状況をまとめた調査の令和3年度版による。二〇二三年五月公開。
https://www.bunka.go.jp/tokei_hakusho_shuppan/tokeichosa/chiho_bunkagyosei/index.html

第1期の文化芸術推進基本計画では、「地域の文化芸術を推進するプラットフォーム」というのが「目標4」として掲げられていました。文化芸術のプラットフォームとは何だろうかと、当初は理解しにくい言葉だなと思いましたが、地域の文化環境づくりに関係する機関、民間の団体、それぞれが主体的に関わりながら、地域の実情にあった連携の仕方で地域の文化芸術の振興の基盤を形成していく、そのような連携が、各地でできていくことが理想として目指されているのだと理解しました。

具体的には文化庁の施策として、基本法改正に先立つ二〇一六年に、東京五輪との関連で地域の文化振興を支えるしくみを整えるべく「地域の文化施策推進体制の構築を促進する取組」への支援事業が始まっていました。いくつかの地方公共団体が地域版アーツ・カウンシルとして文化芸術振興の枠組みづくりに取組み始めましたが、文化庁の支援策は翌年度からは「文化芸術創造拠点形成事業」に含みこまれる形になりました。採択結果を見ると、枠組みづくりより、地方公共団体が取組む文化芸術事業が過半を占めるようになっています。

地域版アーツ・カウンシルについては、地域間の連携・交流を促進しようと「アーツカウンシル・ネットワーク」が発足していますが、二〇二三年十二月現在で一七団体にとどまっています。(81) それぞれに地域の芸術団体への関わり方を工夫するようになって、地域の小劇場のユニークな活動が注目されたりもしていますが、地域のアーツ・カウンシルといっても、名称も、事業内容、予算規模、組織体制もまちまちで、全国的な傾向というほど大きな流れになってはいないようです。文化芸術で地域の活性化を図りたいという地方公共団体は少なくないけれども、恒常的なしくみづくりより、まずは事業を行うなかでの連携・協力関係の構築をということなのかもしれません。新型コロナの感染拡大に見舞われたため、理念の提示にとどまってしまっているのかとも思います。なお、後述しますが、第2期の計画では、目標4は「持続可能で回復力のある地域における文化コミュニティの形成」という文言に修正されています。

（81）オブザーバーも含むと三十ほど。令和四年度アーツカウンシル・ネットワーク加盟団体・オブザーバー年鑑が公表されています。
https://artscouncil-niigata.jp/artscouncil-network/wartsp/wp-content/uploads/2023/03/R4_AC-net_nenkan.pdf

コラム⑮　文化芸術基本法への改正

●きっかけは食文化

文化芸術振興基本法の改正のきっかけは、「食文化」でした。二〇一三年に「和食：日本の伝統的な食文化」がユネスコの無形文化遺産の代表一覧表に登録されたのを契機に、「和食」を法的にも文化として位置付けてほしいという和食文化関係者からの働きかけがあったのです。文化芸術振興議員連盟で基本法見直しの第一回勉強会が開かれたのは二〇一六年一月のことで、第十二条の生活文化の中に和食も含まれていると解釈されるとはいうものの、関係者から文化芸術振興基本法に明示してほしいという強い要望がありました。

結果的に、「和食」に限定するのではなく「食文化」を例示する改正になりましたが、法制定から十五年が経過して、ほかにも見直すべき点があるのではないかと、議連における基本法見直しの勉強会は、二〇一六年の秋以降活発化していきました。少子高齢化やグローバル化の進展、情報技術の急速な進展・普及、また、二〇二〇年の東京オリンピック・パラリンピック競技大会の開催を契機とした文化プログラムの展開とレガシー創出への期待など、文化芸術をとりまく状況の変化が見直しの主な要因として挙げられています。が、もうひとつ、政府が、二〇一六年三月に文化庁を京都に「全面的に移転」すると、政府機関の地方移転の基本方針を決定したことが大きく影響していたと思います。

文化庁移転協議会が二〇一六年八月末に公表した「文化庁の移転の概要について」という文書では、新たな文化行政のあり方と文化庁の機能強化の必要性が述べられ、続く九月末の文化審議会で、急遽、新しい文化行政のあり方について審議が求められています。そして、わずか二か月足らずの間に、「文化芸術立国の実現を加速する文化政策─「新・文化庁」を目指す機能強化と2020年以降への遺産(レガシー)創出に向けた緊急提言─」(二〇一六年十一月十七日答申)がまとめられ、文化庁の機能強化の必要性が盛んに発信されるようになっていきました。今の文化庁を、現状のまま京都移転させては文化行政が弱体化してしまうという、文化庁内部からの危機感があったのではないかと推測します。そうした機能強化を実現するためにも、基本法の改正によってアクセルを踏み込もうという思惑があったのではないでしょうか。そして現に、「文化芸術振興基本法の一部を改正する法律」の最後には、「政府は、文化芸術に関する施策を総合的に推進するため、文化庁の機能の拡充等について、その行政組織の在り方を含め検討を加え、その結果に基づいて必要な措置を講ずるものとすること」という条文が入っています。

●大事な基本理念の改正

きっかけはともかく、結果的に改正点は多岐にわたりました。語句の統一や漢字表記の修正などの細かいものもありますが、まず注目してほしいのは、基本理念の3項の修正です。旧条文では、「・・・文化芸術を創造し、享受することが人々の生まれながらの権利であることにかんがみ、国民がその居住する地域にかかわらず等しく、文化芸術を鑑賞し、これに参加し、又はこれを創造することができるような環境の整備が図られなければならない」とあったところに、「国民がその年齢、障害の有無、経済的な状況又は居住する地域にかかわらず」というように、文化芸術の享受があらゆる人々の権利であるという記述が補強されました。

新たに追加された項が二つあります。

8項に新しく、「文化芸術に関する施策の推進に当たっては、乳幼児、児童、生徒等に対する文化芸術に関する教育の重要性に鑑み、学校等、文化芸術活動を行う団体、家庭及び地域における活動の相互の連携が図られるよう配慮されなければならない」が追加されました。文化芸術教育の重要性が基本理念の条文の中で触れられたこと、しかも、子どもと一括りにするのではなく、乳幼児から例示されていることは画期的と思います。

もっとも、現行の国の施策は、乳幼児から高校生等まで連続的に考えられているかというと、乳幼児に対しては厚生労働省の施策が少しありますが、文化庁はもっぱら義務教育期間の芸術体験に関する施策が中心で、高校生以上に対してはかなり限られています。この項の追加を理由に、子どもを対象とした施策の見直しと体系化が進められるべきでしょう。

もうひとつ追加されたのは、今回の改正の趣旨そのものです。

「文化芸術に関する施策の推進に当たっては、文化芸術により生み出される様々な価値を文化芸術の継承、発展及び創造に活用することが重要であることに鑑み、文化芸術の固有の意義と価値を尊重しつつ、観光、まちづくり、国際交流、福祉、教育、産業その他の各関連分野における施策との有機的な連携が図られるよう配慮されなければならない」

文化芸術の固有の価値と意義の尊重という念押しがありますが、関連分野の列挙の順番が、観光、まちづくり、国際交流・・・となっているあたりに、経済戦略との強い関連が見てとれます。文化芸術関係者の間では、第五章で触れたように、教育との関連は早くから実践が行われてきましたし、社会包摂、共生社会の実現として、福祉との関わりにおいても様々な試行錯誤がなされてきています。実際、第四次の基本方針の前文では、「教育、福祉、まちづくり、観光・産業等幅広い分野との関連性」という順番になっていました。こうしたことから考えると順番の逆転の背景を思わないではいられないのですが、順番はともあれ、いずれの関連分野とも有機的連携が図れるようになるのが望ましいのは確かです。

●文化芸術団体の役割

基本法の改正の中で、演劇をはじめとする実演芸術によい影響が出るのではないかと私が特に期待する点がいくつかあります。

まず、「文化芸術団体の役割」が定義されたことです。

「第五条の二　文化芸術団体は、その実情を踏まえつつ、自主的かつ主体的に、文化芸術活動の充実を図るとともに、文化芸術の継承、発展及び創造に積極的な役割を果たすよう努めなければならない」

旧基本法では、文化芸術活動を行う者の中に文化芸術活動を行う団体も含むという書かれ方で、芸術家も芸術団体も同列のような扱いでしたが、文化芸術団体の役割が明記されたことで、団体の役割や存在意義などが認知されやすくなるのではないかと思います。そして、これに関連して、第3章で列挙されている基本的施策の書き方が変化しました。

文化芸術団体の役割が、文化芸術の継承、発展及び創造にあるということから、第8条の芸術支援の条文では、「芸術の公演、展示等への支援」だけだったところに、「これらの芸術の制作等に係る物品の保存への支援、これらの芸術に係る知識及び技能の継承への支援」という言葉が追加されました。九条から十一条も、同様の修正が行われています。わかりやすくいうと、これまでの公的な支援は、公演や展示といった、イベント事業支援しか念頭になかったけれども、文化政策が目指すところは「文化芸術の継承、発展、創造」なのだから、モノやソフトの継承への支援を視野に入れなさいよ、ということです。抽象的な書かれ方と感じられるかもしれませんが、それだけ、芸術助成のしくみも、従来の公演事業支援に拘泥することなく、幅をもって対応することが可能になったのではないかと考えられます。

●調査研究

基本的な施策の中に、新たに条文が追加され、ようやく調査研究が明示されました。

第二十九条の二　国は、文化芸術に関する施策の推進を図るため、文化芸術の振興に必要な調査研究並びに国の内外の情報の収集、整理及び提供その他の必要な施策を講ずるものとする。

国内で文化芸術の分野では、どのような人が、どれだけいて、どういう活動をしているのか。国民の鑑賞行動はどうなっているのか。そうした把握なくしては、どんなに人材育成が重要だといっても、全体状況が掴めていないところでは、人材養成や確保に係る施策があるといっても、隔靴掻痒でしかありません。東京一極集中の緩和という施策にしても、人口や文化施設の分布、事業実施の傾向と合わせて、専門人材の配置を考えていく必要があるでしょう。そうした政策策定の基盤となる情報が、経年変化を含めて把握されていかなければ、基本計画で示された方向性も絵に描いた餅になってしまいます。

さらに、条文には、「情報の提供」という言葉も入っていますが、これを根拠に、各種アーカイブの整備や公開への支援策が充実していくことを期待しています。基本計画検討のプロセスでは、メディア芸術を筆頭にアーカイブの重要性が議論されていましたが、演劇や舞踊は、舞台が終わってしまうと消えていく時間芸術だからこそ、様々な資料の収集と、それを使いやすく提供するということが、次の創造、発展にとって重要だからです。インターネットがこれだけ普及して、ちょっと検索すると大方の情報は入手できるかのように思われていますが、公演の宣伝のための情報はアップされても、終わってからの記録を整理して提供できるようにすることまでは、なかなか積極的にはなされていません。まして専門家の比較分析に耐えうるような情報の集積は、ごく限られています。芸術に関するアーカイブの充実は、継承、発展、創造のために、今後、ますます重要になっていくことと思います。

そしてコロナ禍に見舞われた

さて、基本法改正の意味を紐といてみましたが、ややこしくて、ますます芸術から離れていったと感じてしまった人もいるでしょう。要するに、基本法の改正で、制度上は文化行政の大枠はより明確になったといえると思うのですが、文化芸術の範囲が大幅に拡大されたため、文化政策の主軸が、観光資源や地方創生の源となるような文化財の方にシフトしたように感じた向きが少なくなかったのではないでしょうか。そして現実社会は、これから東京五輪関連の文化プログラムが各地で盛んに行われることになるという矢先、新型コロナウィルス感染の拡大が恐れられる事態となり、二〇二〇年二月、冒頭でも触れたスポーツ・文化イベントへの自粛要請が出され、次いで四月には緊急事態宣言が発出されたのでした。

コロナ禍で、舞台関係者がどれだけダメージを受けたか、それを詳細に書き始めたら何ページあっても足りなくなりそうなので要点だけにしますが、第一に、急に公演や撮影・収録等が中止、延期に追い込まれて収入が途絶えた、激減したという経済的なダメージ。第二に「不要不急」と言われ、かつ、なかなか再開の目途が立たずに不安定な状態に置かれ、自らのアイデンティティが揺らいだ精神的ダメージ。そして第三に、芸術分野で仕事ができない人々への支援が、他産業で小規模事業者、個人事業主が「持続化給付金」を受け取れたようには、損失補償として受けることができなかったことです。

経済的ダメージの大きさについては、文化芸術推進フォーラムが二〇二一年に行った調査結果を見ていただきたいですが、二〇一九年と二〇二〇年を比較して、芸術活動による事業収入の減少幅は、「劇場」がマイナス六九・九%、「劇団」がマイナス四九・六%。一般にコロナ禍で大きく影響を受けたといわれている飲食業のマイナス二六・六%や宿泊業のマイナス三七・二%よりも凄まじく、航空業のマイナス五一・七%と同等以上の減少幅でした。[82]

文化庁は、文化芸術分野の窮状に対して、コロナ対策として令和二年度第二次補正予算に五六〇億円(スポーツを含む)、第三次補正予算に三七〇億円を計上し、大型支援策を打ち出しました。ぴあ総研の推計によると、演劇や音楽などのライブ・エンタテイメントの市場規模は、二〇二〇年は前年比八二・四%減、額にして五一八七億円減の一一〇六億円に落ち込んだといいますから、ライブ・エンタテイメントの損失を補うだけでも足りない額です。それでも、文化庁の通常の年度予算が一千億円余であることを考えれば、この補正予算は異例のことで、支援予算獲得のために奔走した関係者の努力の跡がうかがわれます。

けれども、提示された支援策は、多くの舞台芸術関係者が望んだ損失補償の給付ではなく、そのほとんどが新たな公演を行うこと、あるいは無観客で映像を配信することを前提にした「事業支援」でした。何らかの「事業」を行うことに対しての支援という形では、事業後の報告、支払い、精算までの間、事業実施に必要な資金を用意しなければなりません。自己負担や立替払いを前提とする支援は、公演中止等で収入が断たれた事業主を、資金繰りでさらに追い込むことにほかなりませんでした。実際、申請はしたけれど取り下げた人も数

(82) 文化芸術推進フォーラムは、文化芸術振興基本法成立を支援した舞台芸術、音楽、映画等、文化芸術に関わる団体が集い、文化芸術振興基本法推進フォーラムとして発足、二〇〇三年四月に現名称に改称。二〇二三年四月現在、二四団体で構成されています。コロナ禍において文化芸術関係者の活動回復に向けて調査研究や政策提言を行ってきました。「新型コロナウイルス感染症拡大による文化芸術界への甚大な打撃、そして再生に向けて―調査報告と提言」(二〇二一年七月)は、そのひとつです。
https://ac-forum.jp/2021/07/19/3125/

多くいたといいます。資金力のない事業主は、そもそも応募を断念するので支援対象になりません。そしてコロナ支援策である「文化芸術活動の継続支援事業」に申請するには、文化芸術に従事していることを証明する必要がありました。それぞれの分野の職能団体、協会組織の会員になっていた人は、そういう団体が確認番号を発行する役割を担ったので芸術家等として特定する作業が軽減されたのですが、どこにも所属することなく、まったくのフリーランスとして活動していた人は、申請する資格があるかどうかの手続きに手間取ることになったのです。第一章で「誰でも、名乗ってしまえば演劇人！」と書きましたが、支援対象となるには、名乗るだけではなく、その分野で活動していることの証明が求められたのでした。

その際、芸術で収入を得てきたことを証明することが難しいという問題がありました。確定申告で俳優や演奏家として申告してきた人ばかりではなく、兼業であるため芸術活動で得た収入を雑収入として申告している人も相当おり、当初はそういう人は文化芸術従事者として認められないと判断されました（これは説明、交渉の末、改善されましたが）。また芸術家として申告していて収入減が明らかならば、持続化給付金を受けられる可能性もあったはずですが、芸術関係の仕事は不定期で、報酬は仕事をして随分後になって支払われることもあるので、他の産業のように、前年同月比でいくら減ったと示すことが難しい人が少なくなかったのでした。そして出演依頼やスタッフへの仕事の依頼は口頭でなされることが多く契約書を交わすことが根付いていないので、仕事を失ったことを証明する手立てがないという事態にも直面しました。

そもそも、文化芸術の各分野に、それぞれどれだけの人がどのように従事しているのか、行政は実情を掴めていませんでした。プロフェッショナルな劇団がいくつあるか分からないというのは第一章で述べたとおりですが、文化産業として従事者全体を捉えるという発想からして文化庁にはありませんでした。文化庁が支援してきた芸術団体以外に、商業的に自立してきた文化芸術の事業者、従事者は広範囲に存在しますが、それらはそれまでの文化庁施策の対象外でした。文化庁が接したこともない分野のアーティストや事業者が、コロナで支援を求めてきたから混乱が増しました。一方、経済産業省が分析してきたサービス業としての統計では、だいたいの市場規模、傾向を把握するにとどまり、小規模・零細事業者、個人事業主は捕捉されていませんでした。

既述のとおり、演劇などの舞台芸術には、ひとつの作品を創るのに、作家や各部門のデザイナーらとそのアシスタント、舞台監督や助手、技術オペレーター、それから俳優や演奏家、ダンサーなどの実演家、制作スタッフと、様々な専門性を持った人たちが様々な関わり方で協働します。その組み合わせは、作品ごとに変わります。仕事を受ける実演家やスタッフの側からみると、仕事の依頼主が一か所に限られるのではなく、いろいろな依頼者から仕事を受けています。また、ある時は仕事を依頼される立場でも、ある時は仕事の依頼者になることもあります。しかも、毎年一定して仕事があるとは限りません。そして多くが雇用という形ではなく業務委託です。

雇用されないでフリーランスで仕事をしている個々の実演家やスタッフは、コロナ禍で雇用されている人たちが救済された雇用調整助成金の対象外でした。当然、失業給付金などの雇用保険や労災保険の対象外でもあり、コロナで仕事が再開できないという時に救済されない不安は深い闇に放り出されたように深刻でした。コロナ禍で受けた第三のダメージは、金銭的な支援が十分でなかったという以上に、いきなり仕事がなくなってもキャンセル料も補償も得られないという、芸術に従事する者の不安定な立場をクローズアップしてしまったことでした。それが将来への不安を増幅させ、精神的ダメージを深くしたり、離職という決断に至らせたりしたわけです。

コロナ支援策は、文化芸術関係団体からの要望が相次ぎ、また状況の変化もあり、およそ三年の間に少しずつ支援方策や体制は変わりました。申請に不慣れな団体、個人が申請したことと、事務局の側の執行体制が追い付いていなかったことから、当初は手続きの遅れ、対応への不満も噴出していましたが、二〇二〇年度の「文化芸術活動の継続支援事業」だけで交付対象となった芸術家等は七四〇〇〇人超、団体としては五六〇〇団体に及んだといいます。その膨大な事務作業の中で、文化芸術に従事する人々が仕事上置かれている不安定な立場というのが浮き上がってきて、基盤の脆弱性、産業としての把握の不十分さといった問題として指摘されました。[83] 実演家以外の文化行政に携わる人たちが、ようやくこれを問題だと思うようになって、その後の政策課題に文化芸術の活動環境改善が位置付けられるようになったのは、一朝一夕に解決できる問題ではないとはいえ、せめてもの救いです。

文化庁の京都移転と機能強化

東京五輪を契機に威勢よく文化芸術立国をと掲げていた文化芸術推進基本計画（第1期）は、コロナ禍に見舞われて、当初の目標を達成するのが難しくなりました。が、そんななかでも文化庁の京都移転と、それに伴う様々な準備は進んでいきました。

文化庁が京都に移転することになったのは、安倍政権が掲げた東京一極集中の是正、地方創生の一方策として二〇一四年十二月に政府関係機関や中央省庁の一部移転方針を決めたことに端を発します。中央省庁で移転の候補となった「庁」は複数ありましたが、消費者庁など他の候補は移転は難しいという結論を出しました。唯一文化庁だけが激しい抵抗を示さなかったのか、文化庁誘致に名乗りを上げたのが京都だったために、文化行政を京都に移すことの象徴的な意味合いが賛同者を増やしたのか、真相は分かりません。文化芸術関係者の間では移転については賛否ありました。国会対応や財務省をはじめとする他省庁との折衝、連絡調整を考えると、文化庁の全面移転は機能強化どころか、文化行政の弱体化にならないかと懸念されました。しかし一方で、全国各地の文化芸術関係者は、これまで国の政策がいつも東京中心で決定されてきたことを苦々しく感じており、特に関西以西の地域からは歓迎の声があがっていました。むしろ、文化行政の機能強化こそ必要なのだから、各地に地方事務所を置いて二拠点といわず多拠点を持つ文化省にしてほしいという要望も出されました。

コラム⑮でも触れたとおり、二〇一六年六月に文化庁の京都移転方針が閣議決定されてから、移転準備は粛々と進められました。二〇一七年四月には、文化庁「地域文化創生本部」が先行して京都に置かれ、七月には移転先庁舎も決定。二〇一八年六月には「文部科学省設置法の一部を改正する法律」が成立して、文化庁の大幅な組織改編が行われたのでした。

閣議決定では「全面的移転」となっていましたが、芸術団体や著作権関係団体が東京に集中していることから、芸術支援や著作権に関する業務は東京で継続することになり、実態としては全面的移転ではなくなっています。移転先庁舎の改修が長引いたため予定より遅れましたが、二〇二三年五月には移転完了となり、京都と東京の二拠点を持つ体制になりました。特徴としては、それまでの文化財部・文化部の二部を廃して、分野別担当課ではなく、「文化経済・国際課」「文化資源活用課」といったように、機能ごとに課が設けられています。そして長官の直下に「長官戦略室」「食文化推進本部」「文化観光推進本部」が置かれたことから、京都か

(83) 例えば、『新型コロナウイルス感染症の影響に伴う諸外国の文化政策の構造変化に関する研究』(令和三年度　文化庁と大学・研究機関等との共同研究事業)報告書など。

ら地域文化資源の活用を発信し、新たなニーズに応えていくのだという姿勢が感じられます。

文化庁の機能強化の動きと共に、芸術文化振興基金の機能強化も少し進みました。アーツカウンシル機能を持たせるため、二〇一一年から基金部にプログラム・ディレクター（PD）、プログラム・オフィサー（PO）を置き始め、分野、人数ともに拡充されてきたことは第三章で触れたとおりです。アーツカウンシル機能とは、専門家による助言、審査、事後評価・調査研究等の機能といいます。二〇二〇年度からの文化芸術振興費補助金による助成、二〇二二年度からの芸術文化振興基金助成事業の制度見直しが相次いで行われたことは、こうした機能強化の現れの一端なのだと思います。

文化庁が担ってきた助成事業の移管も続きました。劇場音楽堂等支援の業務が二〇一八年に、国際芸術交流事業が二〇一九年に基金部に移管されています。[84]「日本博」やコロナ禍を契機とした支援策も、芸術文化振興会が担うようになっています。このように担当する支援事業が増えるということは、対象の芸術団体等と接する機会も増え、芸術の現場の状況を把握する機会が増えるということでもあります。そうして蓄積される情報をもとにしつつ、調査研究の充実や政策提案の機能の強化も期待されるようになりました。[85]

ポスト・コロナ、ウィズ・コロナの基盤づくりへ

二〇二二年六月、文化審議会に第2期の文化芸術推進基本計画が諮問されました。新型コロナウィルス感染拡大防止のための緊急事態宣言やまん延防止重点措置は、前年度までで発出されなくなっていましたが、舞台芸術の公演は、出演者やスタッフに体調不良者が出れば活動がストップしますし、再開できても制限があったり、観客、聴衆が以前のように戻っていなかったりで苦しい状況にありました。日本全国で文化プログラムを

盛り上げることができなくなって、いってみれば「仕切り直し」が必要とされるなかでの検討開始でした。策定にあたっては、「ウィズコロナ・ポストコロナを見据えた中長期的な文化芸術の振興方策」「文化と経済の好循環を創造するための方策」「文化芸術行政の効果的な推進の在り方」を中心に議論することが要請されました。計画案の検討は文化政策部会で検討されましたが、前年度の十二月から、文化審議会のもとに文化経済部会が設置されており、そこでまとめられた議論も反映されているようです[86]。

第2期計画は二〇二三年三月に閣議決定され公表されました[87]。文書の前半では、第1期の期間中における動向として、コロナ禍が文化芸術に与えた影響をはじめ社会状況の変化と第1期計画の達成状況の評価にあてられ、後半で中長期目標と重点取組などが並んでいます。既述のとおり、目標はほぼ第1期を踏襲し、目標4だけが書き換えられ「持続可能で回復力のある地域における文化コミュニティの形成」となっています。コロナ禍のようなパンデミックや震災などの非常事態が起きてダメージを受けても、持ち直して復活する「回復力」が掲げられたことが注目されます。併せて、国際的にも多様性、包摂性、持続可能性などをキーワードとする社会の実現に文化芸術の貢献が期待されているとして「持続可能性」が掲げられたのも注意すべき点です。そ

（84）芸術団体への助成である舞台芸術振興事業は一九九六年に移管されていました。二〇〇九年に映画を含む文化芸術振興費補助金による事業と振興会の舞台芸術振興事業を一元化し、基金部が担うようになっています。
（85）前出の「アーツカウンシル機能の今後の方向性について」（二〇二一年十一月）
（86）我が国の文化と経済の好循環に資する事項について審議する部会として設置。「文化と経済の好循環を実現する文化芸術活動の「創造的循環」」（二〇二二年三月）をまとめた後も、三つのワーキング・グループを設置して検討を続けていました。
https://www.bunka.go.jp/seisaku/bunkashingikai/bunka_keizai/01/93687401.html
（87）https://www.bunka.go.jp/seisaku/bunka_gyosei/hoshin/index.html

して七つの重点取組と施策群が示されていますが、最後にある「第5　第2期計画推進のために必要な取組」という章に、これからの文化行政を捉えていくうえで重要なことがらが書かれています。

1．社会課題に適時的確に対応するための政策形成・評価と体制構築
2．第2期計画の戦略的な広報・普及活動の展開
3．国・地方公共団体等が一体となった文化芸術の振興

一点目の「政策形成・評価と体制構築」については、政府全体が客観的証拠に基づく政策立案を進めているなかにあって、文化政策も合理的な根拠に基づくべきという方針が確認されているとともに、社会状況の変化に対応した政策形成、政策評価が求められるとしています。第1期でも、文化芸術政策の評価・検証のための指標開発や、調査研究、データ分析に基づいて企画立案・評価できる体制が重要との指摘はありましたが、第2期では、より状況変化への対応力として切実さが増した書きぶりになっていると感じました。そして施策の進捗状況を把握するための指標は、第1期の計画で挙げられた指標に加えて、新たな指標の活用もと書かれており、検討を続けるという姿勢が示されています。

二点目は、単に第2期計画を公表するだけではなく、国民をはじめとする社会全体に対して内容を理解してもらえるような広報上の「戦略」が必要という議論を反映しています。計画が多岐にわたるので、対象によって関心が高そうな部分にしぼったり、分野別に情報提供したりするなど、工夫が必要だろうということです。その際、文化芸術の主要な担い手として、文化芸術団体への周知と協力要請が言及されています。

三点目については、地方公共団体の役割の重要性と関係団体との連携、協調の必要性に改めて触れていま

す。

いずれももっともと頷ける内容ですが、演劇などの実演芸術の振興を考える立場からみると、「政策形成・評価と体制構築」で述べられていることが、最も気になります。特に「文化芸術活動に関する公的支援の有効性を高め、文化芸術がもたらす本質的価値及び社会的・経済的価値の円滑な創出を図っていくことが重要」で、「文化芸術活動等の自律的・持続的な発展に資する支援」が求められるというあたりです。演劇などの芸術活動がもたらすことができる社会的・経済的価値って、何なのでしょう？　演劇が自律的、持続的に発展できるようになるには、どんなことが必要なのでしょう？　次の章では、これまで見てきた文化政策の変化を踏まえて、演劇のこれからについて考えてみましょう。

第七章　どう変わるか、演劇のこれから

演劇の創造現場は変わっただろうか？

劇場法が制定される前に、演劇関係者で劇場法を求める議論が交わされていた頃のことを振り返ると、劇場法に期待していた人々は、各地の公共劇場に専属劇団が置かれ、劇場が創造の拠点となって創造環境がよくなることを願っていたと思います。そして各地の劇場に芸術監督が必ずいて、アーティストが創造拠点、地域芸術拠点をつくっていくことの可能性が語られていました。推進していた演劇人が、劇場法によって実現され得る理想を語れば語るほど、それでは劇団はどうなるのか、劇場に支援が振り向けられ芸術団体助成が無くなったら、芸術団体が存続できなくなるのではないかという懸念を表明する人もいました。単純化していうと、「劇場」か「劇団」かという議論があって、演劇人すべてが最初から劇場法制定に賛同していたのではありませんでした。

劇場法制定後十年を超えた今、そのように想い描かれていた理想や懸念は、幸か不幸か、いずれもあまり当たっていません。「劇場」も「劇団」も必要ということは、劇場法の提起のプロセスで私も本書の初版で表明していましたし、制定後に「劇場・音楽堂等活性化事業」が開始された後も、劇団、楽団などへの芸術団体支援は無くなりませんでした[88]。それでも、自治体設置の各地の劇場が、様々な試みと実績を積み重ねてきて、概念としてではなく、実在する公共劇場として受けいれられるようになってきたと思います。

では、公共劇場は創造環境を改善するのに貢献したでしょうか。

毎年のように評判となるような作品を上演して創造型劇場として認知されている公立の劇場は複数あり、劇作家、演出家、俳優たちが活躍できる場が増えたことは確かです。劇団での公演だったら制作にかかわる作業を分担しなければならなかったり、劇団の経営に腐心しなければならなかったりしますが、公共劇場からの依頼であれば、ちゃんとした稽古場、それなりの報酬も用意され、創造活動に専念できるでしょう。そういう意味では、確かに公共劇場から仕事の依頼を受けている人々にとっては、作品を創造する環境はよくなったといえそうです。

しかし、専属劇団や専属ダンスカンパニーなどが増えたかというと、第二章で紹介したような、公共劇場の先駆けとなったいくつかの劇場の中には、そういったレジデント・カンパニーを有するところがありますが、その後、新たに専属劇団等を持つようになったという例は、ほとんど耳にしません。劇場で毎年のように特定の演出家に仕事を依頼して市民ミュージカルをつくっているとか、毎年、演奏を依頼する相手がいるというような例はあっても、創造集団を恒常的に抱える関係を持つということには、なかなか至っていないようです。

劇場法による「指針」には、実演芸術団体等とも「長期にわたり相互に利点を享受できる効果的な連携・協力関係を構築するよう」と書かれてあります。

公共劇場を本拠地とする芸術団体があることが、なぜ推奨されるかというと、第一には創造に専念できる創造環境が、作品の質の向上につながると期待されるからです。作品ごとのプロデュース公演でもよいではないかと思われるかもしれませんが、集団創作である演劇や舞踊などの場合、それにオーケストラや室内楽団のような演奏家集団はもちろん、集団の活動を通して共有されることが創作に大きく影響しています。経験を共に

(88) 舞台芸術の水準向上に直接的な牽引力となる芸術団体の創造活動への重点支援予算は、実は文化芸術振興基本法が制定された直後の二〇〇二年度には、音楽、舞踊、演劇に伝統芸能、大衆芸能も合わせて総額八〇億円を超えたのですが、その後、劇場法制定前に既に半減しており、劇場法制定後は三〇億円余で推移しています。

してきた仲間だから理解し合えること、呼吸を合わせられること。この有無は、創造のプロセスでとても大きく作用します。

第一章で、劇団が多様化して、昨今は小集団で公演の都度組まれるユニット公演が盛んになってきたことに触れましたが、一時的なユニットでは、こうした共有が蓄積されていきません。一方、拠点となる稽古場があって、多人数の劇団員がいるところで育ってきた俳優などの場合は、劇団の稽古場に出入りすることで、自ずと先輩たちの言動を見聞きしているので、意識しないでも集団が継承してきた暗黙知を得る機会があります。様々な経験を共有している者同士で創造のプロセスを深堀りしていける創造環境は大切です。舞踊の場合は、日々の身体トレーニングの場の確保は必須です。もちろん、そういう関係がマンネリ化や馴れ合いになってはまずいですし、ユニットによる公演でも、そうした関係を持っている相手との共同作業が繰り返されている例はあります。しかし、作品づくりのためだけに稽古場が使えるという状況と、そうでない期間でも出入りできる稽古場が確保されているのとでは、大きな違いがあるでしょう。暗黙知を通して、あるいは試行を重ねる機会を通して、拠点となる稽古場に人を育てる機能があるからです。つまり、劇団が劇場を拠点にするということは、公演を行うということ以上に、演劇人を育て、集団の創造性の向上が実現できると考えられるのです。

第二に、地域の人々と実演家やクリエイターたちが接する機会が増えることの効果です。たまに公演の時だけやってくるのではなく、常時そこに住んでいるアーティストであれば、劇場内の活動だけでなく、地域の学校や福祉施設、少し離れている地域などにアウトリーチ活動を行うこともやりやすくなります。劇場で、ワークショップを開いたり、公開稽古を行ったりすることも容易に計画できるでしょう。また、そうした普及啓発のための「事業」にしなくても、日常的に、劇場近辺で集団のメンバーたちが商店街で買い物をしたり、近隣の食堂で飲食をしたりするうちに地域の人たちとの接点が増えていけば、地元の劇団等への親近感も増していきます。一般の人は、演劇などの創造の舞台裏を普通は知りません。でも、その一端を見たり聞いたりするうちに、演劇への理解や親しみやが培われていくのではないでしょうか。

スポーツの世界、野球やサッカーチームなどの場合は、試合でスタジアムに一度に大人数の観客が集まるので、ファン同士が集うことでの盛り上がりが体感しやすく、可視化されやすいです。でも、だからこそ、わが街のチームのサポーターをたくさん集める努力を続けなければ、活動そのものが継続できないということをスポーツチームの人々はよく分かっています。芸術も構造としては同じで、わが街の芸術団体、アーティストを応援してくれる人々がいて、そういう人々との交流を重ねるなかで支えられるものでしょう。ただ、スポーツの場合は、勝利を目指すという分かりやすい目標のもと、一致団結して応援ができますが、芸術の場合は、必ずしもみんながみんな同じように感動するとは限らないので、爆発的な熱狂はつくりにくいかもしれません。むしろ、演劇や舞踊などは、いろいろな受け止め方を許容するからよいので、熱狂にならない方がよいのかもしれません。地味でも、静かな支持者を地道に広げていく努力を重ねることが必要なのでしょうが、一番説得力を持つのは、アーティストの存在や言葉に直接触れることではないでしょうか。公共劇場を拠点に、常時、劇団が活動することは、そうした日常的な積み重ねを通して、人々の演劇等との接点を増やし、「アーツ・フォー・オール＝あらゆる人々に芸術を」の土台になります。と同時に、そういう人々に支えられて、公共劇場の地域での基盤が形成されていくことにもなるのです。

もちろん、年間を通じて劇団などの芸術団体が活動するということは、その活動を支える費用がかかるということですし、それだけのコストをかける価値を生み出しているという、活動の規模や成果が問われることでもあります。年間を通じて専属劇団を置くことが難しいならば、数か月だけでも、あるいは、専属劇団というほどの人数を抱えるのが難しいならば、少数のレジデント・アーティストでも、これに近い効果が期待できるのではないでしょうか。いずれにせよ、地域の人々に、ここに居てくれて良かったと思われるような地元との関係づくりは必須です。

ツアー公演を増やす

劇場を拠点にしていなくても、劇団が本拠地とする地域で集められる観客の数は、無制限に増やせるものではありません。劇団の知名度、出演者の人気度によって差はあるでしょうが、劇団はそれまでの活動の実績から、集められる観客のだいたいの基礎数を自覚していると思います。本拠地で主催する公演のステージ数は、通常はそうした実績を考慮して設定されます。

本拠地公演のステージ数には、したがって限度があるわけですが、別の地域の劇場からツアーに来ることを依頼されれば、ひとつの作品をより多くの観客に見てもらえる機会を得て、しかも収益が得られます。仕事を依頼されて期待どおりの成果をあげて対価を貰うのがプロと考えれば、劇団のプロ化の推進には、仕事の依頼者がたくさんいる方がよいです。公共劇場が制作した作品が他の地域でも(海外でも!)公演できるようになれば、地元以外にも評判が届くことになります。各地に劇場が拠点として整備されるということは、劇団等のツアー公演の引き受け手になる可能性が広がることでもあります。しかも、地域の劇場のプロデューサーたちが、エンタテイメント市場とは違った価値観で招へいする作品を選んでいけば、娯楽としては売りにくい、社会批評や実験性を追求するような表現も、もっと許容される道が見いだせるはずです。公共劇場は、文化芸術の多様性、多様な価値の共存を意識すべき存在なのですから。

劇場法ができて劇場支援が拡充され、「劇場・音楽堂等間ネットワーク構築支援事業」も始まったから、私はそうしたツアー公演がもっと増えることを期待していました。劇場同士の連携については、二〇一三年に「劇場、音楽堂等連絡協議会」（劇音協）が発足し、自主事業や人材養成、共同制作、助成制度などについて、情報共有や連携を進めていくようにはなっています。[89] 実際、劇音協の会員館が制作した公演が、ほかの会員館で上演されるという関係が構築され、劇場間ネットワークはそれなりにできてきたと考えられます。そのなかには、実験性の高い作品の公演も含まれており、各地で上演される作品の多様化はある程度は実現されているといえそうです。

それでも、「アーツ・フォー・オール」の観点からみると、ネットワーク構築はまだまだ途上と考えるべきでしょう。ひとつには、劇音協にはいっているような劇場の公演プログラムが充実していても、そのような劇場音楽堂等の近くに居住していない人たちに文化芸術への参加の機会をどう提供していくかという課題が残るからです。地域の中核となる劇場が仮に一〇〇館あったとしても、そこにアクセスしにくい人々はいます。各都道府県内でのアウトリーチ的活動も含めて、網目が細かく、かつ広いネットワークの総体が考えられてしかるべきでしょう。

もうひとつは、芸術団体の発展の必要性からです。第2期基本計画で掲げられた「回復性」「持続可能性」の観点から、劇場をもたない創造集団も、本拠地以外での公演を増やし、活動規模を大きくしていくなかで活動環境を整えられるようにという方向性が考えられます。ある程度の活動規模があって、広報や営業に専任を

（89）二〇二三年十二月現在、六九館の運営団体が会員となっています。
https://www.gekionkyo.org

おいて分業ができるような組織体を目指すことが、「持続可能性」を高めるためのひとつの選択肢と考えられるからです。少なくともプロを自認するからには、優れた作品を産み出したら、より多くの人に観てもらえるように、繰り返し上演できる体制にしていくのが望ましいでしょう。

しかし劇場間の連携に比べて、現状では実演芸術団体と劇場音楽堂等とでは、それほど結びつきが広がっているとはいえないように思います。東京や大阪のいわゆる商業劇場で上演される作品群については、従来のミュージカルに加えて、2・5次元ミュージカルや人気タレントが出演する舞台のツアーが組まれており、各地でプロモーターが招へいするようなエンタテイメントの公演は多彩になっています。ですが、ストレートプレイで、東京で評判となった公演が、地方公演もできるようになっているかというと必ずしもそうではないようなのです。

主だった劇場と劇団の公演記録を全部分析することは、自分の手に余るのでデータの裏付けをもって断言はできませんが、少なくとも日本劇団協議会の加盟劇団の二十五年間のデータを分析した限りでは、劇団あたりの年間の活動規模が小さくなっており、その要因は依頼公演が減少しているからという傾向が読み取れました。劇団協加盟劇団の一年間に制作される作品本数は減ってはいないのですが、作品あたりのステージ数が減っています。そして劇団の公演パターンをみると、学校公演を多く実施している劇団群、演劇鑑賞会からの依頼公演が多い劇団群、主催公演中心の劇団群に大別できるのですが、このうち、学校公演や演劇鑑賞会公演を実施する劇団の数が、相対的に減ってきているということが分かりました。ツアーができる劇団が減って、東京を拠点にし、東京だけで公演をする劇団が相対的に増えているという言い方もできます。(90) 劇団協加盟外の劇団の動向について断言はできませんが、やはり東京でのみ公演している団体が圧倒的に多いという印象です。学校公演の減少は少子化で避けがたいと、二〇〇〇年代になる前から懸念されていましたし、演劇鑑賞会の会員減少の傾向はコラム②で触れたとおりです。公立文化施設が行ういわゆる「買取り」公演は、もともと依頼公演に占める割合は高くはなかったのですが、平成の大合併で地方公共団体の数が減ったことから、低い割合のままで推移しており、依頼公演減少傾向をとどめるようにはなっていません。

そもそも地方公演は、採算を考えたら単独で企画するのはハードルが高いということは第一章でも触れました。昨今は、旅費や運送代の値上がりが著しく、ますます採算をとるのが難しくなってきています。ツアーのための助成があるか、人気俳優などが出ていてツアーにかかる費用も回収できるだけの収益が見込める商業的な興行でないと難しいです。しかしそれ以前に、劇団にせよ劇場にせよ、離れた地域のプロデューサーに「売り込み」をすることが難しいという課題があるようです。理想的には、実際に公演を観てもらって、これならわれらの地域の劇場に招へいして大丈夫と思ってもらえるのがよいのですが、各地の劇場のプロデューサーは、そんなに頻繁に他の地域の公演を観に行くことが物理的にも費用面でも難しいというわけです。そして劇団の方も小規模であれば、営業担当を置いて売り込めるような体制がとれないのです。

首都圏域とそれ以外の地域との鑑賞機会の格差は、劇場法制定後も、それほど縮小しているとは思えませんが(P.159～P.162表1参照)、コロナ禍における舞台芸術鑑賞機会の激減を補うための特別支援策が、不幸中の幸いとでもいうべきか、地域の鑑賞機会創出を補う形になりました。文化庁は二〇二〇年から「アートキャラバン事業」として、地域での公演を支援する取組みを行ってきました。「劇場・音楽堂等間ネットワーク構築支援事

(90) 筆者が統計情報研究開発センターの坂部裕美子とともに一九九六年から二〇二〇年までの日本劇団協議会発表の公演記録を分析し、文化経済学会〈日本〉二〇二一年研究大会で「劇団公演の経年データ分析の試み」として発表。概要は「実演芸術における公演データの整備とその分析―演劇」(ESTRELA 二〇二一年十一月号)にも寄稿しています。

業」は旅費交通費、運搬費のみの助成であるのに対し、「アートキャラバン事業」は対象経費の範囲が広く総額も大きかったことから、従来は難しかったような地域でも公演が実現できたのです。コロナ第五波から第八波と、感染症の拡大が繰り返される時期でしたが、関係者の協力のもと公演が実現できたところでは、ナマの舞台芸術に触れる機会を渇望していた人々がいました。「舞台芸術は決して不要不急なものではない。生活に不可欠なものだ」という反応を得て、鑑賞する側も、演じる側も、地域の鑑賞機会へのニーズを再認識した事業でありました。演劇分野では、日本劇団協議会が全国の演劇鑑賞団体の協力を得るなどしながら多くの地域での公演に取組み、広範囲のアンケート結果も含めた実績報告書をまとめています。[91]

その実績報告書等からは、地域の鑑賞機会を拡充するためのヒントがうかがえます。

まず、地域の観劇機会の日時に関することです。友人・知人を観劇に誘うとしたら、どのような条件を重視するかを問うアンケートの回答からは、安価なチケット代もさることながら、就業している人にとっては、曜日や時間など、鑑賞しやすい日時であることの方が重視されていると分かりました。演劇が生活に不可欠ならば、観客それぞれの生活パターンに見合った鑑賞機会を選択できることが大事というわけです。しかし現状ではツアー公演にかかる費用や様々な制約から、選択の余地がほとんどないという課題があります。これは、鑑賞団体は鑑賞団体のみで、高等学校などの鑑賞教室は鑑賞教室として、公立文化施設の自主事業は自主事業として、それぞれ別個に企画されスケジュールが組まれているから起こることですが、これらを連続的に企画できたら、観客の対象グループごとの都合にあった上演日時が設定できるでしょう。ひとつの地域に劇団が滞在できる日数を増やして、幅広い鑑賞者のニーズに対応すること……。これまでの慣行を変えるのは簡単でないことは想像できますが、支援策の見直しや、劇場がスケジュール調整しやすいインセンティブを考案するなどして、より合理的にツアーが組めるように、工夫の余地があると思います。

また、各地の演劇鑑賞会は、会員の高齢化によりコロナ禍でさらに活動の継続が危惧されるといわれていますが、コロナ対応施策の制約のなかで、短期間に相当数の公演を実現できたのは、鑑賞会が長年培ってきた力があったからです。演目選定やスケジュール調整のノウハウなどの蓄積と併せて、公演のたびに意見交換を重ね、事務局と劇団制作者との交流によって育まれてきた信頼関係が大きかったことは見逃せません。

大都市圏域以外の地域でアクセスしやすい鑑賞機会を創出するには、旅費交通費、運搬費などをカバーするための財政支援が拡充されることが望ましいのは論を俟たないです。支援策の枠組みも、工夫の余地があると思います。ですが、資金の問題だけでなく、地域を超えて劇場と実演芸術団体とが事業で連携していくには、土台として相互の信頼関係があることが不可欠です。自治体が設置した劇場の場合、他地域の団体との連携の必要性を説明するのが大変なのかもしれませんが、必ずしも特定の事業に紐づかない他地域との人的交流であっても、日常的に行えるような体制づくりが望まれるところです。かつて東京五輪を契機にした「実演芸術連携交流事業」という文化庁の施策があり、劇場や実演芸術団体の専門スタッフの交流を促進しようとしていましたが、残念ながらコロナ禍で難しくなり終了してしまいました。[92] 一方、コロナ禍でインターネットを用い

(91) 文化庁のいわゆる「アートキャラバン事業」はコロナ禍からの文化芸術活動の再興と地域の文化芸術の振興を目的に開始されましたが、年度が変わるごとに正式事業名称、枠組みも少しずつ変わってきました。令和二年度補正予算による事業には統括団体による地方公演実施が取組まれました。日本劇団協議会も採択団体のひとつで、全国の一一八か所に一九作品三二四ステージ(二〇二一年度)、令和三年度補正予算による事業では、のべ二五〇か所に二五作品三七八ステージ(二〇二二年度)、令和四年度補正予算による事業では、のべ四五〇か所二七作品六五八ステージ(二〇二三年度)の実施が取組まれています。https://www.gekidankyo.or.jp/artcaravan/index.html
https://www.gekidankyo.or.jp/artcaravan/2022.html

たリモート会議がすっかり浸透し、遠方の人との交流が容易になった側面もあります。オンラインと出張をうまく組み合わせながら、ポスト・コロナに応じた人的交流がもっと工夫されて、事業連携につながっていくことが期待されます。

公共劇場のプログラムの充実と就労環境

公共劇場への期待のなかには、公共劇場が発揮する創造性への期待があります。しかし、劇場助成にしても、劇団助成にしても、創造性を重視してオリジナル作品の創造を求めるあまり、創造環境の改善や鑑賞機会の拡充が置き去りにされないだろうかと思うことがあります。劇団のツアー公演を増やすことが、作品をより多くの人に届けることができ、かつ劇団の持続可能性を高めることにつながるであろうことは前項で述べたとおりですが、公共劇場にとってツアーを受け入れることがなぜ必要なのかということを劇場の立場からも考えてみましょう。

端的にいうと、公共劇場に大切なのは、自前で制作できているかどうかよりも、提供できるプログラムの総体であって、予算やマンパワーの制約要件を考えると、ツアー公演を受け入れることが現実的な選択になりやすいということです。

演劇公演が幕を開けるまでに、相当な準備期間が必要であることは第一章でも触れましたが、一年に一作品オリジナル作品をつくるだけとしても、来年、再来年、あるいはその先の分まで、演劇作品を創造するには、リサーチしたり交渉したりの準備は必要です。公演初日が近づくにつれ、仕事の内容や密度は変化しますが、プロデューサーや担当制作者は、常に複数の作品を抱えていることになります。一年に劇場が複数の作品を制作するということは、それを担う劇場のマンパワーを二倍、三倍、必要とするということです。これが劇団であれば、マンパワーに応じて活動規模を変えていくこともできますが、公共劇場の場合はそうはいきません。

公立文化施設であれば、第一義には、地域住民の利用に供するために作られた集会場ですから、年間を通じて地域住民が発表の場として使いたいというニーズに応えていくことは大切な役目です。さらに地域の芸術拠点を自認するならば、普及啓発のための事業など、様々な企画をして働きかけも求められるので、作品づくりにだけマンパワーを投入するわけにはいきません。それに、せっかくつくった作品を多くの観客に届けるには、ツアーもしたいでしょう。となると、ツアーしに行く、受け入れるという相互関係を広げていくことは合理的です。そして劇場法の定義によって、実演芸術の公演を「一般公衆に鑑賞させることを目的とするもの」とされたわけですから、どんな公演を提供するのか、そのプログラミングこそが肝心というわけなのです。

自主制作であろうとツアー公演の受け入れであろうと、作品、事業ごとに届けたい観客層にちゃんと届くように周知する広報宣伝はとても重要です。「アーツ・フォー・オール」と理念を謳うのは簡単ですが、まだ劇場に足を運んだことのないような人にも参加してもらえるようにするには、様々な工夫や働きかけが必要で、これで完璧といえるゴールはなく、際限のない仕事といっても過言ではないです。また、自治体が基本法に則って「観光、まちづくり、国際交流、福祉、教育、産業その他の各関連分野における施策との有機的な連携」を図る文化政策を掲げ、劇場もその一翼を担うことを期待されているとしたら、仕事の範囲はさらに広が

(92) 二〇一五年度から二〇一九年度まで実施。二〇二〇年度は人材育成事業として継続が試みられましたが、コロナ禍で計画どおりの実施ができなくなりました。
https://www.bunka.go.jp/seisaku/geijutsubunka/shinshin/renkei/

ります。いきおい、スタッフのタスクは膨れ上がり、マンパワーを増やせなければ長時間労働が常態化する傾向につながります。オリジナルで作品をつくる事業は無暗に増やせません。劇団や他の劇場が評判の作品をツアーできるというならば、それを受け入れない手はないというわけです。

昨今、少子高齢化が進み、あちこちで人手不足とそれへの対応としての働き方改革が問題とされています。劇場にあっては、一日の開館時間が長いうえに週末も開館しているのでシフトを組んで従事していますが、とりわけ舞台技術者の仕事は専門以外に任せられず、長時間労働が続いたり休日が取りにくいということが問題でした。過去形でいえるほど、楽観視できるには至ってはいないかもしれませんが、いくつかの公共劇場が労働基準監督署から改善を指導されたという事例もあり、劇場従事者の就労環境の改善は、多くの劇場で意識されるようにはなっています。けれども、コロナ禍で離職した人が出てしまったこともあり、舞台技術者やイベント開催時の補助員の確保が難しいという声が頻繁に聞かれるようにもなっています。二〇〇〇年前後に公共劇場が登場した当時は、人手が足りなくても新しい劇場を軌道にのせようという熱意で乗り切ってこられたでしょうが、時代は変わり、生産年齢人口の減少は明らかで、若い世代の職業観も変わっています。舞台芸術界も、これからの社会変化を見越して「ワークライフバランス」を考慮し、大胆な働き方改革が喫緊の課題です。当然、それにともない事業内容と業務分担の再検討が不可欠でしょう。貸館、自主事業、共催事業、提携事業など、それぞれに必要な分業・連携の仕方の工夫と、地域の人に提供できるプログラム、参加機会の多様性とを両天秤にかけて、バランスをとることが肝要です。

劇場の運営責任者は、いわれるまでもなく、当然そうした課題に向き合って適切なバランスを模索しているでしょうが、公共劇場の外部からの期待や評価が作品創造にだけ向けられるのは、しかも新作にだけ向けられるとしたら、公共劇場というものを見誤ってしまうと思うのです。そもそも創造性は、新しい作品を産むときだけに発揮されるものではないでしょう。個々の企画の提供の仕方も含めてプログラミングの総体に目を向ける必要があります。ツアーの受け入れも、貸館の利用内容も含めて、地域にどんな参加機会があるのか、その全体が地域の芸術拠点を形成していると考えられるからです。

実際に作品創造を重ねている公共劇場でも、年間を通じて全部の公演事業を自らが企画制作した演目であるというところは例外的です。(93) 地域の劇場の公演カレンダーを見ると、他の芸術団体が創造した作品や、地元のプロモーターが招へいする公演が含まれていたり、地元のグループが借りて使う日もあります。実のところ、一般の観客は、自主制作とそうでない作品の区別にそれほど敏感ではありません。ツアー作品を選定して受け入れ、作品のラインナップを充実させていくことが、地域の人々の関心を高め、実際に足を運ぼうという鑑賞行動に結びつくのだと思います。

ちなみに、イギリスの地域劇場をみても、劇場がすべての演目を自前で制作しているわけではありません。ほとんどの劇場がツアー・カンパニーを受け入れて主催公演として上演しています。限られた予算、マンパワーで運営することからの制約という面もありますが、いろいろな志向をもったカンパニーの作品を選んでいくことで、多彩なプログラムを提供するのが相応しいと考えられているからでしょう。また、一般の観客は、既に上演されてよかったらしいという評判を踏まえて、チケット代を払うかどうか判断します。映画のように予告編がないから、劇評や既に観た演劇好きのシアターゴーアーの反応が、周囲の人々を動かすというわけです。

そして、劇場という拠点を持たないで演劇を創造するカンパニーは、劇場の数以上にたくさんあります。

(93) 貸館事業を行っていない静岡県舞台芸術センター(SPAC)が運営している静岡芸術劇場は例外です。

創造の核となる集団

元アーツ・カウンシルのアドバイザーのフィールズは、英国では「七〇年代は芸術団体の機関化の時代だった」と言っていましたが、イギリスでも、すべての芸術家集団を機関化したわけではありませんでした。ここでいう機関(＝インスティチューション)とは、継続的事業体として、常に文化政策の理念の実現に向けて活動をしている核となる拠点組織と考えてください。芸術機関が発展するにつれ、芸術家集団(＝アーツ・カンパニー)も新たに生まれ続けて、芸術は多様化し広がっていきました。

ところで、私はイギリス留学中、ジョイント・ストック・シアターカンパニーという劇団[94]の元メンバーによるワークショップに参加したことがあります。この劇団は、フィールド調査をもとにワークショップをしながら社会性の強い演劇作品をつくって大変注目された劇団でしたが、その時は既に解散していました。質疑の時間に「なぜ解散してしまったのか」という質問が出たのですが、「同じメンバーとともに創造的なことに取組めるのは十年くらいが限度、二十年は長すぎる」という元メンバーの返事を聞き、我が意を得たりと思ったことを覚えています。数人のクリエイターたちが自分たちの表現を求めて試行錯誤するという、芸術の集団創作の原初的な集まりが密度濃く求心力をもてる期間は、そんなふうに限りがあるのでしょう。長く継続すると、メンバーが交代したりして集団内の関係性が変わって、協働作業のあり方も変わってしまうというのです。

日本の演劇集団を思い浮かべてみても、解散してしまう演劇集団は少なくありません。また主宰者が二十年以上変わらない場合でも構成員は変わっていきます。構成員が変わりながら、発足時の理念を継承していく場合もありますが、クリエイターたち本人が限界だと思ったら区切りをつけるのもアリなのでしょう。創造の現場をつくりだす集団と考えたら、機動的に出来ては消え、出来ては消えするのが自然なのかもしれません。[95]劇団という組織を大きくして成功するというのは、劇団四季が知られていますが例外的です。創造行為だけを考えたら、演劇集団は、必ずしも存続し続けて大きくなることを目指す存在ではないとも考えられます。むしろ、表現者たちの自由な創意を活かせるよう、柔軟であるべきなのでしょう。日本で、昨今増えている小規模な演劇ユニットは、そうした創造の核となる集団の最もシンプルな形であり、年間に複数の作品をつくって公演している劇団は、劇団内に創造集団を組み替えもしながら複数抱えられる構造になっていると捉えることができると思います。

さらにいうならば、作品ごとにスタッフやキャストが集められて創造されるプロデュース公演においても、プロデュースするのが公共劇場であれ、民間のプロモーターであれ、全員が全く初顔合わせというのではなく、核となる人々は以前に一緒に仕事をしたことがある場合が多いです。集団性が大切ということは劇場専属の芸術団体の推奨理由としても述べましたが、創造の質に大いに関係します。でも、その集団としての土台が構成員にとって制約に感じられるようならば、違う土台を求めたり、新たな土台づくりが求められたりするのが自然な流れなのではないでしょうか。こうして、演劇を創造する集団は多様化してきましたし、これからも

(94) 一九七四年から八九年まで。デイヴィッド・ヘアーや、キャリル・チャーチルといった劇作家が活躍した劇団。そこで演出をしていたマックス・スタフォード・クラークは、ロイヤル・コート劇場の芸術監督として(一九七九年から九三年)、新しい戯曲の舞台化を精力的に進め、後にアウト・オブ・ジョイントという劇団をつくっています。

(95) ただし、イギリスでは、プロの基準で公演を行うのであれば、NPOになって雇用などの契約関係をはっきりさせるのが基本的な劇団の始め方ですし、マネジメントの契約条件については、コラム⑫で触れたように業界ルールがあります。

新しい集団が生まれ続けると思います。

　しかし集団をつくって演劇作品をつくりさえすれば、観客は自然に生まれ、集団が発展するなどというほど甘くないことはいうまでもありません。公演のチケットを売るための広報宣伝と、依頼公演の可能性を探るための営業を担える人材がいなければ、公演期間も鑑賞する観客数も限定的になってしまいます。演劇が「なまもの」であり、特に初演時は完成形が見えていない段階で観客の期待値を高めなければならず、創造するのと並行してプロモーションを続けることは、そう簡単ではありません。

　観客育成の役割は、小規模な演劇集団より劇場の方が担いやすいであろうことは第五章で触れましたが、イギリスの劇場、劇団の発展の歴史を眺めてみると、芸術支援の拡充期は、芸術団体の「機関化」だけでなく、巡回公演、つまり「流通」のしくみの整備も並行して行われていったと理解できるように思います。そして拠点劇場を持たない創造集団も、巡回公演の先々で観客育成につながるように、事前のワークショップやアウトリーチ活動への協力が求められることが多々あります。そうした活動も含めて、作品がツアーをしている間は、出演者はちゃんと仕事としてプロの演劇人の最低基準を満たした報酬が得られます。評判がよくツアー期間が長くなれば、それだけ収益があげられるのです（P.149コラム⑫参照）。一方、劇作家や演出家、舞台美術や照明デザイナーなどは、上演ステージ数が増えれば、それだけロイヤリティ収入が増えます。一作品成功すれば、次作までじっくり準備時間をかけられるだけの収入が得られます。じっくり準備できれば、次の作品も強度のある作品へと練り上げることができます。もちろん成功できる劇作家は一握りで、プロデューサーに寄せられて却下される戯曲の数は、日本の小劇場の集団の数以上に夥しいのではないかと思われますが。でも、英国では各地の劇場がツアー・カンパニーを受け入れやすいしくみを整えているので、評価してくれる劇場プロデューサーがいれば、カンパニーもツアーがしやすく、ステージ数を重ねることができます。

各地の拠点劇場を通じて演劇に触れる人の総数が増え、関心の幅も広がっていけば、暮らしのなかの楽しみとして劇場に行くという人たちの層も厚くなり、演劇の発展の土台も広がると考えられます。創造集団の規模の大小にかかわらず、ツアー公演が組みやすい基盤づくりは、結果として演劇の産業としての発展につながっていくと考えられます。

演劇人はどこで育つのか？

観客を広げる機能としては、演劇集団より公共劇場の方に期待できる点が多々あると思われますが、専門的人材、演劇人はどこで育つのでしょう？

第一章では、専門的人材育成や観客育成など、日本の現代演劇の基盤づくりを担ってきたのは古くからある劇団だったことをみてきました。基盤が整うにつれて、小規模演劇集団の公演が増えたことにも触れました。集団の小規模化は、創造に必要なリソースの一部を外部化し、身軽になって公演の実現を図る方策といえますし、ツアー公演を増やしにくい現状では、大所帯の劇団を維持するのが難しい状況への現実的な対処ともいえます。現在も稽古場を常時確保して人材育成をしつつ一定の活動規模を維持している劇団はありますが、相対的には少数派になっています。

こうした変化を埋めるように、単発、短期の人材育成事業が、別のところで組まれるようになっています。文化庁の補助金を得て協会組織が行うような育成事業もありますし、[96]劇団や、演出家、俳優指導の専門家等が独自で開催する俳優向けワークショップも数多く開かれるようになりました。

そんななかで注目されるのは、新国立劇場の芸術監督の小川絵梨子が始めた演出家育成のための「こつこつプロジェクト」や、英国のロイヤル・コート・シアターと共同で取組んだ劇作家のための長期ワークショップです。[97] 俳優トレーニングの場は、様々にありますし、新国立劇場は二〇〇五年から演劇研修所を開所し、三年制の俳優育成を続けています。しかし、演出となると演劇専攻の高等教育機関が多くある英国でも演出家コースは限られており、実際に作品づくりの経験を重ねることでしか学ぶ方法はないのではないかともいわれています（英国の演出家コースでもプロの劇団での実習が組み込まれています）。現状では劇団で先輩のアシスタントにつくことや、試演会や自ら組んだユニットの公演が、そうした経験の場になるのでしょうが、新進の演出家が自らトレーニングの環境を整えるのには限界があります。小川は、公演の期日に縛られずに、作り手全員が問題意識を共有しながら試行を繰り返し、時間をかけて創作活動を深めていくことが必要と考え、こうしたプロジェクトを導入したといいます。劇作家ワークショップは、コロナ禍の影響で当初の計画は変更されましたが、オンラインも使いながら二年近くの時間をかけて劇作家が創作に取組みました。いずれも長期にわたる取組みで、劇場のスタッフや専門家からのフィードバックを得られるところが得難い環境といえます。

そして、もうひとつ、東京芸術劇場が二〇一九年からスタートさせた「東京演劇道場」があります。[99] 芸術監督の野田秀樹が次世代の役者・芝居人のための修行の場として始めたもので、オーディションで選ばれた俳優や演出家らが、数名の演出家や舞踊家と共に年に数回、ワークショップを体験したり、定期的に集まって共同作業をしたりしています。コロナ禍の影響で、当初の計画と異なってしまった部分はありますが、公演も行いましたし、ワーク・イン・プログレスの経過報告会なども実施されました。

どちらも必ずしも公演に直結させないで、演劇人が相互に刺激を与えあう関係を長い目で見守っていく環境を芸術監督のリーダーシップで導入した点が共通しています。新国立劇場も東京芸術劇場も専属の劇団は置いていませんが、それを補うような形で演劇人が育つ環境を整えようとしている事例です。このように「プロジェクト」というように銘打たなくても、これまで劇団は人材育成と作品創造のトライアルを兼ねて、試演会やアトリエ公演などを重ねてきたわけですが、専門的人材の育成は一朝一夕では難しく、また、単発、短期間のワークショップなどでは成果が見えにくいことは、改めて認識すべきと思います。

地域の公共劇場ができて三十年ほどを経て、そこで演劇の魅力に触れ、俳優や舞台スタッフを志した人は既に大勢います。しかし、そういう人たちが専門性を獲得するには、専門学校や大学、劇団の養成所が集積している東京に行くという経路を辿る場合が多いと思われます。そして彼らが小規模でも発表の場を設けようとするから、東京では実にたくさんの公演が行われているわけですが、そこからプロにつながる道筋が見えにくいという問題があります。実績のある劇場や劇団が次世代育成の事業に関わることは、若手にとって先輩たちと活動できる場であるとともに登竜門的な役割も果たしていくでしょう。

この事例のような演劇人育成が首都圏以外の地域の劇場でもできるかというと、専属劇団でもないかぎり難しいだろうと思います。プロのアーティスト、スタッフが集積していることと、演劇人が研鑽と仕事を両立さ

(96) 演劇部門では、日本劇団協議会、日本劇作家協会、日本演出者協会、日本児童・青少年演劇劇団協同組合、全国専門人形劇団協議会などがそれぞれに人材育成事業を実施しています。

(97) 二〇一八年九月より、新国立劇場の演劇部門の芸術監督に就任するにあたって、小川絵梨子が、創作のために十分な試行錯誤を行える時間と場を、日本の作り手に提供したいという想いから始めた若手演出家と取組んでいるプロジェクト。

(98) 二〇一九年五月から二〇二一年二月までに十四名の劇作家が三段階のワークショップを体験。それらの中から新国立劇場の本公演として上演されたものや、ロイヤル・コート・シアターでリーディング公演が行われたものもあります。

(99) 二〇一八年末に約一七〇〇名の中から六四名が選ばれ、二〇二一年から二〇二二年にかけてセカンドとして三四名が選ばれています。二〇二〇年に「赤鬼」、二〇二三年に「わが町」が上演されました。

せられるかという課題があるからです。けれども、だからといって人材育成は東京でなければできないのかというと、そうでもないでしょう。

志す人が大勢いて、ある程度の競争と選抜が不可避な作家、デザイナー、俳優などの専門人材の育成と、そうした創造活動を支える立場の舞台技術や制作等の専門的人材とでは、育成の諸条件、必要度も異なるのではないかと思います。特に舞台技術者や制作者は、現にどれだけの人材がいて、今後、どのような専門性をもった人材がどの程度必要となるのかという見通しのもとに、育成が計画されてしかるべきではないでしょうか。創造を支える役割の専門職については、地域の劇場でもその確保は不可欠であり、地域でも新人育成はできるでしょう。劇場が人を育てる機能の重要性はいうまでもありませんが、中長期的視点でニーズ見通しなどに照らし合わせて、個別の育成事業は再検討が必要な場合もあるのではないかと思います。

創造環境は変わるだろうか？

先に公共劇場の働き方改革の必要性について触れましたが、では、文化芸術団体には働き方改革が必要ではないのか、という疑問を持たれた方もいると思います。ひとくちに文化芸術団体といっても、いろいろありすぎるから一律に求めることは難しそうで、イエスと言い切るのは躊躇するのですが、やはり再考の必要があると思います。

ともかく演劇がやりたくてという人々が集まってつくった、組織というには脆弱なユニットは、働く場というより同人的な集まりといった方がいいでしょう。その場合は、労働の場とは考えにくそうです。一方、多くの劇団員が所属し、稽古場を構えて一定以上の公演活動を続けているような劇団では、職場として捉えるのが適切でしょう。しかし、そういう劇団でも、もともと演劇活動をしたいという人たちが集まって発足してきたので、仕事を依頼する側、受ける側という意識ではなく、劇団員の無償の協力が前提で成り立っている部分もあります。そして、創造には集団性が土台として重要だと繰り返し指摘してきましたが、劇団の稽古場での研鑽の機会は、仕事なのか、自主的な活動なのか、曖昧なところにあって位置づけが悩ましいのです。

公演規模の大小にかかわらず、法人格の有無にかかわらず、事業者であるプロデューサーが創作や出演依頼をする、あるいは制作者や舞台技術者として仕事の依頼をするならば、それは仕事であり、就業上の安全、安心は確保されるべきです。しかし芸術団体の場合は「雇用」ではなく、ひとまとまりの仕事を「委託」される形が多いので、時間の管理については、法的には仕事を受けた本人の責任になります。公共劇場が直接雇用している人のように労働基準法に基づいた労働者保護が及ばない立場なのです。雇用されている場合でも細かい就業規則が定められていなかったり、委託契約書が交わされていても仕事の範囲が明確に示されていなかったりで、曖昧な領域があります。現場ごとに、その都度、どこまでが仕事の範囲なのか、確認する必要がありそうです。いずれにせよ、芸術性追求に必要なあらゆることに費やされる時間すべてを、「労働基準法の下で管理される労働」と位置付けるには無理があるように思います(イギリスの場合も、俳優の出演契約で定められている拘束時間には、個々がセリフを覚えたり自分でリサーチしたりという時間は含まれていません)。創造活動には、仕事なのか自己研鑽なのかのグレーゾーンがあって、それをどう扱うのかは組織・集団によって違うので、統一的な改善という動きにしにくいのだと考えられます。しかし、だからといって個人への業務委託を隠れ蓑に、長時間働き続けて当たり前という状況を放置してよいわけがありません。

演劇集団での稽古の慣行は規則にしばられないから、ケースバイケースで融通がきくという場合もありますが、しかしながら、芸術性の追求のためには試行錯誤が不可欠だから延々と稽古を延長できるかというと、昨今は、さすがにそうともいえません。プロが集まる創造現場であれば、稽古に関わる人の中には、雇用されている制作者やオペレーターもいますし、育児や介護を担っている人もいるからです。財源に関わる問題だけでなく、時間延長は困るという人のことも配慮すべきでしょう。そう考えると、劇団などでも公共劇場と同様に「ワークライフバランス」はもっと意識されてしかるべきと思います。

さらに昨今は、労働施策総合推進法によって、二〇二二年四月からは中小企業の事業主も職場でのパワーハラスメント防止措置が義務付けられました(100)。演劇創造の現場でも、ハラスメント対策が求められるようになっています。劇団のなかには、創造現場の環境を見直し、「ハラスメント防止ガイドライン」などを作成し、対応窓口を設置するなどの動きが出ています。かつては、演出家や先輩の出す無理難題、罵詈雑言をも耐えて乗り越えて一人前と考えられていたり、追い詰められると一皮むけて表現者として成長するという考えの人もいたりしたようですが、もはやそういう時代ではない、変わらねばならないというわけです。演劇人としてお互いの人格を尊重し、開かれたコミュニケーションを通じて創作活動に携わることができるようにと、創作に入る前に研修の機会を持つなど、意識改革への試みがなされるようになってきました(101)。育ってきた環境によって、世代によって、演劇人の「当たり前」は人によって異なりますが、罵詈雑言は、もはや許されないでしょう。稽古中の厳しい叱責など、昔は頻繁にあったことが、今は非難の的になります。変化は進んでいます。座長や演出家など集団のリーダーは、有無をいわさず皆を従わせるカリスマ的存在から、それぞれの表現力を引き出すファシリテーター的な役割を担う存在へと、そのイメージも変わりつつあるように思います。

創造現場にいる人たちが、お互いに尊敬しあえる関係でコミュニケーションをとることができて、安心、安全に創作活動に専念できる環境は、公共劇場であろうと、劇団であろうと、商業演劇であろうと、アマチュアグループであろうと、どこにおいても必要なことであり、そのような環境が充実した創造の源泉になると思います。しかし、就業環境の改善のプロセスについては、どうも公立の劇場と実演芸術団体とでは対応を変えなければならないと感じてしまいます。イギリスのシアター・カンパニーの場合、コラム⑫で示したようにプロのルールが明確なので、規模の大小、拠点劇場の有無という違いがあっても、同じ芸術団体であり、性質の異なる団体であると分けて考えなくてもよさそうです。しかし、日本の場合、自治体設置の劇場と民間の劇団では違いが大きいと感じます。

その理由は、多くの公共劇場が「公立劇場」であり、行政の延長にあるからでしょう。既述のとおり、公立文化施設は設置自治体の直営または指定管理者を選定して運営されています。指定管理者制度で運営されているのは現在六割程度、(102)その多くは、自治体が出捐して設立した公益法人です。制度上は自治体からは独立した法人ですが、会計規則や就業規則など、事務の基本は自治体行政の慣行に倣っている場合が多いですし、自治体からの出向者がいたり、人事制度も行政のしくみに準じていたりします。直営の場合は、当然、行政のしくみのなかで動いています。だから、法改正があってハラスメント対応や労務管理の改善が必要となれば、自治

(100) 労働施策総合推進法は、「雇用対策法」(一九六六年)を改正し、労働者が生きがいをもって働ける社会の実現を目的として二〇一九年五月に成立。正式名称を「労働施策の総合的な推進並びに労働者の雇用の安定及び職業生活の充実等に関する法律」といいます。これによって、大企業は二〇二〇年六月から、中小企業は二〇二二年四月から、職場でのパワハラ防止が義務付けられたので、「パワハラ防止法」とも呼ばれています。このほか男女雇用機会均等法によって、セクシャルハラスメント等についても、事業主は防止の義務を負うものとなっています。

(101) 文化庁は公演・作品単位での講習会や専門家配置等のハラスメント防止対策の取組に対して補助をするため、令和五年度「ハラスメント防止対策支援事業」を開始しました。

(102) 「令和四年度　劇場、音楽堂等の運営・活動状況等に関する調査研究」(全国公立文化施設協会)によると六二・七%が指定管理者です(回答館一二四八)。

体並みに法律順守の対応がとられます。一方、民間の芸術団体は、基本は芸術関係者で組織され運営されていて必ずしも法務関係に明るくないので、そうした対応は後追いする格好になりがちです。小規模なユニットでは、社会制度の変化への対応の必要性に思いが至らないかもしれません。ですから、法律に則って就業環境を改善していくという側面では、公共劇場の方が先んじており、いち早く改善が期待されもするのでしょう。

しかし、それならば公共劇場が芸術の創造や人材育成に適した組織として今あるかというと、民間ほど自由でないように見えてしまいます。もともと、行政は市民に対して法律や条例に則って公平に公共サービスを提供するもので、公立文化施設は「集会場」を貸し出すサービスを市民に公平に提供してきたわけですが、そこに、作品やアーティストを「選ぶ」ことが不可欠な事業も担う「劇場」への転換が図られてきたのです。わずかな例外を除いて貸館事業も継続して行われていることから、従来の公平性が第一の公共サービスと、アーティストの主観に依拠する創造活動とを併存させる形の劇場であるわけです。市民からみると、集会施設としての利用と、観客としての利用の両方を満たしてくれる場所ですが、時と場合によっては、この二つは利害が対立します。劇場として「選ぶ」ことについては、芸術監督や事業選定のアドバイザーなどを置いて、その責任のもとに実施するという形をとる場合がありますが、市民の利用についてまで芸術監督の権限が及ぶというようにはなりにくく、芸術監督がいる場合も、欧米の劇場の芸術監督に比べて限定的な立場に置かれています。市民の多様なニーズに応えて、多様なサービスを提供する施設としての位置づけなので、芸術の創造が第一義という芸術団体とは、優先順位が異なっているといった方がよいのかもしれません。

そして、創造活動や観客育成には数年先までの中長期的展望が必要ですが、年度ごとの事業計画と予算執行ルールに縛られます。さらに指定管理者制度のもとでは、長期的展望をもって人材確保ができず、継続的事業体として創造に取組むには大きな制約となっているようです。地域の公共劇場を掲げて試行錯誤してきたパイオニア世代の努力があって、年度ごとの制約を超える知恵、ノウハウは培われてきていますが、指定管理期間の制約は、なかなか越えがたいようです。

演劇がもたらす価値と経済

行政の慣行と芸術創造の相性があまりよくないといっても、私はもっとアーティストが好き勝手できるようにしてほしいといっているのではありません(長期的な取組みがしやすい自由度はもっと欲しいですが)。むしろ、活動の場が公共劇場であってもなくても、アーティストは文化政策の理念に対してどう考えるのか、意識的であることが求められるようになっていると考えています。

第六章で触れたように、文化芸術基本法への改正前後から、政府は文化政策を経済との関係で捉え、経済成長戦略の中に位置づけるようになりました。第2期の文化芸術推進基本計画には「価値創造と社会・経済の活性化」という副題がついていて、文化芸術の「本質的価値及び社会的・経済的価値」を文化芸術の継承・発展及び創造に活用・好循環させることという姿勢が基本にあります。「文化芸術」と抽象的に語られる場合はともかく、では、具体的に自分たちの演劇活動の、ひとつの演劇作品や、ひとりの演劇人による活動がもたらす価値とは何か、経済との好循環といわれても、ちょっと戸惑うかもしれません。

本質的価値については、舞台作品が個々の鑑賞者の心を動かし、気づきを与えることと考えられるでしょう。社会的価値もそんなに難しく考えなくても、まずは客席に居合わせた人たちの間で感動が共鳴しあうこと、笑い声やため息やすすり鳴き、観客の反応の息遣いが相互に感じられて共感が生まれること、鑑賞者が集合であることに起因していると思います。「人々の心のつながりや相互に理解し尊重し合う土壌を提供し、多様性を受け入れることができる心豊かな社会を形成する」という、基本法前文に通じることだと思います。ただ、社会的価値については、恐らく一作品で生まれる共感にとどまるものではなく、そういうことの重なりから、人々がつながっている感覚を持つようになるとか、相互理解がしやすくなるというように、作品に触れた人々のなかに定着し集積されることで認められるのだろうと思います。

しかし基本法の第二条十項の後半は、「観光、まちづくり、国際交流、福祉、教育、産業その他」の施策との有機的連携に言及しており、共感の体験が集積されてじわじわっと社会的価値が認められるようになるまで待つだけでなく、文化外交に演劇公演を伴ったり、観光客が集まるように演劇祭を開催したりというように、より積極的にその「本質的価値」がもたらす効果を他の政策目的に活かすことを前提としています。演劇が、他の関連分野とどういう連携ができているのでしょうか？　あるいは、可能なのでしょうか？

学校教育に関しては、「演劇を」提供するいわゆる鑑賞教室に加えて、「演劇で」教育の目的を達成する活動があります。第五章のコミュニケーション教育に関連するところで触れましたが、演劇的手法を用いる体験型の授業は、教育が掲げる目的を意識した活動です。学校教育に限定しなくても、参加者の年齢を限定しなくても、演劇的手法を用いて人と人とがコミュニケーションを重ねるなかで自己肯定感や他者を受け入れることの大切さ、心地よさなどを実感することが、自らの表現や創造性の発揮につながるとして、様々に応用されるようになっています。

こうした「演劇で」の事例として、日本の生活になじめないでいる外国人、外国にルーツを持つ子どもたちとその家族などを対象にしたワークショップや、(103) ニートで就労に踏み出せない若者を対象にしたワークショップ、高齢者のQOL(＝生活の質)の向上を意図したワークショップ、障がい者を対象にした就労教育支援や、看護師を対象に、がん患者とのコミュニケーションを想定してのワークショップ、子育て中の親子を対象に親子同士のつながりをつくるワークショップなど、社会包摂や多文化共生などの取組み、社会的課題の解決に資する活動として行われているワークショップの事例は全国で多々あります。(104) 可児市文化創造センターの前館長の衛紀生は、高校でワークショップを続けたことで生徒たちの承認欲求を受け止めることができて途中退学者が減ったという例や、ひとり暮らしの高齢者などを対象にした健康維持と仲間づくりワークショップの例を引いて、「演劇は社会の処方箋」という言い方をしています。演劇をはじめとする文化芸術で地域の人々が元気に暮らせる環境を整えることは、地元に定着する若者が増え、生活保護世帯や寝たきりになる高齢者数を抑えることにつながって、巡り巡って地方自治体が税収を増やし社会保障支出等を抑えられるという経済効果にも言及しています。

このような好事例がもっと共有されて、演劇を通して、文化芸術を通して、生きづらさを感じている人たちが元気になったり、各種サポートにつながることができるような活動が増えれば、本当に素敵なことだと思います。現在、日本では少子高齢化が進み、かつ人生一〇〇年時代ともいわれるようになって、独居世帯が増え、老老介護、遠距離介護などが増えています。格差拡大や孤立からくる問題を回避するためにも、人と人とをつなぐ役割を果たす演劇に期待されるところは大きいでしょう。家族のあり方が変わってきている折から、

(103) 可児市文化創造センター(岐阜県)が、二〇〇八年から取組んできた「アーラまち元気プロジェクト」の一環で、文学座の演出家らが実施している「多文化共生プロジェクト」の例、兵庫県立ピッコロ劇団が実施している「日本語であそぼう」などが継続的に行われています。

(104) 日本劇団協議会が二〇一六年から社会包摂活動に取組み、様々な対象、課題に対して行っている一連のワークショップとその調査研究を「やってみようプロジェクト」と称して報告書を発行しています。二〇一九年度からは「演劇は社会の処方箋」と題した報告書を公開しています。

従来の行政サービスでは対応しきれない諸課題が浮上し、そうした問題を緩和するためにも、「演劇で」支えるという活動に意義を見出す人がもっともっと増えてほしいと思います。

その一方で、いくつか留意点もあります。例えば、認知症の人を対象にしたり、吃音のある子どもたちを対象にした演劇ワークショップは、決して治療行為ではなく、そういう症状のある人たちの生活の質を向上させることはあるとしても、認知症や吃音症を完治させるものではありません。演劇的手法に効果があるといっても必ずしも特効薬ではないですし、時間が経過するなかで、じわじわっと効いてくるようなもので、その効果の範囲をよく見極める必要があるでしょう。また、ワークショップを通して、子どもたちの自己肯定感を高めて、何ごとにも前向きに取組むこと、仲間と協働する積極性を持たせたいといった場合に、仮にスポーツの方が効果があったという調査結果が出たら、他の手法に取って代わられることもあり得ます。目的が文化芸術そのものに向かっているのではないから、そうした事業の評価は、当然、目的の達成度に照らし合わせて行われます。文化芸術を社会的課題の解決に利用する方向性は、イギリスでも「文化の道具化」として批判されてきたこともあります（P.133コラム⑪参照）。また、かかる費用の享受者負担が難しい活動でもあり、公的支援のもとに行われることが多いので、その効果測定は成果が表れるまでの時間も考慮して考えられなければならないでしょう。

アーティスト、クリエイターという人々は、自らが文化芸術を「道具」として社会的課題の解決に関与するか関与しないかはともかく、そうした「応用」の方途が社会的・経済的価値につながるものとして注目されていることは知っておいた方がよいでしょう。ただし、私は、そうした「応用」がもたらす効果は、文化芸術への公的支援を正当化する主たる根拠というよりは、補完的なものだと考えています。言い換えると、社会的課題解決の事業は、必ずしも文化予算で行うものとは限らず、福祉目的なら福祉予算、就労支援ならば就労支援予算というように、その課題を担う行政区分のために用意され得る予算を獲得していく、あるいは共管の施策という枠組みの方がよい場合があるのではないかと思うのです。また、享受者が住んでいる地域の自治体行政とのつながりをより強くしていく方が適切というようにも思います。

もっとも、現在のところは、こうした「応用」の事業がそれほど広く認知されていないので、まだ文化芸術の試行的取組みという位置づけで、多くが文化予算の範疇で扱われているのでしょう。学校教育で行われる活動のなかには自治体の教育委員会が負担している場合もありますが、それも一般化しているとは言い切れません。社会的課題解決の事業を普及させていくには、連携する行政の担当区分、レベルについて、今後、より意識されることが必要に思います。

そして、演劇がもたらす経済的価値についてはどうでしょう？

第一章で説明したように演劇は芸術の一分野ではあっても、興行という経済活動の側面があるので、まずは直接的な経済効果が想起されます。何人の観客を集め、どれだけのチケット収入、公演料収入を得て、専門性をもった人材にどれだけの仕事を提供しているかというような、活動そのものの経済規模を測ることが考えられます。さらに、観客が集まることで、その劇場の周囲で観客が買い物、飲食、宿泊する経済効果があり得ます。街のにぎわいという経済効果を把握していくことは、確かに演劇が生みだす経済的価値の一部と考えられます。

しかし、経済的価値とは、一定期間に生み出されるフローとしての生産高だけを意味しません。商業劇場で連日二〇〇〇人の観客を集めるような娯楽ヒット作が一か月で得る収益と、数十名から多くて二百名程度の幼稚園、保育園児を対象に行われる人形劇団の一か月の収益は、経済規模では随分と違いますが、それぞれに価値があるものです。後者は、今、フローとして捉えられる経済活動は大劇場の５％にも満たないかもしれませんが、感性が柔らかな子どもたちの将来の創造性につながるというプラスの影響は計り知れません。

コラム⑦で、経済学の観点からみた芸術の価値に、教育的価値があることに触れました。これもひとつの演劇作品からというよりは、繰り返し、多くの人たちが同時多発的に、様々に創造性を刺激されて。その集積としてもたらされる価値と考えられます。創造都市論の土台となる価値です。第1期の文化芸術推進基本計画では、そうした人々の創造性が高まることによって、「新たな需要や高い付加価値を産みだし、質の高い経済活動を実現」し、「創造的な経済活動の源泉や、持続的な経済発展や国際協力の円滑化の基盤ともなるもの」と記載されています。

ある人が何かの芸術作品から刺激を受けて、創造性を高めて、革新的なことに取組むようになって、技術革新を起こして勤務先の企業が飛躍的に利益率を高めるとか、グッド・デザイン賞をとるような商品を発表して儲けるとか、そういうこともあながち起こらないでもないでしょうが、これには年数がかかりそうです。子どもたちの創造性の涵養のためにと文化芸術体験は重視されていますが、例えば小学校高学年のときに刺激を受けて、その子が芸術の恩恵をうけながら成長し、二〇代か三〇代で何らかの形で地域に貢献するようになるとして、それには少なくとも十年以上の年月がかかります。ひとりふたりではなく、大勢がそれぞれに経済的な果実をもたらすのだと考えても、なんだか「風が吹けば桶屋が儲かる」のたとえ、あるいは「バタフライ・エフェクト」のように、その因果関係は本当かしらと、意外に思われたりするのではないでしょうか。文化芸術活動が盛んに行われていることと創造的な経済活動が展開されることには相互作用があり相関関係はあっても、どういう道筋でどういう因果関係があるのか、詳細には説明しきれないと思うのです。

基本法や基本計画で言及されている文化芸術と経済の好循環とは、概念としては理解できますが、具体的な循環の道筋は複雑そうですし、それにかかる時間をどう捉えるのかということが棚上げされているように思います。文化審議会・文化経済部会の報告書(105)では、文化芸術と社会の相互作用のなかで、文化芸術活動を産み出す「土壌」を豊かにする循環と、文化芸術活動そのものの価値を高めていく第二の循環があるとして、その二つが相乗効果を発揮できるような政策展開を求めていますが、具体的にどのくらいのスパンで循環サイクルを想定しているのかということまでは言及していません。

演劇をめぐる循環とその支え方

私は演劇と経済の好循環という考え方そのものに懐疑的というのではありません。好循環のために、ひとつひとつの演劇集団に求められることと、演劇をとりまく環境やそれを整える文化芸術政策に求められることと、社会的課題を解決するために演劇を用いることの三つは分けて考えるべきだろうと思うのです。そして循環というからには、それにかかる時間というものが重要だろうと思うのです。演劇などの文化芸術は、自律的に循環できればよいですが、直接的、あるいは間接的に公的支援の恩恵を受けていることが多いので、実りある循環ができているか、支援の効果の説明が求められるわけですが、そのとき、時間の経過をどこまで追うのか(あるいは遡るのか?)よくよく考えなければならないでしょう。

演劇集団は、演劇作品そのものを生み出す創造活動が本分ですから、それなりの数の観客を集めて、得られた入場料収入で創造に費やされたコストが回収できて次の作品創造に向かうことができれば、公演創造のサイクルは最も基本的な形として完結します。演劇集団がその価値を発揮したかどうか、自分たちが見届けること

(105) 既出。「文化と経済の好循環を実現する文化芸術活動の「創造的循環」」

ができるのは、充実した観劇体験として観客が受け止めてくれたかどうか、どれだけの観客に届けられたかということに尽きると思います。作品を通して本質的価値をもたらすことと、客席の状況がどうだったかということは把握できても、観客が、その後どのようにその鑑賞経験を生かしたか、その先までは通常はトレースのしようがないと思います。

アーティストや演劇集団が、芸術には社会的価値も期待されているからと、演劇集団はみな社会的課題解決に直結する事業に関わらなければならないかというと、それは違うように思います。観客の選好は芸術体験を通じて開拓されていくので、観客を広げていくために公演に関連するワークショップやレクチャーをするという付随的な教育普及事業は必要と思われますが、学校の教科教育などへの関与となると少し事情は異なります。関与するならば教育や教育への「応用」についての専門性獲得が前提となりますし、福祉や医療など、ほかの課題分野についても専門性を獲得して関与していくのかどうかは、集団の選択であって外部から強制されることではないと思うのです。もちろん、劇団としてそういう専門性を蓄積していく方針をとることも、集団に所属するアーティストが個人として社会的課題解決に貢献したいと考えるのも自由ではありますが。

演劇集団ではなく、これが自治体設置の公共劇場であれば、地域の課題解決に寄与する事業の必要性が生じることは十分あると思います。地域の文化芸術拠点を標榜するなら、自治体の政策実現の担い手でもあるので、演劇というツールを使って地域の諸課題の解決を期待されることもあるでしょう。この点は、作品創造に集中するという選択ができる演劇集団とは立場が異なります。

演劇集団が収益性をあげて、自律的に公演活動で再投資も行えるようであれば、自らが生みだした経済的価値を「継承・発展に活用する」シンプルな創造の再生産の循環がうまくまわるということなのでしょうが、芸術上の志向性や組織の方針によって収益性は変わります。志向性以外にも、稽古場や劇場という「場」の確保が安価でできるかとか、プロモーションに活用できるサポートや、専門性の高い人材が得られるかというような諸条件に左右されます。つまり、集団の外部に創造環境を支える基盤《インフラストラクチャー》が整備されているか、あるいは、そうしたリソースを内部で確保して効率のよい経営ができるかに依拠するのです。

基盤《インフラストラクチャー》の整備はもっぱら文化政策の範疇だと思います。再生産の循環がうまくまわるかどうかを個々の演劇集団にだけ任せておくと、大衆的な娯楽だけになってしまって多様性が損なわれるとか、費用のかかる地方公演への動機が弱まるので公的な支援が必要とされるのですが、どこまで政策として関与するのかという課題が浮上します。ならば、現状を把握して、何が足りないか足りているかを判断しなければなりませんね。

それには、どのような芸術団体がどれだけ存在して、創造に不可欠な**資源**《リソース》（例えば、劇場や稽古場、専門的人材など）や、**供給**の状況（公演の実施状況の地理的分布、種類別内訳など）、そして**需要**の状況（人々の鑑賞行動の動向）などの把握と分析が必要でしょう。状況は常に動いているので、経年比較できることが必要です。いわば「土壌」を豊かにする循環は複雑なので、常に「土壌」の状態をチェックして循環がうまくいっているかどうか総合的に判断できるようにすることが求められるのだと思います。つまり、実演芸術にかかわる統計の整備と分析が重要だということです。

さらに、文化経済部会の報告書がいうところの創造的循環とは「文化芸術活動そのものの価値を高めていく第二の循環」との相互作用を含むものなので、演劇の場合、その魅力を伝播するようなプロモーションに関わることが考えられるのではないかと思います。

コロナで映像配信が盛んに行われるようになって、手軽に映像を楽しむ習慣が広がりました。演劇公演の映像配信は、何らかの補完的な役割は果たせても、収益性向上に寄与したかというと、成功した事例は少なかったようですが、劇場に来ることが難しい人たちや海外へは、発信の効果は見出されたと思います。ＳＮＳ、映像を使った広報宣伝は、演劇集団が個別に取組んでもいますが、まだまだ活用できていないところが多いと思います。ノウハウが演劇集団内部にないことが多く、紙の宣伝素材制作と違ってコストもかかるからです。安価でできる映像制作サポートや宣伝プラットフォームがあると、もっと映像活用が進んで、演劇の認知度も上がるのではないでしょうか。映像コンテンツの視聴が盛んになっているからこそ、あえて「ナマの演劇って面白い！」と、客席で体感するナマの魅力を発信することが求められているのだと思います。

また、劇団のツアー公演を増やす要件として、劇団と劇場プロデューサー間の交流、信頼関係構築の必要性に触れましたが、公演映像の営業活動への活用が、もう少し容易にできるようになるとよいのかもしれません。既に実践しているところもありますが、見本市のオンライン版のようなプラットフォームがあると、「第二の循環」が上手くまわる一助になるのかもしれません。ともかく、演劇の魅力を知る人を増やす手立ては必要です。

政策が目指すべきもうひとつの方向性は、演劇界をけん引するような劇団の経営強化にあると思います。演劇集団が常時稽古に使えて人材育成もできるよう専用の稽古場を持てているか、人材の状況や事業実施に必要なリソースを内部化できているかというように経営資源を持てるようにすることも必要と考えられます。(106) しかし、現状の舞台芸術支援施策では、年度ごとの公演事業の支援が中心、かつ、公演のために使っていても自己所有、専有の施設の費用が対象外費用なので、むしろアウトソーシングを促進してきたことは第三章で言及しました。これでは支援が経営力強化につながりません。そもそも、従来の芸術支援は年度内の活動、**フロー**としての経済だけを見ているので、組織の内外にあって活用できる**資源**のことが考慮されてきませんでした。ここでコラム⑮を思い出してほしいのですが、基本法の改正によって、文化芸術団体の役割は、文化芸術活動の充実とともに、文化芸術の継承、発展及び創造と定義されました。そして第八条の芸術支援の条文では「芸術の公演、展示等への支援」に加え、「これらの芸術の制作等に係る物品の保存への支援、これらの芸術に係る知識及び技能の継承への支援」が追加されています。演劇集団が公演するだけでなく継承と発展ができるように、経営力強化に資するよう必要なリソースを確保したり、将来のために投資できるよう、余剰が生じなければなりません。それを可能にするように支援のしくみも工夫されてしかるべきと思います。これまで、劇団が運営してきた劇場が、改修のための再投資ができないからと閉館になった例がありますが[107]、それなども公演事業の赤字補填にしか支援が向けられてこなかったから起きた残念な事例だと思います。

演劇集団の自由と選択の土台

一般に、企業の経営力を見るときには、財務諸表に基づいて収益性、安全性、生産性、成長性などの指標を用いるのですが、経営分析をする際には、その産業をとりまく状況、特に資源の確保状況や市場の状態、他社の動向、そして、企業の事業のサイクルがどれだけの長さを要しているかという点にも注目します。文化芸術

(106) 劇団を大企業に発展させた劇団四季は、俳優とスタッフ、制作・営業スタッフ、次世代の養成機関、稽古場、劇場を内部化して事業拡大を実現しました。さらに一九七三年に設立した財団法人舞台芸術センターを通して、一九七五年より企業などから寄付や協賛金を集め、子どもたちに観劇機会を提供する事業を展開し、営利法人である四季株式会社と財団法人の二人三脚で観客育成も継続してきました。

(107) 財団法人現代演劇協会・劇団昴が運営していた三百人劇場(東京文京区)が二〇〇六年に閉館。前進座劇場(東京都武蔵野市)が二〇一三年に閉館しています。俳優座劇場(二〇二五年四月)やこまばアゴラ劇場(二〇二四年五月)の閉館も発表されています。

団体の場合、分析指標だけを並べて云々してもあまり意味がないように思いますが、演劇集団をとりまく環境に目を向けると同時に、演劇集団にとっての最大のリソースは専門性をもった人材なので、そこに注目すべきでしょう。有形財ではない演劇は、ストックとして保有することはできませんが、上演できる作品レパートリーがあれば、それは資産に相当すると考えられます。また文化芸術団体にとっての研究開発に相当する、先々の事業のための準備、投資ができる状況かどうかや、需要の状況、つまり市場の動向と観客開拓への働きかけなどを総合して「発展」が望めるかどうかが予測されるのだと思います。そして演劇集団の運営にあたっては、投資を回収するには、どれだけのステージ数を実現しなければならないかを考え、それが実現できるような計画と資金集めが必要になります。ともかく「表現したい！」というクリエイターたちの意欲を「仕事」にしていくには、現状把握とともにこうした判断に基づく計画性が求められます。

もっとも、演劇集団のあり方はひとつではありませんから、継続的事業体として経営力を強化していくのとは反対に、身軽なユニットのままで、創作したいときだけ創作するというような集団を選択するところがあってもよいでしょう。継続する年限は限定して、解散する自由もあるはずです。

演劇活動をすること、芸術活動をすることは、もとより自由です。経営計画を立てるにしても、商業化が相応しいと考える企画会社もあれば、公的助成などを得ながら、こつこつと良質の作品を世に問うことだけに集中する集団もあるでしょう。観客を広げることを目指して巡回公演をこまめにする組織や、地域に密着した活動を掲げる劇場や組織もあるでしょう。劇団として、いくつかの目的の異なる公演や事業を組み合わせて運営していく場合もあるでしょう。またこれからは、教育や社会的課題解決に演劇を応用することに特化したNPOなどが活躍するようになるかもしれません。さらには、演劇をとりまく環境整備を担うという方向もあるでしょう。法人化するしない、法人格の種類も、その集団の方針に相応しいものを選択すればよいのです。もちろん、「ともかくやってみる」という人たちはいつの時代にもいます。日本の場合は、芸事を嗜むのと同じように、自分自身の楽しみとして演劇活動を続ける人がたくさんいても不思議ではありません。アマチュアだって、感動を呼ぶ舞台はつくれます。どれがよい悪いではなく、どれもが相互に関連し合って、演劇の森という全体を豊かにしていくのだと思います。

とはいっても、地域の演劇集団には、プロ化したくても兼業していく以外に選択肢はないという不満があるかもしれませんね。公共劇場が実績を重ねつつあり、劇場法が後押ししても、首都圏域と離れた地域の環境の違いはやはり大きいです。人口規模、構成が違うから、自治体の政策課題の優先順位も異なるので、例えば、まちの賑わいや地域の人々のつながりを創出する仕事の方が、公演の創造活動より注目されるというようなことがあるかもしれません。演劇を教育や福祉に応用していく仕事は広がっていますし、兼業の中身、選択肢も変わり得るのではないでしょうか。「自分が演劇活動をやりたい」を優先するのか、「地域に演劇を広めたい」を優先するのかで、立ち位置は変わってくるようにも思います。

演劇をつくりだす集団・組織の運営を担っていく人たちは、たくさんの選択肢の中から、組織のあり方を考え、どっちの方向を向いていくのかを選んでいかなければなりません。それには、まわりを見回してみる必要があります。「選択できます」と言われても、芸術をとりまく世の中がどうなっているのか、文化環境をつくっていく役割をどういう組織がどのように担っているのか現状が分からなければ、詳細な海図も渡されずに太陽の方向だけをみて好きな方向に船をこぎ出せと言われているようなもの。それでは遠い航海は不可能です。まして個々の船が自分で海図をつくってから航海に向かうなんて非現実的です。個々の集団の選択を支えるためにも、文化芸術の状況がわかる統計などの情報が利用できるようになっていることが必要です。

そして演劇集団がたくさんの選択肢を持ち、多様であるのに呼応して、支援制度も、その違いに呼応できる必要があるのではないでしょうか。従来のように主として主催公演の実績数で区分するだけでなく、組織の規模や拠点の有無でのグループ分けが行われてもよいように思います。

例えば、稽古場を恒常的に確保して一定規模以上で運営しているところは、現行の劇場支援に人材養成事業や普及啓発事業の支援があるように、公演事業以外の支援があってもよいでしょう。演劇創造の事業サイクルは長いと説明しましたが、それに合わせて長期プロジェクトを応援する枠組みがあってもよいでしょう。一方、小規模なユニット公演のためには、制作プロセス、広報宣伝や営業のサポートが必要だったりするので、劇場を通じてそうしたサポートが工夫されるとよいように思います。芸術団体関係者がずっと以前から願ってきた「実情にあった支援」とは、このように一様ではない組織・集団をグループごとに分けて、目的別、対象別にメニューが選べるようになることなのではないかと思います。といっても、いたずらに支援メニューを細分化せよというのではなく、支援の目的をより明確にしつつ、原則にそって対象別に効果ある支援を工夫することが肝心だと思うのです。

また、なんでも国レベルで対応するのではなく、都道府県レベル、市町村レベルでサポートした方がよい場合もあるでしょう。第六章で地方版アーツ・カウンシルがまちまちであることに触れましたが、そうした役割分担や連携の仕方についての議論が、まだまだ足りないのだろうと思います。でも、コロナ禍で自治体もアーティスト支援の方法を工夫した経験を経て、以前とは違ったサポートを始めたところがあります。財政的支援だけではなく、情報提供、研修機会の提供なども含め、様々なサポートが行われるようになってきています。工夫のしどころは、まだまだありそうですし、行政の役割分担の議論は、もっと重ねられてもよいのではないでしょうか。

そして日本の演劇の黎明期にはもっぱら劇団が環境整備を担ってきましたが、創造環境を整えることを一様に各集団の自助努力に委ねるのではなく、公的支援は、創造に必要な資源、環境を整える支援策に、より傾斜していった方がよいのではないかと考えます。昨今は、統括団体や中間支援を掲げる団体などの役割も期待されます。公共劇場が、環境づくりに貢献できる部分もありそうです。そうした組織もリソースと捉えて、大局的に文化芸術をとりまく環境整備が文化政策に期待されているのだと思うのです。

演劇人に求められること

ところで、新型コロナウィルス感染症の拡大が始まった当初、演劇などは不要不急なもの扱いされました。そして公演が思うようにできなかった三年余の間に、演劇人のほとんどが自分にとって演劇活動に向かうことの必要性を問い直したのではないかと思います。一方で映像コンテンツの視聴はとりわけ若い世代に一気に広まり、このままでは演劇は観客を失ってしまうのではないかと危機感を持った人も少なくなかったのではないかと思います。そうした経験を経て、少しかもしれませんが、作品のつくり方を見直す動きもあるのではないかという気がします。

二〇〇〇年代頃から、「リーディング」と称しての簡易上演が行われるようになっていましたが、最近はそれに加えて、「ワーク・イン・プログレス」と称して、試作段階の発表を行うカンパニーがあります。オリジナル作品をつくるなら、じっくり時間をかけたいので、少しずつ積み上げていくという姿勢の表れでしょう。観客の心をしっかりと掴むことのできる作品をつくるためにも、戯曲や演出効果の吟味は時間をかけて、作品の強度を強めてほしいと思います。それに、かねがね私は小劇場で短期間で終わってしまう夥《おびただ》しい数の公演の中には、ともかく作品を発表したいという思いのとりあえずの実現で、「試演会」と呼ぶべきものが少なからずあるように思っていました。そうしたものを「公演」としてしまっては、観客をがっかりさせ、結果的に観客を失ってしまうのではないかという懸念を抱いていました。ですから、そういう意味でも、本公演と「ワーク・イン・プログレス」を区別するような動きは歓迎したいと思うのです。さらに、簡易上演から本格的な公演へと発展させる過程で、前評判が発信しやすくなったり、劇場のプロデューサーや批評家たちの反応が得られるというように、長い目でみてプラスになればよいとも期待します。

ともかく作り手の自己満足で留まらずに、じっくりつくって「納得のいくものをより多くの人に見せられるようにする」「よい作品をより多くのより幅の広い人たちに届ける」というのが、演劇を職業としていく者の原点なのではないかと思います。

じっくりつくるといっても、ただ長期間稽古をすればよいということではなく、むしろプロフェッショナルならば、集団創造で行う稽古期間は、ある程度限定された期間で完成度が得られるようでなければならないと思います。でも、その前段階に十分な時間と労力がかけられているかどうか再考してほしいのです。戯曲の選定や、戯曲が書きあがってからの手直し、俳優の選び方などなど、稽古に入る前段階での吟味が、十分に行われているでしょうか。公的な公演事業支援では、助成対象費用が限られていますから、稽古期間の費用だけが予算書に載ってくるので、それだけが準備期間かのように錯覚しているかもしれませんが、その前段階の準備の練り上げ方が、作品の質に大きく影響するはずです。

そして、公演直前の劇場での仕込みや劇場リハーサルは、劇場費を抑えたいという経済的制約から、ぎりぎりのスケジュールで組まれることが多いですが、創造環境の改善がより厳しく求められるようになっている折、安全性の確保の観点から余裕が必要です。

公的支援や公共劇場に依拠するのではなく、演劇人自らが作品の充実のためにできることはあるはずです。

そして創造のプロセスにおけるルールづくりは、職能的団体の間で、もっと明確に打ち出されていってもよいのではないでしょうか。演劇界の慣行、ルールも、アップデートが必要なこと、できることが多々あるのではないかと思います。

さらに求められること

演劇集団や演劇人が、公的助成やスポンサーから協賛金を受けようと思うならば、そのお金がどう使われていくのか、きちんとした説明ができなければなりません。実施後は、会計情報を示し、目的に添って事業が行われたという報告が不可欠です。特に財源が税金である公的支援の場合は、計画通りの支出に使われているかのチェックは厳しく、目的外への流用は許されません。さらに昨今は、事業の成果について、芸術的な達成のほかにも社会的・経済的影響についての報告、自己評価と改善点や課題の発見などが求められる傾向にあります。

支援的資金を得ると、説明責任がついてまわりますが、個々の演劇集団には、公的な助成金を受けない自由もあります。公共劇場とも関わらず、独自路線で活動することもできます。しかし、そうした集団にも、間接的には文化政策の影響が及ぶでしょうから、活動規模の公表はしてもらいたいと考えます。私は文化統計の必要性を繰り返してきましたが、統計の整備は国や自治体などにだけ要求すれば済むことではありません。個々の芸術団体の協力なくしては、客観情報の集約は叶わないのです。どんな作品をどこで何回上演して何人の観客が見たかといった情報くらいは、提供してほしいのです。

でも、演劇人が支援のしくみを理解し、情報公開に協力し、環境整備が進めばよいと思う一方で、私は支援制度に慣れ過ぎないでほしいとも願っています。

例えば、行政が支援施策を年度ごとの区切りで完結させなければならないというのは当たり前と思われていますが、本当にやりようはないのでしょうか？　演劇の作り手たちが作品創造のために費やしている準備作業は、公演初日よりずっと前から始まっているのに、それを見えにくくしていないでしょうか？　かつて公的支援は事業ごとの赤字補填が当たり前と思われていましたが、粘り強く、しつこく主張し続けてきた甲斐あって、ようやく、それでは芸術団体への支援として効果的に機能しないことが理解されてきました。今存在している制度が、すべて正しいわけではないです。諸状況も変化しますから、制度も見直し修正されるべき対象です。

また、第2期の基本計画については「価値創造と社会・経済の活性化」が掲げられていますが、これまで見てきたように、経済的価値は、貨幣価値で計られる生産高だけではありません。文化経済学の専門家が日本全体で生み出される文化に関わる付加価値の総体「文化ＧＤＰ」の算出研究をしていますが、今の産業統計で捕捉されていないような小規模な集団による演劇活動は算入されておらず、公共劇場の生み出す付加価値も、公立文化施設の人件費を機械的に算入しているといいます。「文化ＧＤＰ」という指標の中には、多様な演劇の森の豊かさは、表されていないと思います。

経済というと、「稼ぐこと」「儲けを出すこと」がよいと考えてしまうかもしれませんが、経済の捉え方も、実は時代とともに変わってきています。消費するのではなくシェアすると、ＧＤＰは大きくなりませんが、自然や人とのつながりを重視して、消費するよりシェアすることで満足を得るという人たちのライフスタイルは、すでにたくさん事例があり、広がりつつあります。人々の幸福度が収入の多寡だけでは決まらないように、文化芸術環境の充実も、付加価値の合計だけで計れるものではないでしょう。客観的な数値を含む情報に基づいた政策評価と提言が大事と考えるからこそ、指標の妥当性はよく吟味が必要だと思うのです。

そして「経済」に対する捉え方も含めて、価値観を問い直すということは大事な視点だと思うのです。経済成長こそ幸せの源泉というような価値観そのものを揺さぶり、お金の価値に換算できない、そうした多様な価値の大切さを、作品や行動を通して訴えかけていくことも、芸術家の使命の大事な部分なのではないのでしょうか。演劇を仕事にしている人たちには、「カネがすべての世の中」ではないというところこそ、大事にしてほしいのです。今、当たり前と見えていることを、今一度疑ってみること。おかしいと思ったら、そう言ってみることから、世の中の変化は生み出されるのではないでしょうか。

演劇をとりまく現状のしくみはベストではないし、動いています。そして動かすのは、当人が気づいているといないにかかわらず、演劇に関わっている人たち自身なのです。そして演劇を生み出す仕事の範囲は、広がりつつあります。個人としても組織としても、選択肢はたくさんあります。簡単に選べるものではないかもしれません。でも、森全体と木の両方を見ながら、選びながら、豊かな森づくりの一端を担っていっていただきたいと願っています。

結びに代えて　〜アーツ・マネジメントのココロ〜

「アーツ・マネジメントをやっていきたいと思うのですが、どういうことが必要なのですか?」という質問を、これまで何度となく受けてきました。留学から帰ってきて数年の頃までの返答は、次のようなものでした。

「アーツ・マネジメントといっても、その大半は通常のビジネス・スキルです。もちろん、その芸術分野に特有のマネジメントの慣行というものもありますし、その分野にどれだけ通じているかが重要になってきますから、かかわりたい芸術分野の情報・人脈・経験等が二、三割くらい。ビジネス・スキルと芸術を結びつける能力が必要ですし、経験主義一辺倒でいくのではなく経験を客観視できる能力が必要です。でも残りの一割くらいは、その芸術分野への愛情を持っていること。この愛情がないと芸術家と対等に話せないし、しんどいことを乗り越えられない。でも逆に愛情ばかりでスキルがなければ、これもまた乗り越えられないでしょう。ほどほどの愛情とスキルをバランスさせることが大事じゃないかと思います」

でも、昨今は、いろいろな職業の選択肢のひとつとして、こういう分野もあるんだというくらいの気軽さで興味を持つ人も少なからずいるみたいです。芸術に触れて感動したから、何が何でもこの分野で働きたいという人ばかりではないということです。芸術に触れて魂が震える感動を未だ味わったことのない人に、「愛情」といってもピンとこないのかもしれないと思うようになりました。で、最近は、こう付け加えます。

「今のままではいけない、変えていこうという強い意志。芸術創造を行う人への尊敬の念とともに、常に変わろうとする意志、不屈の闘志。これがないと、アーツ・マネジメントを担っていくことは適わないかもしれません」と。

芸術そのものが、今あるものごとの見え方に疑義を投げかけたり、何らかの亀裂を生じさせたりして人の価値観を揺さぶるものであるからには、その芸術の支え方も、今あるしくみで仕方ないという考え方ではいけないと思うのです。もっと多くの人に、もっといろいろな方法で、芸術の力を味わう人を増やしたいという意思がないと、アーツ・マネジメントとはいえないのではないでしょうか。芸術を生み出し普及する仕事に、これでよしという限界は見えないのですから。そういうチャレンジにいつも向かっていくための「やりくり」「ジャグリング」が、アーツ・マネジメントの真髄だと思うのです。

そして本書は演劇を中心に書いてきましたが、願わくば演劇以外の分野とも共通項を見つけてつながろうとする力も持っていてほしいのです。業界(といっていいのかは、ともかく)を形作ってきた歴史や特徴に違いがあるとはいえ、他の芸術分野とともに「アーツ」としてつながっていくことは当然でしょうし、芸術以外の分野にも、「変えていこうとする意思」を見出して、つながっていってほしいのです。

なぜ、そんなことがやりたいのかと問われると、なぜ山に登るのですかと問われて「そこに山があるから」と答えたという登山家の例ではないですが、私ならば「演劇という魅力に出会ってしまったから」と答えるほかありません。演劇という魅力ある文化が脈々と受け継がれてきているのに、それに触れることもなく存在も知らずに暮らしている人がたくさんいることが残念だし、もっと多くの人と劇場でこの文化を一緒に味わい、つながっているという思いを共に感じたいのです。演劇を味わう人が増えると、社会の懐がぐっと深くなるはずです。いろいろな人がいて、考え方、感じ方もいろいろだからこそ、自分が気づかなかった視点に気づかせてくれる演劇は、「変えよう」「変わらなくては」という試みをも勇気づけてくれると思うのです。

私に演劇との出会いをもたらしてくれた、たくさんの先人たちが歩んだ軌跡に思いを馳せ、それを受け継い

でいってくれる次世代に期待を寄せ、劇場でのさらなる出会いを楽しみにしています。演劇の未来が拡がり、
この世の中がより味わい深いものとして見えてくるように。そして希望が続けてありますように。

初版あとがき

本書をほぼ書き終えたとき、東日本大震災が起きました。津波の威力のあまりの凄まじさに言葉を失い、それまでの日常が違って見える日々が始まりました。被害の甚大さを見聞するにつけ、被災者の心中を思うにつけ、想像力を働かせてしまったら、自分も平常心で立っていられなくなるだろうと思います。演劇をつくるということ、演劇を見るということの意味も変わってきていると感じます。震災前に書いたことを、そのままにしてよいものかと少し迷いもしましたが、だからこそ演劇の力を発揮できる機会が、場所が、もっともっと必要なのではないかと思い始め、演劇人にできることが確かにあるという思いも強くなりました。

本書の刊行は、彩流社の春日俊一さんのおかげで実現しました。実は書き始めてから四年以上もかかってようやく出版に漕ぎ着けたのですが、その間、古くからの友人であり、編集者としての役割を買って出てくれた堀切和雅さんが激励を続けてくれなければ、まとめあげることも難しかったと思います。ここに改めて感謝いたします。本文中のイラストは、私が『新劇』のアルバイトをしていた頃、同誌の表紙を作成していらした故・渡辺千尋さんの作品を使わせていただきました。当時から、本当に多くの方から多くのことを教わりました。堀切さんは、この本も「時間の缶詰」だねと言いましたが、実際、私を育ててくれた、これまでに見たたくさんの芝居の記憶と出会った演劇人たちとの時間が凝縮されて根底にあります。さらに芸団協の仕事を通じて、演劇以外の舞台芸術関係者の方々からお話しを伺うことができるので、それが演劇を相対的に捉えることに役立っているのは間違いありません。職場の先輩諸氏には本当に多くを教えていただいています。ありがとうございます。

一人ずつ名前は挙げませんが、もうずいぶん前になりますけれども、留学生活を支えてくれた友人と家族にも改めて謝辞を述べておきたいと思います。多様な演劇を多様なままに楽しもうと思えるようになったのは二度の留学を経てからです。私の留学生活は本当に多くの友に支えられていました。そして最後に、いつ完成するともわからぬ原稿書きを忍耐をもって見守ってくれた夫と息子に、感謝の気持ちを伝えたいと思います。

改訂2版　あとがき

改訂2版の改稿作業を進めていた二〇二三年五月、本書の中でも紹介しましたが、日本芸術文化振興会の基金部に文化施設分野のプログラム・ディレクター（PD）、プログラム・オフィサー（PO）が新たに置かれることになり、私もPOのひとりとして職務を担うことになりました。国の支援制度の一部に直接かかわる立場になりましたが、本書に書いた考えは個人の見解です。ただ、どのような立場であっても、客観的なデータや事象に基づいて、誰もが納得する制度づくりを目指すという姿勢は変わりません。劇場法の提起に関わったひとりとして、公共劇場がこの先どうなっていくのか、見続けていきたいと思っています。

そして、改稿の校正作業も終わろうとしていた矢先に、令和六年能登半島地震が起きました。被災者救助がなかなか進まない状況に胸塞がれる想いと苛立ちを覚えながら、初版の刊行直前に東日本大震災が起こったことを思い出しました。演劇を仕事にし、芝居に携わることで生計をたてるというのは、平和な日常があってこそです。三年余りのパンデミックによる我慢の時期を経て、再び激甚災害を目のあたりにすると、そうした仕事になる演劇は、災害などには無力であると感じざるを得ません。しかし、その一方で、こんなに災害の多いわが国で、古くからある芸能が戦争や天変地異をくぐりぬけ、脈々と受け継がれてきたことにも感じ入るのです。

これからの時代、災いは起こってほしくはありませんが、社会の変化は否応なく進んでいくでしょう。本書では具体的には触れませんでしたが、情報技術の発展はこれからもどんどん社会を変えていくだろうと思います。演じる者と見る者が時間と空間を一緒にすることで生まれる演劇は、手間ひまがかかりすぎる時代遅れの芸術、娯楽と見なされるようになるかもしれません。それでも、演劇は、世の中のあちこちで変革が求められている時代だからこそ、それを下支えする力があるだろうと思うのです。「仕事になる演劇」も「仕事にならない演劇」も含めて「演劇」です。これからも、その力をあちこちで感じていきたいと願っています。

改訂2版の刊行は、改定新版（二〇一六年）、電子書籍版（二〇一八年）に引き続き、アルファベータブックスの春日俊一さんのおかげで実現しました。ここに改めて感謝いたします。

【著者略歴】

米屋尚子（よねやなおこ）

1960年富山県生まれ。早稲田大学政治経済学部卒。外資系銀行勤務を経て、1986年～88年、白水社『新劇』編集部に。フリーの演劇ジャーナリストなどを経て、91～93年、英国シティ大学大学院・芸術政策運営学科に留学（Postgraduate Diploma in Arts Administration, MA in Arts Criticism修了）。93年、慶應義塾大学アートセンター立ち上げに携わった後、94～95年、米国コロンビア大学大学院（Teachers College）に芸術文化研究所客員研究員として留学。96年から2020年まで日本芸能実演家団体協議会に勤務。舞台芸術に関する調査研究、政策提言、研修事業などに携わった。2023年5月より、独立行政法人日本芸術文化振興会・基金部の文化施設担当プログラム・オフィサー。

【改訂2版《かいていにはん》】演劇《えんげき》は仕事《しごと》になるのか？　演劇《えんげき》の経済的側面《けいざいてきそくめん》とその未来《みらい》

発行日　2016年11月1日　改訂新版第1刷発行
　　　　2024年6月18日　改訂2版第1刷発行

著　者　米屋尚子

発行人　春日俊一
発行所　株式会社アルファベータブックス
〒102-0072 東京都千代田区飯田橋2-14-5 定谷ビル
Tel 03-3239-1850　Fax 03-3239-1851
website https://alphabetabooks.com
e-mail alpha-beta@ab-books.co.jp

印　刷　株式会社エーヴィスシステムズ
製　本　株式会社難波製本
ブックデザイン　春日友美
編　集　堀切和雅
　　　　春日俊一
カバー・本扉・章扉銅版画　渡辺千尋（提供：渡辺紀子）

©Yoneya Naoko 2024, Printed in Japan
ISBN978-4-86598-115-5　C0074

※本書は、『演劇は仕事になるのか？』（2011年、彩流社刊）の内容をもとに、データ類を刷新、改訂した『【改訂新版】演劇は仕事になるのか？』（2016年、アルファベータブックス刊）、電子書籍版（2018年）に引き続き、大幅改訂をした改訂2版です。

定価はカバーに表示してあります。乱丁・落丁はお取り換えいたします。
本書は日本出版著作権協会（JPCA《http://www.jpca.jp.net/》）が委託管理する著作物です。複写（コピー）・複製、その他著作物の利用については、事前に日本出版著作権協会（電話03-3812-9424, info@jpca.jp.net）の許諾を得てください。

アルファベータブックスの本

演劇に何ができるのか？

ISBN978-4-86598-036-3（17·09）

嶽本 あゆ美、妹尾 伸子、堀切 和雅 共著

演劇に何ができるのか？
生を手探りする若者たちとの演劇、歴史にコミットする演劇、魂の救済のための演劇……人間の心と身体に直接訴えかけ、人間解放と人間肯定をもたらす演劇。演劇にできることはまだまだ無限にある！ 総合芸術ともいわれる演劇の可能性とその意義について、三人の異色の演劇人が語りつくす!!

A5判並製　定価2500円＋税

バイロイト祝祭の黄金時代

ISBN978-4-86598-111-7（24·03）

ライヴ録音でたどるワーグナー上演史

吉田 真 著

ドイツの巨匠ワーグナーが遺したオペラのみを上演するバイロイト祝祭。当代一の歌手と指揮者と、気鋭の演出家による公演は常に話題となり、世界で最もチケットが取りにくいとされる。バイロイト祝祭の戦後最初の1951年から1970年代半ばまでの「新バイロイト」の「黄金時代」を現存するすべての録音記録をもとに徹底検証。世界にも例のない、ワーグナー上演史。

A5判上製　定価4200円＋税

溢奏（いっそう）

ISBN978-4-86598-110-0（23·12）

ラフマニノフに聴く演奏の極意

土田 定克 編著

ラフマニノフ国際ピアノコンクールの覇者が、正教をとおして見出したロシア·クラシック音楽の真髄。多くの人を魅了してやまないラフマニノフの音楽は、正教を抜きにしては語れない。本書では、ラフマニノフをはじめとするロシアの偉大な音楽家、音楽学者たちの声に耳を傾け、その根底に流れる信仰の心を深く感じとり、音楽とは何か、音楽家の使命とは何かを追求していく。弾くことの意味を求めるあなたへ贈る、精神的な道しるべとなる一冊。

四六判上製　定価2700円＋税

鍵盤に指を置くとき

ISBN978-4-86598-106-3（23·05）

トゥレットは僕の個性

YUSK（ユウスケ）著

音楽を通じて、多くの人にこの難病への理解を広げたい。自分の意思にかかわらず、身体が動いたり声が出てしまったりする神経疾患「トゥレット症候群」。8歳で発症後、チック症状に悩まされ、生きていくうえで様々な困難にぶつかりながらも、ピアニストとして、人間として成長していったYUSK がその人生を綴る!! YUSK が人生を立て直し、元の軌道に戻れたのはピアノの存在のおかげだった。ピアノの鍵盤に指を置くと、その瞬間にチック症状が消えた……奇跡がおきた瞬間だった。

四六判並製　定価1800円＋税